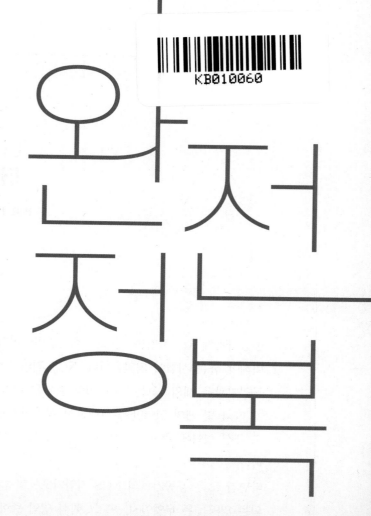

PMG적성검사연구소 [박민제]

NCS
문제해결
자원관리능력

QMG 박문각

이 책의
머리말

PREFACE

공공기관에 입사하기를 원하는 취업준비생이라면, NCS 직업기초능력평가는 이제 필수적으로 준비해야 하는 시험이 되었습니다. NCS 직업기초능력은 총 10개의 영역으로 구성되어 있지만, 몇몇 공공기관을 제외하고는 10개 영역 전부를 평가영역으로 삼는 곳은 없고, 각 공공기관의 업무 특성에 따라 몇 개의 영역만을 선택하여 평가영역에 포함하고 있습니다. 중요한 점은 10개 영역 중에서도 핵심 영역에 속하는 몇몇 영역들은 많은 공공기관에서 공통적으로 평가영역에 포함시키고 있습니다.

다년간 모든 공공기관의 NCS 직업기초능력평가를 연구하면서, 가장 공통적으로 평가영역에 포함되는 영역들은 무엇인지, 또 그 핵심 영역 중에서도 어떠한 영역을 가장 어려워하는지를 파악해보았습니다. 우선 10개의 영역 중 의사소통능력, 수리능력, 문제해결능력, 자원관리능력은 많은 공공기관에서 공통적으로 평가영역에 포함하고 있으며, 이 중에서 수리능력과 문제해결능력, 자원관리능력은 시험을 준비하는 수험생들이 가장 많은 어려움을 느끼고 있습니다. 이에 본 연구실에서는 〈NCS 수리능력 완전정복〉에 이어서 문제 유형이 유사한 문제해결능력과 자원관리능력을 하나로 묶어 〈NCS 문제해결 및 자원관리능력 완전정복〉을 출간하게 되었습니다.

본 교재의 특징은 다음과 같습니다.

첫째, 최신 공사·공단 문제해결능력 및 자원관리능력 기출문항을 완벽히 복원하고 저작권 위배 없이 변형 문항을 개발하여 본 교재에 수록하였습니다. 본 연구실은 교재 연구원이 실제로 NCS 직업기초능력평가를 치러 실제 기출문항과 거의 동일하도록 문항을 복원하고 있습니다. 이를 통해 본 교재로 학습하시는 수험생들이 실제 문항과 가장 가까운 형태의 문항을 접할 수 있도록 하였습니다.

둘째, 시험장에서 적용할 수 있는 빠른 풀이법을 수록하였습니다. 문제해결능력과 자원관리능력이 어렵다고 느껴지는 이유는 정석적인 풀이법으로 문항을 해결하였을 때의 계산의 복잡성과 오랜 시간 소모에 있습니다. 따라서, 교재 해설 구성 시 빠른 풀이법이 있다면 이를 알기 쉽게 수록하여 수험생들이 실제 시험에 적용할 수 있도록 하였습니다.

셋째, 최근 높아진 난이도와 출제경향을 반영한 PSAT 문항을 수록하였습니다. 최근 NCS 직업기초능력평가 기출문항을 분석하면 PSAT(Public Service Aptitude Test: 공직적격성평가) 상황판단 영역의 문항 형태가 출제되고, 소재 또한 많이 차용되고 있습니다. 이에 본 연구실은 2021년 대비 7급 PSAT 모의평가까지 전체 PSAT 문항을 분석하였고, 이 중 최근 출제형태와 가장 유사한 문항을 선택하여 빠른 풀이법과 함께 교재에 수록하였습니다.

넷째, 최신 경향(난이도 상승, PSAT 유형)을 반영한 실전모의고사 3회분을 수록하였습니다. 영역 구분 학습을 통한 실력 배양뿐만 아니라 실제 시험에서 수험생들이 좋은 성과를 거두게 하기 위해 적중률 높은 3회분의 실전모의고사를 수록하여 수험생들이 시험 막바지에 실전 적응력을 높일 수 있도록 하였습니다.

어떠한 유형의 시험이든 그 시험에서 좋은 성적을 얻기 위해서는 반복적인 문제 풀이를 통해 해당 시험의 문제에 빠르게 적응하여야 할 것입니다. 실제 출제되는 문제와 가장 유사한 유형의 문제를 풀어보는 것은 당연하고, 그 밖에도 예상되는 새로운 유형의 문제도 풀어보아야 하며, 문제 풀이 과정을 통해 해당 유형의 문제를 가장 빠르고 정확하게 해결하는 방법을 습득하여야 합니다. 이러한 조건에 맞춰 구성된 본 교재로 공부하신다면, 문제해결능력과 자원관리능력에 어려움을 겪고 있던 수험생들에게는 큰 도움이 될 수 있을 것입니다.
아무쪼록 이 교재로 학습하시는 모든 수험생들이 본인이 원하는 공공기관에 최단기간에 합격하기를 본 바른적성심리연구실 저자팀 일동은 간절히 기원합니다.

바른적성심리연구실 박민제

이 책의
구성과 특징

STRUCTURE

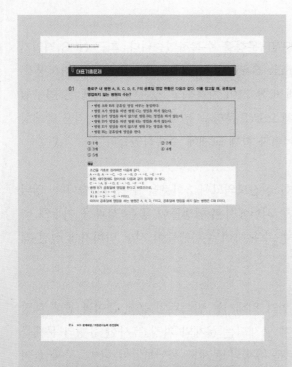

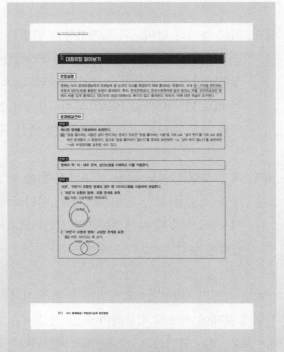

이 책 한 권으로 문제해결능력/
자원관리능력 완전정복

- 이 책은 NCS 직업기초능력평가 10개 영역 중 문제해결능력, 자원관리능력에 대비하기 위한 문제집입니다.

- 유사한 유형의 두 능력을 4개의 대표유형으로 나누어 꼭 풀어봐야 할 핵심문항만을 엄선하여 수록하였고, 모의고사 3회분도 수록하여 자신의 실력을 테스트해 볼 수 있도록 하였습니다.

PSAT형 등 최신기출유형
모두 수록

- 문제해결능력의 기본이 되는 명제형, 논리게임형을 기본으로 익힌 후, 문제해결/자원관리능력에서 주로 출제되는 상황제시형, 점점 더 그 비중이 늘어나고 있는 PSAT형까지 유형별 문제를 모두 수록하였습니다.

- 따라서 문제해결/자원관리능력의 모든 유형에 대비할 수 있는 완결판 교재라고 할 수 있습니다.

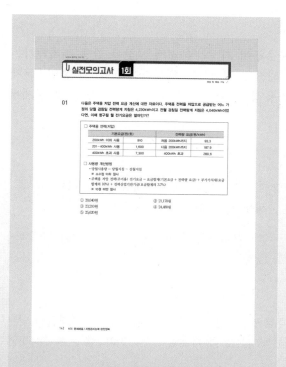

대표유형별
단계적 학습 가능

• 대표유형별로 유형설명, 문제해결전략, 필수개념 등을 수록하였습니다. 어떤 문제가 나오는지, 어떻게 문제를 푸는 것이 효과적인지, 반드시 알아둬야 할 기본 개념은 어떤 것인지에 대해 상세히 기술하였습니다.

• 개념을 정리하고 대표기출문제를 풀어본 다음 실전예상문제를 학습한다면 문제의 출제경향과 풀이법을 완벽하게 익힐 수 있을 것입니다. 마지막으로 실전모의고사를 통해 실력을 점검해볼 수 있습니다.

상세한 해설과
빠른 풀이법 수록

• 이 책 한 권으로 학습하는 데 부족함이 없도록 하기 위해 최대한 상세한 해설 및 빠른 풀이법을 수록하고자 하였습니다.

• 정답해설과 함께 오답연구, TIP도 함께 실어 틀린 문제를 확인하면서 충분한 확인 학습이 가능하도록 구성하였습니다.

문제해결/자원관리능력
출제경향 및 대비법
GUIDE

문제해결능력

1. 문제해결능력이란?

목표와 현상을 분석하고, 결과를 토대로 과제를 도출하여 최적의 해결책을 찾아 실행·평가해가는 능력을 의미한다. 직무상황 시 발생하는 문제의 해결을 위해서는 체계적인 교육 및 훈련, 문제 해결 방법에 대한 지식, 문제 관련 지식에 대한 가용성, 문제 해결자의 도전 의식과 끈기, 문제에 대한 체계적인 접근이 필요하다.

2. 출제기관

NCS 직업기초능력평가의 핵심능력인 의사소통능력, 수리능력, 문제해결능력 중 하나이므로, NCS 기반의 채용절차를 적용한 모든 공공기관은 문제해결능력을 반드시 출제한다.

> ※ 주요 출제 공공기관: 한국전력공사, 한국수자원공사, 국민건강보험공단, 한국수력원자력, 한국산업인력공단, 근로복지공단, 한국철도공사, 한국중부발전, 인천국제공항공사 등

3. 출제형태

① **기초모듈**: 인적성 유형인 명제 및 논리게임 문제가 주로 출제되는데, 최근에는 10% 내외로 출제율이 낮은 편이다. 논리게임형보다는 명제형 문제가 주로 출제되는데, 삼단논법, 대우명제, 벤다이어그램 등을 이용하면 쉽게 해결할 수 있는 난이도가 낮은 문항들이다.

② **응용모듈**: 상황제시형 문항이 주로 출제되며 최근 70% 이상의 높은 출제비율을 보이고 있다. 최적 상품 찾기, 직원별 성과급 계산, 대출금액 계산, 전기요금 산정, 보험료 계산 등을 소재로 한 문항들이 여러 제한조건이 제시된 형태로 출제되므로 이에 대한 학습이 필요하다.

③ **피듈형**: 모듈형 문제에 이어 PSAT 유형의 신유형이 선풍적인 인기를 끌었으나, 현재는 모듈형 문제와 PSAT형 문제가 혼합된 이른바 '피듈형' 문제로 출제되는 경우가 증가하고 있다. 하나의 시험에서 PSAT 유형으로 법조문 및 조건을 복잡하게 제시하고, 이를 통해 조건에 맞는 답을 도출하도록 하거나 상황을 추가로 제시하여 문제를 분석하는 유형의 문제들이 출제되는 동시에 기초모듈 및 응용모듈 문제도 함께 출제되고 있다.

4. 문제해결능력 대비법

최근 출제경향을 반영한 응용모듈 위주의 학습이 요구된다. 주로 출제되는 수치자료 분석을 통한 최적안 도출 문제의 경우 전체 수치를 사칙연산을 이용하여 단순화시키는 방법을 사용하고, 그래프가 주어진 경우 막대 길이 또는 부채꼴의 넓이 등을 이용하는 방법을 사용하면 문제해결 시간을 단축시키면서 쉽게 문제를 해결할 수 있다. 또한, 출제율이 더욱 높아진 PSAT 유형의 경우 문제 이해에 시간이 많이 소요되므로, 본 교재에 실린 PSAT 기출유형 문제를 정리함으로써 시험장에서 문제 이해 시간을 단축시켜야 한다.

자원관리능력

1. 자원관리능력이란?

직장 생활에서 필요한 자원인 시간, 예산, 물적자원, 인적자원 중에서 무엇이 얼마나 필요한지를 확인하고, 가용할 수 있는 자원을 최대한 확보하여 실제 업무에 어떻게 활용할 것인지에 대한 계획을 수립하고, 계획에 따라 확보한 자원을 효율적으로 관리하는 능력을 의미한다.

2. 출제기관

NCS 기반 출제 기업의 40~50% 정도가 자원관리능력을 출제하며, 전체 문항 수의 15~20% 정도 비중으로 출제된다.

> ※ 주요 출제 공공기관: 한국전력공사, 한국가스공사, 근로복지공단, 한국원자력환경공단, 한국중부발전, LH 등

3. 출제형태

① **응용모듈**: NCS 직업기초능력평가 출제영역 중 가장 난이도가 높은 영역으로 상황제시형 문항이 출제된다. 직무상황 시 스케줄표 작성, 최단 시간 계산, 최적안 선택, 최적 경로 산정, 공정표 작성 등이 소재로 출제된다. 특히, 응시한 공공기관의 상황에 맞는 문항이 출제되므로 해당 공공기관의 직무 관련 자료를 검토하면 시험에 도움이 된다.

② **PSAT유형**: 문제해결능력과 마찬가지로 한국전력공사, 발전소, 국민건강보험공단, 코레일 등 PSAT 유형을 기반으로 하되, 복잡한 상황과 조건을 제시하여 시간을 가장 많이 쏟게 하는 유형 중 하나로 자리매김하였다. 이제는 PSAT유형이 신유형이 아닌 NCS의 기본유형화 되어 가고 있는 대표유형 중 하나이며, 규정 분석을 통한 수수료 계산, 경로 최적화, 지문분석 및 제한조건을 고려한 순서 파악 등의 문제가 자주 출제되고 있다.

4. 자원관리능력 대비법

주로 상황제시형 문항이 출제된다. 스케줄표를 이용한 시간배정 문제의 경우 공통 조건을 먼저 고려하여 선택지를 줄이는 방법을 이용하고, 공정시간 계산 문제의 경우 공정표 작성을 통한 주요 공정시간 계산을 연산하여야 한다. 특히, NCS 적합한 PSAT 유형이 출제되므로 본 교재에 실린 엄선된 PSAT 유형을 학습한다면 시험장에서 크게 도움이 될 것이다.

이 책의
차례
CONTENTS

Part 1. 명제형

대표유형 알아보기 .... •12

대표기출문제 .... •14

실전예상문제 .... •16

part 2. 논리게임형

대표유형 알아보기 .... •28

대표기출문제 .... •30

실전예상문제 .... •32

part 3. 상황제시형

대표유형 알아보기 .... •56

대표기출문제 .... •58

실전예상문제 .... •60

part 4. NCS형 PSAT 기출 70선

　대표유형 알아보기　　　　　　　　　•76

　실전예상문제　　　　　　　　　　　•78

part 5. 실전모의고사

　실전모의고사 1회　　　　　　　　　•140

　실전모의고사 2회　　　　　　　　　•176

　실전모의고사 3회　　　　　　　　　•212

완전
정복

NCS
문제해결
자원관리능력

Part 1.

명제형

대표유형 알아보기

유형설명

명제는 NCS 문제해결능력의 하위능력 중 논리적 사고를 측정하기 위해 출제되는 유형이다. 크게 참·거짓을 판단하는 유형과 삼단논법을 활용한 유형이 출제된다. 특히, 한국전력공사, 한국수력원자력 등의 발전소 계열, 국민연금공단 등에서 비중 있게 출제되고, 대다수의 공공기관에서도 빠지지 않고 출제된다. 따라서, 이에 대한 학습이 요구된다.

문제해결전략

전략 1

제시된 명제를 기호화하여 표현한다.

Ex) '밥을 좋아하는 사람은 살이 찐다'라는 명제가 있으면 '밥을 좋아하는 사람'을 기호 p로, '살이 찐다'를 기호 q로 설정하면 문제풀이 시 유용하다. 참고로 '밥을 좋아하지 않는다'를 명제로 표현하면 ~p, '살이 찌지 않는다'를 표현하면 ~q로 부정명제를 표현할 수도 있다.

전략 2

명제의 역·이·대우 관계, 삼단논법을 이해하고 이를 적용한다.

전략 3

'모든', '어떤'이 포함된 명제의 경우 벤 다이어그램을 이용하여 해결한다.

1. '모든'이 포함된 명제 : 포함 관계로 표현

    Ex) 모든 고등학생은 똑똑하다.

2. '어떤'이 포함된 명제 : 교집합 관계로 표현

    Ex) 어떤 사이다는 톡 쏜다.

1. 명제의 역·이·대우

   1) 명제의 역·이·대우 관계

   2) 명제 p → q가 참/거짓이면, 반드시 ~q → ~p가 참/거짓이다.

   3) 명제 p → q가 참/거짓이더라도 역(q → p)과 이(~p → ~q)가 반드시 참/거짓은 아니다.

2. 삼단논법

   1) p → q가 참이고 q → r이 참이면 p → r이 참이다.

   2) 제시된 명제를 기호화하여 p → q → r → s → l이 도출되었고 참이라면, p → q, q → r, r → s, s → l, p → r, p → s, p → l, q → s, q → l, r → l이 모두 참이다. 물론, 이에 대한 대우명제도 참임에 유의해야 한다.

대표기출문제

01 종로구 내 병원 A, B, C, D, E, F의 공휴일 영업 현황은 다음과 같다. 이를 참고할 때, 공휴일에 영업하지 않는 병원의 수는?

- 병원 A와 B의 공휴일 영업 여부는 동일하다.
- 병원 A가 영업을 하면 병원 C는 영업을 하지 않는다.
- 병원 D가 영업을 하지 않으면 병원 B는 영업을 하지 않는다.
- 병원 D가 영업을 하면 병원 E는 영업을 하지 않는다.
- 병원 E가 영업을 하지 않으면 병원 F는 영업을 한다.
- 병원 B는 공휴일에 영업을 한다.

① 1개   ② 2개
③ 3개   ④ 4개
⑤ 5개

해설

조건을 기호로 정리하면 다음과 같다.
A ↔ B, A → ~C, ~D → ~B, D → ~E, ~E → F
또한, 대우명제도 참이므로 다음과 같이 정리할 수 있다.
C → ~A, B → D, E → ~D, ~F → E
병원 B가 공휴일에 영업을 한다고 하였으므로,
 ⅰ) B → A → ~C
 ⅱ) B → D → ~E → F이다.
따라서 공휴일에 영업을 하는 병원은 A, B, D, F이고, 공휴일에 영업을 하지 않는 병원은 C와 E이다.

02 A놀이동산은 오픈 20주년을 맞이해 놀이기구에 대한 대대적인 교체를 진행하려고 한다. 놀이기구는 5개 종류(회전목마, 바이킹, 롤러코스터, 레이싱카, 유령의 집)가 있으며, 이 중 몇 개를 골라 교체를 할 예정이다. 다음의 조건을 고려할 때 교체하게 되는 놀이기구의 수는?

> • 모든 놀이기구를 교체하지는 않는다.
> • 회전목마를 교체하면 바이킹을 교체하지 않는다.
> • 레이싱카를 교체하면 유령의 집을 교체한다.
> • 롤러코스터를 교체하지 않으면 바이킹을 교체한다.
> • 바이킹을 교체하지 않으면 유령의 집을 교체하지 않는다.
> • A놀이동산은 회전목마를 교체한다.

① 0개   ② 1개
③ 2개   ④ 3개
⑤ 4개

해설

주어진 조건을 기호 ○, ×를 사용하여 정리하면 다음과 같다. (○ : 교체, × : 교체하지 않음)
회전목마 ○ → 바이킹 ×
레이싱카 ○ → 유령의 집 ○ (유령의 집 × → 레이싱카 ×)
롤러코스터 × → 바이킹 ○ (바이킹 × → 롤러코스터 ○)
바이킹 × → 유령의 집 ×
회전목마를 교체한다고 했으므로
회전목마 ○ → 바이킹 × → 롤러코스터 ○, 유령의 집 × → 레이싱카 ×
이므로 교체되는 놀이기구는 회전목마와 롤러코스터 2개이다.

실전예상문제

[01~02] 다음 밑줄 친 부분에 들어갈 문장으로 가장 적절한 것을 고르시오.

01

> 모든 변호사는 논리적 사고를 하며 독서를 좋아한다.
> 법대생은 모두 변호사이다.
> 그러므로, _____

① 법대생이 아니면 논리적 사고를 한다.
② 법대생은 논리적 사고를 하며 독서를 좋아한다.
③ 법대생이 아니면 변호사가 아니다.
④ 법대생은 논리적 사고를 하지만 독서를 좋아하지 않는다.
⑤ 법대생은 논리적이지 않지만 독서를 좋아한다.

02

> 맥주를 좋아하는 모든 사람들은 치킨을 좋아한다.
> 치킨을 좋아하는 모든 사람들은 콜라를 좋아한다.
> 하진은 맥주를 좋아한다.
> 그러므로, _____

① 하진은 치킨도 좋아하고, 콜라도 좋아한다.
② 하진은 치킨을 좋아하지 않는다.
③ 하진은 콜라를 좋아하지 않는다.
④ 하진은 치킨은 좋아하지만 콜라는 좋아하지 않는다.
⑤ 하진은 맥주는 좋아하지만 치킨은 좋아하지 않는다.

03 다음 중 추론이 잘못된 것을 고르면?

① 모든 간호사는 친절하다.
　세희는 간호사이다.
　그러므로 세희는 친절하다.

② 어떤 학생은 성실하다.
　성실하면 좋은 결과를 거둔다.
　그러므로 어떤 학생은 좋은 결과를 거둔다.

③ 모든 과일은 비타민이 풍부하다.
　딸기는 과일이다.
　그러므로 딸기는 비타민이 풍부하다.

④ 어떤 학생은 과자를 좋아한다.
　과자를 좋아하면 청소년이다.
　그러므로 어떤 학생은 청소년이다.

⑤ 영어를 잘하지 않으면 외교관이 아니다.
　영어를 잘하는 어떤 사람은 중국어도 잘한다.
　그러므로 모든 외교관은 영어와 중국어를 잘한다.

04 어느 편의점의 A, B, C, D, E, F 6명의 아르바이트생들은 3명씩 2조로 2교대로 나누어 근무한다. 이때, 다음 중 반드시 거짓인 것은?

- A가 근무하는 날은 D도 근무하는 날이다.
- B가 근무하지 않으면 A도 근무하지 않는다.
- B가 근무하는 날에는 C는 근무하지 않는다.
- C가 근무하지 않는 날에는 E와 F도 근무하지 않는다.

① A가 근무하는 날에는 B도 근무한다.
② A가 근무한다면, B와 D도 함께 근무한다.
③ E와 C는 같은 날에 근무한다.
④ A가 근무하는 날에는 E도 함께 근무한다.
⑤ C가 근무하는 날에는 B가 근무하지 않는다.

05   학생 A, B, C, D, E는 다음 조건에 따라 축구 동아리에 들어갈 예정이다. 반드시 참이라고 할 수 없는 것은?

- A가 동아리에 들어가면 C도 들어간다.
- A가 동아리에 들어가면 B도 들어가고, D가 들어가면 E도 들어간다.
- B가 동아리에 들어가면 C도 들어간다.
- D가 동아리에 들어가지 않으면, B도 들어가지 않는다.

① C가 들어가지 않으면, B도 들어가지 않는다.
② E가 들어가지 않으면, D도 들어가지 않는다.
③ B가 들어가면 E도 들어간다.
④ C가 들어가면 D도 들어간다.
⑤ D가 들어가면 E도 들어간다.

06   다음 문장으로부터 바르게 추론한 것은?

- 피자를 좋아하는 사람은 콜라도 좋아한다.
- 치킨을 좋아하지 않는 사람은 햄버거를 좋아한다.
- 주스를 좋아하지 않는 사람은 햄버거도 좋아하지 않는다.

① 콜라를 좋아하는 사람은 피자도 좋아한다.
② 햄버거를 좋아하지 않는 사람은 치킨도 좋아하지 않는다.
③ 치킨을 좋아하는 사람은 햄버거를 좋아하지 않는다.
④ 햄버거를 좋아하는 사람은 주스를 좋아하지 않는다.
⑤ 콜라를 좋아하지 않는 사람은 피자도 좋아하지 않는다.

07 다음 조건이 성립한다고 가정할 때, 반드시 참인 것은?

> • 판사들은 모두 분석적 사고를 한다.
> • 소방관들은 모두 이타적이다.
> • 지성의 직업은 판사이다.
> • 상윤의 직업은 소방관이다.

① 상윤은 지성보다 이타적이다.
② 지성은 분석적 사고를 한다.
③ 분석적 사고를 하지 않으면 소방관이다.
④ 판사들은 이타적이지 않다.
⑤ 상윤은 분석적 사고를 하지 않는다.

08 다음 조건이 성립한다고 가정할 때, 반드시 참인 것은?

> • 분석이 불가능한 것은 개념화할 수 없다.
> • 설명이 가능한 것은 개념화가 가능하다.
> • 분석이 불가능한 것은 설명도 불가능하다.

① 분석이 가능하면 개념화도 가능하다.
② 설명이 가능하지만 분석이 불가능한 것도 있다.
③ 분석이 가능하면 설명도 가능하다.
④ 설명이 가능한 것은 분석도 가능하다.
⑤ 개념화가 가능하면 설명도 가능하다.

09 다음 명제가 모두 참이라고 할 때, 반드시 참인 명제는?

> • 대학생이 수업을 듣지 않으면 중간고사를 잘 보기 어렵다.
> • 중간고사를 잘 보지 않으면 학점을 잘 받기 어렵다.
> • 학점을 잘 받지 않으면 취업을 잘하기 어렵다.

① 중간고사를 잘 보지 않으면 기말고사를 잘 보기 어렵다.
② 중간고사를 잘 보면 학점을 잘 받는다.
③ 수업을 들으면 중간고사를 잘 볼 수 있다.
④ 수업을 듣지 않으면 취업을 잘하기 어렵다.
⑤ 중간고사를 잘 보더라도 취업을 잘하기 어렵다.

[10~14] 다음 명제가 참일 때, 빈칸에 들어갈 명제로 가장 적절한 것을 고르시오.

10

전제 1: 희성은 공대생이다.
전제 2: 공대생은 수학을 좋아한다.
전제 3: (   )
결론: 희성은 물리를 좋아한다.

① 공대생이 아니면 수학을 좋아하지 않는다.
② 물리를 좋아하면 수학도 좋아한다.
③ 수학을 좋아하면 물리도 좋아한다.
④ 어떤 공대생은 수학을 싫어한다.
⑤ 수학을 좋아하지 않으면 물리는 좋아한다.

11

전제 1: 모든 여학생은 드라마를 좋아한다.
전제 2: (   )
결론: 모든 여학생은 영화를 좋아한다.

① 어떤 여학생은 영화를 좋아한다.
② 어떤 드라마는 영화에 포함된다.
③ 드라마를 좋아하는 사람은 영화도 좋아한다.
④ 영화를 좋아하지 않는 사람은 드라마를 좋아한다.
⑤ 어떤 여학생은 드라마는 좋아하지만 영화는 싫어한다.

12

전제 1: 모든 아이는 초콜릿을 좋아한다.
전제 2: (   )
결론: 모든 아이는 우유를 좋아한다.

① 어떤 아이는 우유를 좋아한다.
② 초콜릿을 좋아하지 않으면 아이가 아니다.
③ 우유를 좋아하지 않으면 초콜릿을 좋아한다.
④ 어떤 아이는 우유를 좋아하지 않지만 초콜릿을 좋아한다.
⑤ 우유를 좋아하지 않으면 초콜릿도 좋아하지 않는다.

13

전제 1: 카페인이 들어 있지 않는 커피는 없다.
전제 2: (   )
결론: 커피에는 피로회복 효과가 있다.

① 어떤 커피에는 카페인이 들어 있지 않다.
② 어떤 카페인은 피로회복 효과가 있다.
③ 모든 카페인은 피로회복 효과가 있다.
④ 피로회복 효과가 있으면 커피이다.
⑤ 카페인이 들어 있으면 모두 커피이다.

14

전제 1: 모바일 게임을 하지 않는 사람은 휴대폰을 사용하지 않는다.
전제 2: 모바일 게임을 하는 사람은 모두 드라마를 본다.
결론: (   )

① 모바일 게임을 하는 사람은 휴대폰은 사용하지만 드라마는 보지 않는다.
② 휴대폰을 사용하는 사람 중에 모바일 게임을 하지 않는 사람도 있다.
③ 휴대폰을 사용하는 사람은 모두 드라마를 본다.
④ 휴대폰을 사용하는 사람 중에 드라마를 보지 않는 사람도 있다.
⑤ 드라마를 보는 사람은 모바일 게임을 한다.

15 다음 주어진 조건을 참고할 때, A, B의 진술을 바르게 판단한 것은?

- 안경을 쓰는 사람은 모두 시력이 좋지 않다.
- 시력이 좋지 않은 사람 중 콘택트렌즈를 사용하는 사람이 있다.
- 콘택트렌즈를 사용하지 않는 사람 중에는 시력이 좋은 사람이 있다.

A: 안경을 쓰는 사람 중에는 콘택트렌즈를 사용하는 사람이 있다.
B: 시력이 좋은 사람 중 콘택트렌즈를 사용하는 사람이 있다.

① A만 옳다.
② B만 옳다.
③ A와 B 모두 옳다.
④ 모두 옳지 않다.
⑤ 알 수 없다.

16 다음 주어진 조건을 보고 옳지 않은 것을 〈보기〉에서 모두 고르면?

- 겨울이 되면 기온이 내려간다.
- 기온이 올라가지 않으면 여름이 아니다.
- 기온이 내려가면 눈이 오는 날이 늘어난다.
- 여름이 오면 비가 오는 날이 많다.

| 보기 |
⊙ 기온이 올라가면 비가 오는 날이 많다.
ⓒ 여름이면 기온이 올라간다.
ⓒ 겨울이 되면 눈이 오는 날이 늘어난다.

① ⊙
② ⓒ
③ ⓒ
④ ⊙, ⓒ
⑤ ⓒ, ⓒ

17 다음 주어진 조건을 보고 옳은 것을 〈보기〉에서 모두 고르면?

- 철수와 영희는 여행을 좋아한다.
- 철수는 요리를 좋아하지 않지만 영희는 요리를 좋아한다.
- 운동을 좋아하지 않으면 여행도 좋아하지 않는다.
- 요리를 좋아하는 사람은 독서도 좋아한다.

| 보기 |

ㄱ 철수와 영희는 운동을 좋아한다.
ㄴ 철수는 독서를 좋아하지만 영희는 좋아하지 않는다.
ㄷ 영희는 요리와 독서를 모두 좋아한다.

① ㄱ ② ㄴ
③ ㄱ, ㄴ ④ ㄱ, ㄷ
⑤ ㄴ, ㄷ

18 다음 진술들이 참일 때, 반드시 참인 것은?

- 남학생은 수학을 잘한다.
- 여학생은 영어를 잘한다.
- 과학을 잘하지 못한다면 수학도 잘하지 못한다.
- 남학생은 국어를 잘하지 못한다.
- 국어를 잘하는 사람은 영어를 잘한다.

① 남학생은 수학과 과학 모두 잘한다.
② 여학생은 영어는 잘하지만 국어는 잘하지 못한다.
③ 여학생은 영어와 국어 모두 잘한다.
④ 여학생은 수학을 잘하지 못한다.
⑤ 남학생은 영어를 잘하지 못한다.

19 다음 진술들이 참일 때, 반드시 참인 것은?

> • 마케팅부 직원들은 볼링을 좋아한다.
> • 인사부 직원들은 등산을 좋아한다.
> • 회계부 직원들은 등산을 좋아하지 않는다.
> • 등산을 좋아하지 않으면 낚시를 좋아하지 않는다.
> • 등산을 좋아하지 않으면 볼링을 좋아하지 않는다.

① 마케팅부 직원들은 볼링은 좋아하지만 등산은 좋아하지 않는다.
② 마케팅부 직원들은 낚시를 좋아한다.
③ 인사부 직원들은 볼링을 좋아한다.
④ 마케팅부 직원들은 볼링과 등산을 모두 좋아한다.
⑤ 회계부 직원들은 등산은 좋아하지 않지만 낚시는 좋아한다.

20 다음 진술들이 참일 때, 반드시 참인 것은?

> • 사과는 과일에 속한다.
> • 상추는 채소에 속한다.
> • 과일에 속하면 채소에 속하지 않는다.
> • 과일을 좋아하는 사람은 채소를 좋아한다.

① 채소에 속하지 않으면 과일이다.
② 사과는 채소에 속하지 않는다.
③ 사과를 좋아하는 사람은 채소를 좋아하지 않는다.
④ 채소에 속하면 과일에 속한다.
⑤ 채소를 좋아하는 사람은 과일을 좋아한다.

21 어느 대학 경영학과 여학생 3명(A, B, C)과 남학생 3명(D, E, F)이 어학연수에 대한 찬성·반대를 주제로 이야기를 나누고 있다. 6명 중 4명은 어학연수가 필요하다고 찬성하고 있으나 2명은 그렇지 않다. 주어진 조건이 다음과 같다고 할 때 반드시 참이라고 할 수 없는 것은?

> • A는 어학연수에 찬성한다.
> • B가 찬성하지 않으면 A도 찬성하지 않는다.
> • D가 찬성하면 E도 찬성한다.
> • A가 찬성하면 D도 찬성한다.

① B는 어학연수에 찬성한다.
② B, C, F는 모두 어학연수에 찬성한다.
③ D는 어학연수에 찬성한다.
④ C와 F는 같은 입장을 취하고 있다.
⑤ B와 D는 같은 입장을 취하고 있다.

22 대한상사에서는 대리급 직원 A, B, C, D, E, F 6명 중에서 일부를 과장으로 승진시키려고 한다. 다음 조건을 바탕으로 A가 승진한다고 했을 때, 승진하게 되는 직원은 총 몇 명인가?

> • 최소한 한 명은 과장으로 승진한다.
> • A가 승진한다면, B는 승진하지 못한다.
> • C가 승진하지 못한다면 A도 승진하지 못한다.
> • E가 승진하지 못한다면 D와 F도 승진하지 못한다.
> • E가 승진한다면 A는 승진하지 못한다.

① 1명   ② 2명
③ 3명   ④ 4명
⑤ 5명

Part 2.

논리게임형

대표유형 알아보기

유형설명

논리게임은 NCS 문제해결능력의 하위능력 중 논리적 사고를 측정하기 위해 출제된다. 진실과 거짓 구별, 경우의 수 산정, 원탁 등의 자리배치 유형 등이 대표 빈출 유형이다. 특히, 한국가스공사, 한국거래소, 한국공항공사 등에서 비중 있게 출제되고 대다수의 공공기관에서도 반드시 출제되는 유형이므로, 이에 대한 학습이 요구된다.

문제해결전략

전략 1

문제 상황에 맞게 그림으로 도식화한다.

Ex) 출입문이 있고 복도 좌우로 안과, 피부과, 내과, 정신과가 있다.

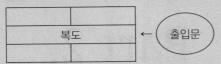

전략 2

확정조건을 먼저 고려하여 풀이에 적용한다.

Ex) 출입문으로 들어오면 바로 왼쪽에 안과가 위치한다.

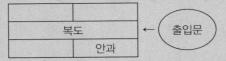

전략 3

확정조건과 관련된 조건을 고려한다.

Ex) 안과 맞은편에는 내과가 있다.

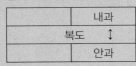

전략 4

그 외 기타조건을 고려하여 문제풀이에 적용한다.

1. 모순 관계 : 동시에 참이 될 수 없거나 거짓이 될 수 없는 관계

   [Ex] 순재 : 미주가 어제 내 방에 들어왔다.

   　　미주 : 순재의 말은 거짓이다.

   　　→ 미주가 순재의 말은 거짓이라 했으므로 순재와 미주 둘 중 순재의 말이 거짓이면 미주의 말은 진실이고, 순재의
   　　　 말이 진실이면 미주의 말은 거짓이 된다.

2. 동일 관계 : 동시에 참이거나 거짓인 관계

   → 모순 관계와 동일 관계를 찾을 수 없을 시 모든 경우의 수를 가정하여 문제풀이에 임해야 한다.

   　 이러한 문제는 난이도가 높고 문제 풀이에 시간이 오래 걸린다.

대표기출문제

01 어느 회사에서 워크숍을 갔다. 유 부장, 정 과장, 하 사원, 박 차장, 노 인턴, 길 인턴에게 다음 조건에 맞게 방 배정을 한다면, 402호에 숙박하는 사람은 누구인가?

- 직원들은 301, 302, 401, 402호에 묵게 된다.
- 4층은 1인실이고, 3층은 2인실이다.
- 2인실에도 혼자 숙박할 수 있다.
- 인턴들끼리는 한 방에 묵을 수 없으며, 상사와 방을 함께 써야 한다.
- 하 사원은 길 인턴과 방을 함께 쓴다.
- 유 부장은 각 층 1호에만 묵을 수 있다.
- 박 차장은 유 부장 바로 윗방에 묵는다.

① 박 차장
② 유 부장
③ 정 과장
④ 하 사원
⑤ 노 인턴

해설

박 차장은 유 부장 바로 윗방에 묵는다고 하였으므로, 유 부장은 3층, 301호에 묵고, 박 차장은 401호에 묵음을 알 수 있다.
그러면 남은 방은 302호와 402호인데, 하 사원과 길 인턴은 방을 함께 쓴다고 하였으므로 2인실인 302호를 쓴다. 방이 정해지지 않은 정 과장과 노 인턴 중 한 명은 1인실인 402호, 한 명은 유 부장과 같은 방인 301호에 묵게 된다. 그런데 인턴은 상사와 방을 함께 써야 한다고 하였으므로 노 인턴은 유 부장과 묵게 되는 301호에, 정 과장은 402호에 배치된다.

〈401호〉 박 차장	〈402호〉 정 과장
〈301호〉 유 부장, 노 인턴	〈302호〉 하 사원, 길 인턴

02 다음 그림과 같은 테이블에 A~L 12명이 앉으려고 한다. 〈보기〉의 조건을 충족시킬 때 다음 중 항상 참이 아닌 것은?

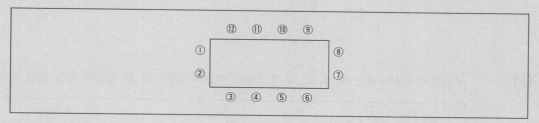

| 보기 |

- H는 5번에 앉는다.
- A와 B는 나란히 앉고, B는 테이블 모서리 옆에 앉는다.
- C는 테이블의 좁은 면에 앉는다.
- D는 1번에 앉고 E와 마주 본다.
- F와 G는 서로 다른 면에 앉고, 테이블 모서리 옆에 앉는다.
- H와 A는 한 방향을 바라본다.
- L과 C는 마주 본다.
- I의 좌석번호는 소수다.
- J는 I와 G 사이에 앉는다.

① C가 2번에 앉을 때 L은 E 옆에 앉는다.
② A는 I와 마주 본다.
③ J는 H와 마주 본다.
④ F의 오른쪽 옆에는 L이 앉는다.
⑤ G의 좌석번호는 3의 배수이다.

해설

확정적인 조건을 통해 경우의 수를 줄여나가는 것이 필요하다.
우선 첫 번째, 네 번째 조건에 따라 D, E, H를 배치한다.
두 번째와 여섯 번째 조건을 조합하면 B는 3번, A는 4번 자리에 앉는다는 것을 알 수 있다.
세 번째와 일곱 번째 조건에 의해 C와 L이 각각 2번, 7번 혹은 7번, 2번에 위치할 수 있는 경우를 도출해 낸다.
여덟 번째 조건에 의해 I의 좌석은 11번이 된다.
아홉 번째 조건에 의해 G는 9번, J는 10번에 앉는다.
다섯 번째 조건을 대입하면 F는 6번에 앉는다.
따라서 정답은 ④이다.
L은 2번에 앉을 수도, 7번에 앉을 수도 있다.

실전예상문제

정답 및 해설. 4p /

01 무한상사 인사부에는 A, B, C, D, E 5명의 직원이 있다. 이 중 직급이 가장 높은 직원(들)은?

> • A와 D는 직급이 같다.
> • B는 D보다 직급이 낮다.
> • E는 C보다 직급이 높지 않다.
> • A는 C보다 직급이 낮다.
> • D는 E보다 직급이 높다.

① A, D
② B
③ C
④ D
⑤ C, E

02 어느 회사의 직원인 A, B, C, D, E, F는 6인용 원탁에 앉아 회의를 하기로 했다. 다음 조건을 참고할 때, E의 양옆에 오는 사람은 누구인가?

> • A는 사회자이다.
> • B와 D는 마주 보고 앉는다.
> • C는 사회자 옆에 앉는다.
> • D는 F 오른쪽에 앉는다.

① B, C
② D, F
③ B, D
④ B, F
⑤ C, F

03 다음은 어느 방송사 회의실 배치도다. 회의실은 총 6개로, 1번~6번 방으로 구성된다. 아래의 조건에 따라 〈무한질주〉, 〈코리아스타〉, 〈낭만여행〉, 〈라디오천국〉, 〈연예톡〉, 〈스포츠클릭〉 팀의 회의실을 배치할 경우 4번 방을 배정받은 팀은?

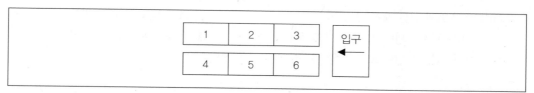

- 〈무한질주〉와 〈코리아스타〉는 같은 쪽에 있고 〈라디오천국〉과는 다른 쪽에 있다.
- 〈스포츠클릭〉은 입구 오른쪽에서 두 번째 방을 쓴다.
- 〈낭만여행〉과 〈연예톡〉은 같은 쪽에 있으며 〈낭만여행〉은 〈연예톡〉보다 항상 입구에서 먼 방을 쓴다.
- 〈라디오천국〉은 〈스포츠클릭〉보다 입구에서 가까운 방을 쓴다.

① 무한질주   ② 코리아스타
③ 낭만여행   ④ 라디오천국
⑤ 연예톡

04 A, B, C, D는 함께 운동할 사람을 찾고 있다. 운동 종목은 수영, 야구, 농구, 하키, 축구로 총 5개이다. 다음 조건을 통해 추론할 때, 함께 운동할 수 없는 사람끼리 짝지은 것은?

- A는 수영만 할 수 있다.
- B는 야구와 농구, 하키만 할 수 있다.
- C는 수영과 축구만 할 수 있다.
- D는 농구와 축구 빼고 모든 운동을 할 수 있다.

① A, C   ② B, D
③ C, D   ④ A, D
⑤ B, C

05 어느 도시에서 시민은 항상 진실을 말하고, 마피아는 항상 거짓을 말한다. A, B는 마피아나 시민 중 하나이다. A가 "나는 마피아가 아니다. 우리 중 적어도 한 명은 마피아다."라고 말했을 때 다음 중 참인 것은?

① A와 B는 모두 시민이다. ② A와 B는 모두 마피아다.
③ A는 시민이고, B는 마피아다. ④ A는 마피아고 B는 시민이다.
⑤ A는 시민이고 B는 알 수 없다.

06 어느 도시에 A, B, C, D가 살고 있다. 이들은 시민과 범인으로 나뉘는데, 시민은 항상 참을 말하고 범인은 항상 거짓을 말한다. 넷 중 범인은 단 한 명일 때, 범인은 누구인가?

> A : 나는 시민이다.
> B : 나는 범인이 아니다.
> C : A는 시민이 아니다.
> D : A는 범인이 아니다.

① A ② B
③ C ④ D
⑤ E

07 한 교통방송에서 A, B, C, D, E, F 리포터를 다음 조건에 따라 기상청, 교통상황실, 공항에 배치하려고 한다. 이때, 기상청에 함께 배치될 수 있는 리포터 조합은?

> • 각 취재처마다 2명씩 배치한다.
> • A와 D는 같은 취재처에 배치한다.
> • C는 공항에 배치하고 B와는 함께 배치하지 않는다.

① C, D ② D, E
③ C, E ④ B, F
⑤ C, F

08 어느 회사는 연휴기간 동안 갑, 을, 병, 정, 무, 기 6명의 직원이 당직을 선다. 연휴는 금, 토, 일요일이며 오전, 오후 2교대를 한다. 다음 조건을 충족시켜 근무표를 짤 때, 나올 수 없는 경우는?

> • 갑은 금요일 당직만 가능하다.
> • 정은 무 바로 다음에 당직을 서고, 을보다는 먼저 당직을 선다.
> • 기는 일요일 당직만 가능하며 정과 같은 시간대에는 당직을 서지 않는다.

① 금요일 오후: 병 / 토요일 오후: 을
② 금요일 오후: 무 / 토요일 오후: 을
③ 금요일 오후: 무 / 토요일 오후: 병
④ 금요일 오후: 갑 / 토요일 오후: 정
⑤ 금요일 오후: 병 / 토요일 오후: 정

09 흰 긴팔, 흰 셔츠, 흰 반팔, 흰 바지와 검은 양말, 검은 모자를 세탁하려고 한다. 다음 조건에 따를 때 항상 참이 아닌 것은?

> • 같은 색상을 함께 빨면 색상이 그대로이다. 하지만 흰색과 검은색을 함께 빨면 세탁물은 검은색이 된다.
> • 한 번 세탁할 때 2개 이상을 세탁해야 한다.
> • 바지와 양말은 항상 함께 세탁해야 하고, 긴팔과 반팔은 어떠한 경우에도 함께 세탁할 수 없다.

① 세탁 후 세탁물이 모두 검은색이고 세탁물 중에 바지가 없다면 모자를 세탁한 것이다.
② 세탁 후 세탁물이 흰색이었다면 셔츠와 반팔을 세탁한 것이다.
③ 세탁 후 세탁물이 모두 검은색이고 양말이 세탁물에 포함됐다면 세탁 후 바지도 검은색이다.
④ 반팔 세탁 후 색이 그대로라면, 셔츠와 함께 세탁한 것이다.
⑤ 바지 세탁 후 세탁물이 모두 흰색인 경우는 없다.

10 A지구대에서는 토·일요일 이틀간 A~H 8명의 직원이 4교대(새벽, 오전, 오후, 밤)로 순찰을 돈다. 다음 조건을 충족시켜 순찰을 돈다고 할 때 항상 참이 아닌 것은?

> • D는 E 전날 순찰을 돈다.
> • H는 C 바로 다음에 순찰을 돈다.
> • B는 A 이후에 순찰을 돈다.
> • F는 밤 순찰만 나간다.
> • G는 H 이후에 순찰을 돌고, 새벽 순찰만 나간다.
> • A는 E 바로 다음에 순찰을 돈다.

① G는 일요일 새벽에 순찰을 돈다.
② B는 E 이후에 순찰을 돈다.
③ D와 F는 같은 날 순찰을 돈다.
④ H와 E는 다른 날 순찰을 돈다.
⑤ C는 토요일 오전에 순찰을 돈다.

11 어느 회사 홍보팀은 사내 장기자랑에서 남녀 직원이 짝을 이뤄 커플댄스를 추기로 했다. 다음 조건을 충족시켜 짝을 이룰 때 동시에 존재할 수 있는 커플은?

남자	건모	수홍	승호	지웅	시경
나이	50	43	29	32	40
혈액형	A	AB	O	B	AB
여자	소미	세정	채연	유정	미나
나이	25	38	32	41	30
혈액형	O	AB	A	O	B

> • 나이 차가 두 배인 커플이 있다.
> • 남녀 모두 O형인 커플이 있다.
> • AB형끼리는 커플이 될 수 없다.

① 승호 – 유정 / 수홍 – 세정　　② 건모 – 소미 / 지웅 – 채연
③ 수홍 – 채연 / 지웅 – 미나　　④ 수홍 – 미나 / 시경 – 채연
⑤ 수홍 – 세정 / 시경 – 미나

12 어느 방송사에는 A, B, C, D, E 5명의 아나운서가 있다. 이 중 A, B, C는 여자, D, E는 남자이다. 이 아나운서들이 출연할 프로그램은 총 6개이고 다음 편성표와 아래 제시된 조건을 고려하여 아나운서들을 프로그램에 배치할 때, 이에 대한 설명으로 옳지 않은 것은?

편성표

구분	월	화	수	목	금	토	일
9:00~11:00	출발 모닝쇼						
11:00~13:00							
13:00~15:00		한끼의 밥상				달려라 아나	
15:00~17:00							
17:00~19:00							
19:00~21:00			뉴스의 중심				
21:00~23:00						아는 언니	그것을 파헤친다

- 모든 프로그램에는 아나운서가 1명씩 배치된다.
- 본인이 진행하는 프로그램과 같은 요일의 프로그램에는 출연할 수 없다.
- <아는 언니>에는 여자 아나운서가 배치된다.
- <한끼의 밥상>과 <출발 모닝쇼>에는 서로 다른 남자 아나운서가 배치된다.
- <달려라 아나>는 B가 진행한다.
- 모든 아나운서는 토요일과 일요일 중 적어도 하루는 휴무를 갖는다.

① B는 <뉴스의 중심>에 출연하지 못한다.
② <그것을 파헤친다>는 남자 아나운서가 진행한다.
③ 2개 이상의 프로그램에 출연하는 아나운서는 여자이다.
④ <뉴스의 중심>을 A가 진행할 때 C는 <아는 언니>에 출연한다.
⑤ C가 <뉴스의 중심>을 진행할 때 D가 <그것을 파헤친다>에 배치될 가능성이 있다.

13 어느 회사에서 6층짜리 신사옥을 지었다. 이 건물에 R&D, 마케팅, 총무, 홍보, 기획, 영업팀을 한 층에 한 팀씩 배치하려고 한다. 다음 조건을 참고했을 때, R&D팀이 4층에 위치할 경우 5층에 위치할 수 있는 팀을 모두 고르면?

- 홍보팀은 R&D팀보다 위층에 있다.
- 마케팅팀은 3층이 아니다.
- 기획팀은 총무팀보다 위층에, 영업팀보다 아래층에 위치한다.
- 마케팅과 기획팀은 인접한다.

① 홍보팀, 영업팀   ② 기획팀, 총무팀
③ 마케팅팀, 영업팀   ④ 총무팀, 마케팅팀
⑤ 홍보팀, 기획팀

14 6인용 원탁에 5명의 축구선수와 1명의 감독 총 6명(A~F)이 앉아 있다. 다음 조건에 따라 자리를 배치했을 때 감독은 누구인가?

- F의 왼쪽 옆에는 중앙수비수가 앉아 있다.
- B의 왼쪽 옆에는 측면미드필더가, 오른쪽 옆에는 C가 앉는다.
- 측면공격수와 C는 마주 보고 앉는다.
- A의 오른쪽 옆에는 F가, 왼쪽 옆에는 스트라이커가 앉는다.
- E의 왼쪽 두 번째에는 감독이 앉는다.
- 스트라이커 왼쪽 두 번째에는 측면미드필더가 앉는다.

① A   ② B
③ D   ④ E
⑤ F

15 4명이 모여 마피아 게임을 하고 있다. 시민은 진실만을 말하고, 마피아는 거짓만을 말한다. 마피아는 단 한 명일 때, 마피아는 누구인가?

수근 : 나는 거짓말을 못하는 성격이라 시민을 할 수밖에 없어.
재현 : 규현이가 마피아임이 확실해.
지원 : 재현이는 항상 진실만 말해.
규현 : 나는 무조건 시민이야.

① 수근   ② 재현
③ 지원   ④ 규현
⑤ 알 수 없음

16 어느 학급의 5명은 수학시험 점수에 대한 이야기를 하고 있다. 이 중 한 명만 거짓말을 하고 있을 때, 2등 혹은 4등이 될 수 없는 사람은? (단, 동점자는 없다.)

지효 : 내가 미나보다 점수가 높다.
미나 : 다현이가 채영이보다 시험을 잘 봤고 정연이는 우리 중 3등이다.
정연 : 나는 채영이보다 점수가 높고 지효보다는 점수가 낮다.
채영 : 우리 중 1등은 미나다.
다현 : 미나의 점수는 나보다 높다.

① 지효   ② 미나
③ 채영   ④ 다현
⑤ 알 수 없음

17 S그룹의 임원단 3명(A, B, C)과 L그룹의 임원단 3명(D, E, F)이 6인용 원탁에 앉아 회의를 한다. 다음 조건에 맞게 자리를 배치하려고 할 때 A의 양옆에는 누가 앉는가?

- B 양옆에는 L그룹 사람이 앉는다.
- C는 같은 그룹 사람과 마주 보고 앉는다.
- D 양옆에는 S그룹 사람이 앉는다.
- E는 F와 인접한다.
- B 오른쪽에는 D가 앉는다.

① B와 E
② B와 C
③ C와 F
④ C와 D
⑤ C와 E

18 도로 위에 A, B, C, D 4대의 과속 단속카메라가 있다. 다음 조건을 참고할 때, 항상 옳은 것은? (단, 모든 단속 카메라는 일직선상에 있고 같은 위치에 두 대 이상의 단속카메라가 있을 수 없다.)

- A는 C보다 앞에 있다.
- A와 C의 거리는 900m이다.
- B와 C의 거리는 500m이다.
- B와 D의 거리는 600m이다.

① B가 A와 C 사이에 있을 때, A와 D 사이의 거리는 200m다.
② B가 A보다 뒤에 있을 때, C는 항상 B보다 앞에 있다.
③ D가 B보다 앞에 있을 때, C와 D의 거리는 200m다.
④ B가 A보다 앞에 오는 경우도 있다.
⑤ 첫 번째 단속카메라와 마지막 단속카메라 간의 가능한 최장거리는 2,000m다.

19 다음은 여섯 명의 반장 후보가 하는 말이다. 이 중 두 명의 말은 거짓이고 나머지 후보들의 말은 모두 참이다. 누구의 말이 참이고 거짓인지를 정리하려고 할 때, 총 몇 가지 경우가 나오겠는가?

> A: 나는 진실만을 말하는 후보이다.
> B: A는 거짓말쟁이다.
> C: B는 지난 학기 내세운 공약을 이행하지 않았다.
> D: C는 반장선거 첫 출마다.
> E: F는 여섯 명의 후보 중 지지율이 가장 낮다.
> F: 나보다 지지율이 낮은 후보가 있다.

① 2가지   ② 3가지

③ 4가지   ④ 5가지

⑤ 6가지

20 어느 대학의 학생 A, B, C, D, E는 다음 조건에 따라 제2외국어 수업(중국어, 일본어, 프랑스어, 스페인어, 독일어)을 수강한다. 이때 반드시 참인 것은?

> • 다섯 사람은 최소 한 가지, 최대 세 가지 수업을 듣는다.
> • 모든 학생은 자기 모국어에 해당하는 수업은 듣지 않는다.
> • C가 듣는 수업은 A는 듣지 않는다.
> • A가 듣는 수업은 D도 듣는다.
> • E는 중국어 수업을 듣지 않는다.
> • C는 중국어 수업을 듣는다.
> • B는 프랑스어를 포함해 두 가지의 수업을 듣는다.
> • 중국어 수업을 듣는 사람은 세 명이다.
> • 스페인어와 독일어 수업은 한 명만 듣는다.
> • 중국어 수업을 듣는 사람은 일본어 수업을 듣지 않는다.
> • C의 모국어는 스페인어고 D, E의 모국어는 독일어다.
> • B가 듣는 수업 중에 E가 듣지만 C가 듣지 않는 수업이 있다.

① 프랑스어 수업을 듣는 사람은 세 명이다.

② E는 일본어 수업을 듣는다.

③ B는 스페인어 수업을 듣는다.

④ D가 스페인어 수업을 들으면 E는 일본어 수업을 듣는다.

⑤ 중국어 수업을 듣는 학생은 B, C, D다.

21 7개의 칸으로 구성된 기차에 페인트 칠을 하려고 한다. 조건에 따를 때, 다음 중 가능한 기차의 색 배열을 순서대로 바르게 나열한 것은? (단, 방향은 기차를 바라보고 있을 때를 기준으로 한다.)

- 기차에 사용할 수 있는 색은 빨강, 노랑, 초록, 파랑, 보라이며 다섯 가지 색은 적어도 한 번 이상 사용된다.
- 인접한 칸에 같은 색을 칠할 수 없다.
- 두 번째 칸에는 노란색을 칠하며, 짝수 번째 칸 중에는 노란색 칸이 제일 많다.
- 짝수 번째 칸에는 보라색을 칠할 수 없다.
- 보라색으로 칠한 칸은 한 칸이다.
- 초록색 칸과 보라색 칸은 인접해 있다.
- 빨간색 칸과 초록색 칸은 인접해 있다.
- 파란색은 마지막 칸을 포함해 두 칸에 칠해진다.
- 파란색 칸의 오른쪽 2번째 칸에는 빨간색이 칠해진다.

① 파란색 – 노란색 – 빨간색 – 초록색 – 보라색 – 노란색 – 파란색
② 빨간색 – 노란색 – 파란색 – 초록색 – 보라색 – 노란색 – 파란색
③ 파란색 – 노란색 – 보라색 – 초록색 – 빨간색 – 노란색 – 파란색
④ 빨간색 – 노란색 – 파란색 – 초록색 – 빨간색 – 노란색 – 파란색
⑤ 파란색 – 노란색 – 빨간색 – 초록색 – 보라색 – 초록색 – 파란색

22 어느 회사 직원 A~G 7명의 인사평정점수를 가지고 1등부터 7등까지 순위를 매기려고 한다. 이를 위해 필요한 추가적인 정보는?

- 점수는 1점부터 20점까지 매길 수 있다.
- 점수가 같은 사람은 없다.
- F의 점수는 C와 D의 점수를 합한 것과 같다.
- G는 E보다 높은 점수를, F보다는 낮은 점수를 받았다.
- A와 B의 순위는 인접해 있다.
- B의 순위가 가장 낮고 F의 순위가 가장 높다.

① D보다 G의 점수가 더 높다.
② C의 점수가 G보다 더 높다.
③ E와 G의 점수를 합하면 F의 점수가 나온다.
④ D는 C보다 높은 점수를 받았고 E보다는 낮은 점수를 받았다.
⑤ C는 D보다 높은 점수를 받았고 E는 A보다 높은 점수를 받았다.

23 어느 학교 기숙사에서 학생 갑, 을, 병, 정, 무, 기, 경, 신 8명의 방 배정을 한다. 배치도가 다음과 같고 주어진 조건을 충족해야 할 때, 〈보기〉에서 항상 옳은 말을 하는 사람을 모두 고르면?

	A	
B		E
C	복도	F
D		G

- A와 마주 보는 방은 없다.
  ('마주 보는 방'이란 B − C − D와 E − F − G 사이에만 성립한다.)
- A와 B, A와 E도 서로 인접한 것으로 본다.
- A는 2인실이고 나머지는 모두 1인실이다.
- 갑과 을은 무조건 1인실을 사용한다.
- 신은 2인실을 사용한다.
- 병과 정은 서로 마주 보는 방을 쓴다.
- 무와 기는 서로 인접한 방을 사용한다.

| 보기 |

수미: 병이 B방을 사용할 때 갑과 을은 인접한 방을 사용한다.
정은: 무가 E방을 사용할 때 경은 1인실에 배치된다.
지혜: 정이 C방을 사용할 때 기는 2인실에 배치된다.

① 수미
③ 지혜
⑤ 수미, 정은, 지혜
② 정은
④ 수미, 정은

24   어느 방송국 편성제작부에는 아나운서와 PD, 행정직을 포함해 총 8명이 함께 근무하고 있다. 다음 조건을 고려할 때 남자 PD의 수는 몇 명인가? (단, 모든 직무에 적어도 한 명 이상이 근무한다.)

> • 남자의 수와 여자의 수가 같다.
> • 아나운서는 모두 여자다.
> • 행정직은 모두 남자다.
> • 여자 PD의 수와 아나운서의 수가 같다.
> • 남자 PD의 수가 아나운서의 수보다 많다.

① 1명   ② 2명
③ 3명   ④ 4명
⑤ 5명

25   재인, 철수, 준표, 상정, 승민이가 둥글게 둘러앉아 수건돌리기를 했다. 재인이가 술래일 때 재인이가 누구 뒤에 수건을 두었는지 다음 조건을 통해 추론하면?

> • 철수와 준표는 마주 보고 앉아 있다.
> • 승민 오른쪽엔 철수가 앉아 있다.
> • 재인이는 상정이의 왼쪽에 앉은 사람 뒤에 수건을 두었다.

① 철수   ② 준표
③ 상정   ④ 승민
⑤ 알 수 없음

26 어느 부서의 직원 A, B, C, D, E, F가 월요일부터 연속하여 하루씩 휴가를 쓰고자 한다. 하루에 한 명만 휴가를 쓸 수 있고 평일에만 휴가를 낼 수 있을 때, 다음 조건을 통해 목요일에 휴가를 쓰는 사람을 고르면?

> • B가 휴가를 쓴 바로 다음 날 D가 휴가를 쓴다.
> • E와 F는 같은 요일에 휴가를 쓴다.
> • B는 E보다 늦게 휴가를 쓴다.
> • A가 휴가를 쓴 3일 뒤에 F가 휴가를 쓴다.
> • D는 수요일 휴가다.

① A   ② B
③ C   ④ D
⑤ E

27 유진이와 재훈이는 사격 내기를 하고 있다. 과녁에 적중하면 그림과 같이 점수가 주어지며 맞추지 못하는 경우 0점을 얻게 된다. 총 5발의 기회 중 유진이와 재훈이는 3발을 쏘아서 유진이가 9점, 재훈이가 10점을 획득하였다면 다음 중 현재 상황에 대한 설명으로 불가능한 것은?

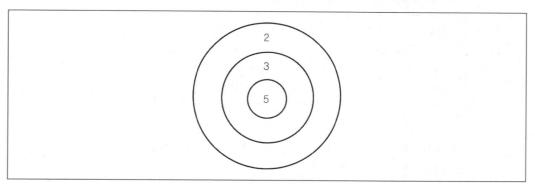

① 재훈은 지금까지 과녁을 못 맞춘 적이 있을 수 있다.
② 유진이의 최종점수가 14점이라면 3점은 한 번도 맞춘 적이 없다.
③ 유진이와 재훈이의 최종점수가 동점이 될 수 있다.
④ 재훈이가 사격 내기에서 최종적으로 이겼을 때, 유진이와의 최대 점수격차는 11점이다.
⑤ 남은 2발에서 유진이가 0점을 1번 받고 재훈이는 0점을 받지 않는다면 유진이가 이기는 경우는 없다.

28

○○대학교의 기숙사는 2층짜리 1, 2, 3, 4 네 개의 동이 순서대로 인접하여 있으며, 남학생 A, B, C, D와 여학생 E, F, G, H는 각 층별로 1명씩 기숙한다. 1동에는 남학생만, 2동에는 여학생만 살며 3동과 4동 1층에는 여학생이, 2층에는 남학생이 산다고 할 때 다음 조건에 따라 1층에 사는 남학생과 2층에 사는 여학생의 조합으로 가능한 것은?

> • A와 E는 같은 건물에 살며 H는 E와 인접한 건물에 살지 않는다.
> • B와 C는 다른 건물에 산다.
> • C와 F는 같은 건물에 살지 않는다.
> • G는 3동에 살지 않는다.

① A, G
② C, F
③ C, H
④ D, E
⑤ B, F

29

동룡, 정환, 선우, 덕선이는 봄을 맞이해서 다 같이 소풍을 가려고 한다. 각각 노랑, 빨강, 파랑, 검정의 모자, 상의, 하의를 서로 다른 색깔로 맞추어 입고 가려고 한다. 다음 대화에 따라 선호하는 것은 입고 선호하지 않는 것은 입지 않는다고 할 때, 다음 중 항상 참일 수 없는 경우는?

> 동룡 : 나는 검은색 하의를 입고 노란색 모자를 써야지.
> 정환 : 나는 파란색 모자가 쓰고 싶어. 빨간색 상의는 싫어.
> 선우 : 나는 노란색 상의는 싫어. 하의는 파란색으로 입을래.
> 덕선 : 나는 모자는 검은색으로 쓸래. 정환이 상의랑 내 하의 색이랑 맞출거야.

① 덕선이는 파랑 상의를 입고, 정환이는 노랑 상의를 입는다.
② 정환이는 빨강 하의를 입고, 선우는 빨강 모자를 쓴다.
③ 덕선이는 노랑 하의를 입고, 정환이는 노랑 상의를 입는다.
④ 선우는 검정 상의를 입고, 정환이는 빨강 하의를 입는다.
⑤ 선우는 빨강 모자를 쓰고, 덕선이는 노랑 하의를 입는다.

30 한솔이와 다정이는 가위바위보로 계단 오르기 게임을 하고 있다. 바위로 이기면 1칸, 가위로 이기면 2칸, 보로 이기면 3칸을 오르기로 규칙을 정하였고 현재까지 3번의 게임을 하였다. 다음 설명 중 옳지 않은 것은? (단, 지거나 비기면 제자리에 서 있는다.)

① 3번의 게임에서 한솔이와 다정이 모두 가위, 바위, 보를 한 번씩 냈다고 할 때, 두 사람은 같은 칸에 서 있을 수 있다.

② 3번의 게임에서 한솔이와 다정이 모두 가위, 바위, 보를 한 번씩 냈다고 할 때, 두 사람이 서 있는 칸의 격차는 최대 6칸이다.

③ 3번의 게임에서 한솔이는 보를 내지 않고, 다정이는 가위를 내지 않았다고 할 때, 두 사람이 서 있는 칸의 격차는 최대 9칸이다.

④ 3번의 게임으로 두 사람이 서 있는 칸의 격차는 최대 9칸까지 가능하다.

⑤ 지는 경우 한 칸 내려가는 규칙으로 바꾸어도 2번의 게임으로는 역전이 불가능하다.

31 피노키오는 쉬는 시간이 지난 후 제페토 할아버지가 준 사과를 누군가 먹었다는 것을 알게 되었다. 다음 중 한 명만이 거짓말을 하고 있다고 할 때, 거짓말을 한 사람과 사과를 먹은 사람을 순서대로 고르면?

자스민: 피터팬이 사과를 먹었어.
백설공주: 라푼젤은 사과를 먹지 않았어.
피터팬: 나는 사과를 먹지 않았어.
라푼젤: 지금 자스민은 거짓말을 하고 있어. 거짓말쟁이는 사과를 먹지 않아.

① 피터팬 – 자스민   ② 피터팬 – 백설공주
③ 자스민 – 피터팬   ④ 자스민 – 백설공주
⑤ 라푼젤 – 자스민

32 A, B, C, D, E는 불법물품 소지 혐의를 받아 조사를 받고 있다. 다음 진술이 모두 참이라고 할 때, 불법물품을 소지한 사람은?

> A : B가 소지하고 있거나 C가 소지하고 있습니다.
> B : D가 소지하고 있다는 말은 거짓입니다.
> C : 제가 가지고 있지 않거나 D가 가지고 있어요.
> D : E가 가지고 있지 않거나 B가 가지고 있습니다.
> E : A나 C가 소지하고 있지 않습니다.

① A   ② B
③ C   ④ D
⑤ E

33 A기업은 마케팅팀과 재무부를 상대로 사원의 정보화능력 향상 교육프로그램을 실시하고 있다. 다음 조건을 고려할 때, 〈보기〉 중 참인 것을 모두 고르면?

> • 워드 강의를 수강하는 사원은 모두 PPT 강의도 수강한다.
> • PPT와 엑셀 강의를 모두 수강하는 사원이 있다.
> • 워드 강의를 수강하는 사원은 엑셀 강의를 수강하지 않는다.
> • 마케팅 팀원은 모두 워드 강의를 수강한다.
> • 재무부에도 엑셀 강의를 듣는 사원이 있다.
> • 컴퓨터 활용능력 자격증이 있는 사원은 워드 강의를 듣지 않는다.

┤ 보기 ├

> ㉠ 재무부와 마케팅 팀원이 함께 수업을 들을 일은 없다.
> ㉡ 마케팅 팀원 모두 PPT 강의를 수강한다.
> ㉢ 마케팅 팀원 중 컴퓨터 활용능력 자격증이 있는 사원은 없다.
> ㉣ 재무부 부원 모두 컴퓨터 활용능력 자격증이 있다.

① ㉠, ㉡   ② ㉠, ㉢
③ ㉡, ㉢   ④ ㉡, ㉣
⑤ ㉡, ㉢, ㉣

34 오늘은 월요일이다. 한솔이는 다음 주 일요일에 있을 배드민턴 경기를 준비하면서 컨디션 조절을 위해 이틀 연속으로 연습하지 않으려 한다. 매주 화, 금요일에는 과제가 있어 연습을 할 수 없으며 경기가 있기 전 여자친구와 꽃놀이를 한번 갈 예정이라고 할 때, 배드민턴 연습을 최대한으로 하기 위해 꽃놀이를 반드시 피해야 하는 요일은?

① 월요일, 수요일 ② 수요일, 목요일
③ 월요일, 토요일 ④ 목요일, 토요일
⑤ 수요일, 일요일

35 다음은 어느 고등학교 수학 쪽지시험에서 4명의 학생이 제출한 답안지이다. 아래의 조건에 따를 때 문제를 많이 맞힌 사람 순으로 나열하면?

학생 제출답안

구분	1번	2번	3번	4번
종신	3	2	1	5
국진	3	4	1	5
규현	3	4	2	2
현동	2	3	1	1

- 모두 맞힌 사람은 한 명이다.
- 1번과 3번 문제는 과반이 맞혔다.
- 2번 문제의 정답자는 두 명이다.

① 국진 − 규현 − 종신 − 현동 ② 종신 − 규현 − 국진 − 현동
③ 종신 − 국진 − 규현 − 현동 ④ 국진 − 종신 − 규현 − 현동
⑤ 종신 − 규현 − 현동 − 국진

36 사내 운동회 2인 3각 경기에 출전하기 위해 어느 회사 마케팅부에서는 9명의 팀원을 3명씩 A, B, C 3개의 조로 나눴다. 다음 조건을 참고할 때, B팀에 속하는 사람은?

- 갑, 을, 병, 정은 여성이고 무, 기, 경, 신, 임은 남성이다.
- 갑은 A팀에 속한다.
- 을과 기는 같은 팀이다.
- 한 팀에는 적어도 한 명의 여성사원이 있다.
- 임과 기는 같은 팀이 아니다.
- 무와 경은 C팀이다.
- 병과 정은 을과 같은 팀에 속하지 않는다.
- 기는 두 명의 여성사원과 같은 팀이다.
- 신과 병은 같은 팀이 아니다.

① 정, 무, 기
② 정, 신, 임
③ 병, 무, 경
④ 병, 을, 기
⑤ 을, 기, 신

37 어느 학교 운동회에서 5명의 선수 A, B, C, D, E가 100m 달리기 시합을 했다. 시합 결과를 알기 위해 항상 진실만을 말하는 네 사람에게 물어봤을 때, 답변이 다음과 같았다. 이때 3등을 한 사람은?

민호 : E는 D보다 먼저 들어왔다.
신수 : C는 D보다는 먼저 A보다는 나중에 결승선을 통과했다.
대호 : C는 2등이거나 4등이다.
승환 : A는 B보다는 먼저 E보다는 나중에 들어왔다.

① A
② B
③ D
④ E
⑤ 알 수 없음

38 어느 회사의 승진 조건과 직원 A, B, C, D, E, F의 승진심사 성적은 다음과 같다. 이번에 승진하는 직원들은?

- 승진 대상자 중 2명만 승진한다.
- 75점 미만인 점수가 있으면 승진할 수 없다.
- 개인 성과 점수가 90점 이상인 사람 중 적어도 한 명은 무조건 승진해야 한다.
- 승진자는 승진 탈락자보다 평균점수가 높거나 같다.

대상자	개인 성과 점수(점)	팀 성과 점수(점)	어학성적(점)
A	90	80	80
B	85	80	90
C	80	90	70
D	80	90	80
E	75	80	95
F	95	85	60

① A, B   ② A, D
③ A, E   ④ B, D
⑤ B, E

39 6명의 신입사원 장훈, 동엽, 지웅, 혜진, 시경, 승호를 네 개 부서(마케팅팀, 인사팀, 총무팀, 기획팀)에 배치하려고 한다. 다음 조건을 따를 때 총무팀에 배치될 신입사원은?

- 장훈이는 혜진이와 같은 팀에 배치된다.
- 동엽이는 시경이와 같은 팀에 배치된다.
- 승호는 인사팀에 배치된다.
- 지웅이는 인사팀에 배치되지 않는다.
- 마케팅팀에는 두 명의 신입사원이 배치된다.
- 동엽이는 기획팀이나 인사팀에 배치된다.
- 모든 부서에는 한 명 이상 세 명 미만의 신입사원이 배치된다.

① 동엽   ② 장훈
③ 지웅   ④ 승호
⑤ 혜진

40 A, B, C, D, E, F 총 6명의 학생은 체육시간마다 키가 작은 순서대로 한 줄로 선다. 학생들의 키가 다음과 같을 때 항상 참이 아닌 것은?

- F는 키가 150cm 이상 160cm 미만이다.
- D는 키가 가장 크다.
- B는 A보다 크고 E보다 작다.
- C는 B보다 크고 D보다 작다.
- A의 키는 160cm이다.
---

① F는 키가 가장 작다.
② D는 가장 마지막에 선다.
③ B는 세 번째 자리에 선다.
④ C보다 E가 앞에 선다.
⑤ A는 F보다 뒤, C보다 앞에 선다.

41 7명의 멤버(유리, 소진, 혜리, 소미, 미나, 성소, 유나)로 구성된 걸그룹이 무대에 설 위치를 정하고 있다. 다음 무대배치도와 〈보기〉의 조건을 참고할 때, C자리에 설 멤버는? (단, 방향은 멤버가 무대 앞을 보고 섰을 때를 기준으로 한다.)

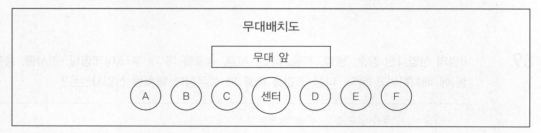

무대배치도

무대 앞

(A)　(B)　(C)　(센터)　(D)　(E)　(F)

| 보기 |

- 유리의 오른쪽에서 두 번째에는 소미가 선다.
- 성소의 오른쪽에서 세 번째에는 센터가 선다.
- 혜리의 왼쪽 옆에는 미나가 선다.
- 소진의 오른쪽 옆에는 소미가 선다.
- 성소의 오른쪽 옆에는 미나가 선다.
- 유나는 오른쪽 끝에 선다.
- 소진의 오른쪽에서 두 번째에는 유나가 선다.
---

① 소진　　　　　　　　　② 소미
③ 혜리　　　　　　　　　④ 미나
⑤ 성소

42 어느 회사 기획팀에 갑, 을, 병, 정, 무 5명의 직원이 있다. 이 중 두 명을 짝지어 출장을 보내고자 할 때 가능한 경우의 수는?

- 갑과 병은 함께 출장을 갈 수 없다.
- 을은 정하고만 출장을 갈 수 있다.
- 병과 무는 함께 출장을 갈 수 없다.

① 4가지　　　　　　　　　　　② 5가지
③ 6가지　　　　　　　　　　　④ 7가지
⑤ 8가지

43 다음 네 명의 말 중 한 사람의 말만 거짓이고 세 명의 말은 모두 참이라고 할 때, 다음 중 거짓말을 하는 사람은?

서진 : 이번 분기 우리 식당 매출이 올랐어.
신구 : 그래도 아직 옆 식당보다 매출이 적어.
유미 : 오늘 매출액이 우리 식당 매출 역대 최고치를 경신했어.
여정 : 우리 지역에서 우리 식당이 매출 1위래.

① 서진　　　　　　　　　　　② 신구
③ 유미　　　　　　　　　　　④ 여정
⑤ 알 수 없음

44 다음 조건을 고려할 때 이번 주에 〈무한질주〉를 스튜디오에서 녹화하기에 적절한 날은?

- 무한질주의 5명의 멤버(재석, 명수, 세형, 하하, 준하)와 제작진이 모두 가능한 날에 녹화할 수 있다.
- 이번 주는 5월 둘째 주이다.
- 재석은 월요일에 녹화를 하지 않는다.
- 하하는 토요일에 타 프로그램 녹화를 한다.
- 〈무한질주〉 제작진은 공휴일엔 녹화를 하지 않는다.
- 세형은 홀수 번째 주 수요일마다 고향에 내려간다.
- 〈무한질주〉 제작진들은 매주 화요일 1박 2일 일정으로 현장답사를 떠난다.
- 매주 금요일엔 준하가 제주도로 타 프로그램 촬영을 간다.
- 작년 5월 1일은 일요일이었으며 올해 2월은 28일까지 있다.

① 10일　　　　　　　　　　　② 11일
③ 12일　　　　　　　　　　　④ 13일
⑤ 14일

완전정복

NCS
문제해결
자원관리능력

Part 3.

상황제시형

대표유형 알아보기

유형설명

상황제시형 문제는 NCS 문제해결능력의 하위능력 중 문제처리능력을 측정하기 위해 출제되는 유형과 NCS 자원관리
능력의 하위능력 중 시간/예산/물적·인적자원관리 능력을 측정하기 위해 출제되는 유형으로 구분할 수 있다. 주제별
로는 최단거리 및 최소비용을 고려한 최적안 도출, 시차계산, 진행 가능한 일정 및 인력 배분 등의 문제가 주로 출제된다.
문제해결능력과 자원관리능력을 출제영역으로 선택한 모든 공공기관에서 상황제시형 문항은 반드시 출제되고, 특히 해당
공공기관 직무와 관련하여 한국전력공사는 전기요금 계산문제, 국민건강보험공단은 고령자 장기요양보험 문제 등을 주로
출제하므로 이에 대한 대비가 필요하다.

문제해결전략

Case 1

최단거리 및 최소비용을 고려한 최적안 도출 문제

1. 최단거리 문제

주어진 자료의 도식화를 통해 간단하게 지점 간 거리를 표시하고 도출될 수 있는 모든 경로 중 공통부분을 제외한
나머지 부분에서 가장 짧은 거리를 선택하여야 한다. 여기서의 핵심은 공통부분을 빨리 찾는 것이다.

2. 최소비용 문제

값의 차이값을 이용하면 빠르게 문제를 해결할 수 있다.

예를 들어, 연비 20km/ℓ의 자동차 A와 연비 10km/ℓ의 자동차 B가 각각 10km를 주행할 때 연료비 차이를 구하는
문제의 경우(연료비는 ℓ당 200원)

자동차 A는 $\frac{1}{20}$(ℓ/km)×10(km)×200(원/ℓ)＝100(원)

자동차 B는 $\frac{1}{10}$(ℓ/km)×10(km)×200(원/ℓ)＝200(원)

으로 연료비 차이는 100원이다.

그러나 차이값을 이용하면 자동차 A와 B는 10km를 주행했을 때 연료량 0.5ℓ의 차이를 보이므로

(0.5ℓ 차이의 근거: 자동차 A는 0.5ℓ에 10km를 가고, 자동차 B는 1ℓ에 10km를 감)

0.5(ℓ)×200(원/ℓ)＝100(원)

이렇게 문제를 해결할 수 있다.

Case 2

시차계산 문제

시간이 '빠르다' 또는 '느리다' 의미를 정확히 파악하여야 한다.

예를 들어, 한국 기준으로 오후 8시일 때 필리핀은 오후 7시이다. 이때 한국이 먼저 8시가 되고 필리핀이 1시간 뒤에
8시가 되는 것이므로 '한국이 1시간 빠르다.(또는 필리핀이 1시간 느리다.)'는 표현이 맞는 것이다.

진행 가능한 일정 및 인력배분 문제

진행 가능한 회의 일정 및 참여 가능한 인력을 묻는 문항이 출제된다. 주로 인력 상황과 일정에 대한 표가 주어지고 이를 동시에 고려하여 가능한 일정 및 인력배분을 도출해야 한다. 특히, 표 아래에 제시된 부연 설명에서 답의 근거를 찾을 수 있는 경우가 많으므로 신경 써서 살펴봐야 한다.

대표기출문제

[01~02] ○○철도공사는 새로운 외주 업체를 고용하기 위해 공고문을 냈다. 외부 업체 후보 명단이 다음과 같을 때, 이를 보고 이어지는 물음에 답하시오.

○○철도공사 외주 업체 선발 공고문

- 공사명 : ○○공사 편의점 신축공사
- 공사기간 : 2020. 05. 01.~2020. 09. 30.
- 참가자격
  가. 건설업 면허(등록) 소지자
  나. 입찰일 현재 국가를 당사자로 하는 계약에 관한 법률 시행령 제76조 제1항(부정당업자)에 해당하는 자(업체 및 대표자 동일 시 동일업체 포함)로서 제재기간이 경과하지 아니한 자는 입찰에 참가할 수 없음
- 연락처 : 070−1234−5678
- 기타 참고사항
  가. 한 업체는 연속적으로 최대 세 달 이상 공사를 할 수 없다(세 달 공사 후 한 달 간격을 두고 다시 공사 참여 가능).
  나. 역내 공사는 동일 기간 내에 최대 3개 업체가 진행할 수 있다.
  다. 역내 공사 시간을 서로 겹치지 않게 한다(다른 종류의 공사도 포함).

외주 업체 후보 명단

업체명	공사 가능시간	희망 공사 비용(만 원)	비고
A건설	22:00~01:00	월 1,800	
B건설	24:00~03:00	월 1,750	
C건설	01:00~03:00	월 1,700	• 최소 2시간 이상 공사
D건설	23:00~02:00	월 1,850	• 휴식시간 없이 연속적으로 공사
E건설	22:00~01:00	월 1,900	
F건설	01:00~05:00	월 1,700	

※ 단, 공사 비용은 공사 시간과 관계없이 월 기준임

---

01 ○○철도공사는 최소기간 내에 최소비용으로 편의점을 완공하고자 한다. 공사 진행 시간은 22:00~
05:00이고 공사기간보다는 비용 단축을 우선시해 공사를 진행하려고 한다. 이때 고용되는 업체는?
(단, 역내 화장실 공사가 2020년 8월 31일까지 진행되며, 이 공사는 03:00~05:00에 진행된다.)

① A, B, D

② A, C, D

③ B, C, E, F

④ A, B, C, E

⑤ A, C, E, F

해설

○○철도공사는 최소기간 내에 최소비용으로 편의점을 완공하고자 한다. 그러므로, 최대한 저가의 업체가 공사를
진행하도록 한다. 이를 적용하면 다음과 같이 업체를 선발해 공사를 진행할 수 있다. 한 업체는 연속적으로 3개월
이상 공사를 할 수 없으므로 결과는 아래와 같다.

구분	05. 01~05. 31	06. 01~06. 30	07. 01~07. 31	08. 01~08. 31	09. 01~09. 30
22:00~23:00					
23:00~24:00	A			E	A
24:00~01:00					
01:00~02:00	C			F	
02:00~03:00					
03:00~04:00	화장실 공사				
04:00~05:00					

02 ○○철도공사가 위 문제에서 선발된 업체에 대한 비용 지불을 분기별로 진행한다면, 2/4분기에는
총 얼마를 지불하겠는가?

① 3,500만 원

② 3,800만 원

③ 5,700만 원

④ 7,000만 원

⑤ 8,200만 원

해설

05. 01~06. 30에 진행된 공사 비용은 2/4 분기에 지불되어야 한다.
따라서 A건설 1,800×2 = 3,600만 원, C건설 1,700×2 = 3,400만 원을 합하여 총 7,000만 원이 지불되어야
한다.

Answer 1. ⑤ 2. ④

실전예상문제

정답 및 해설. 11p

[01~02] 다음은 ○○기업의 부서별 성과급 지급 기준과 지난 1년간 제품개발부서의 성과평가 결과를 나타낸 자료이다. 이를 보고 이어지는 물음에 답하시오.

◆ 성과평가 점수
제품성 × 0.3 + 기술력 × 0.25 + 시장 호응도 × 0.25 + 소비자 만족도 × 0.2

◆ 분기별 성과평가 점수별 성과급 지급액
성과평가 점수에 따라 다음과 같은 성과급이 지급된다. (기준 성과급 지급액 : 80만 원)
• 4점 미만 : 기준 성과급 지급액의 80%
• 4점 이상 6점 미만 : 기준 성과급 지급액
• 6점 이상 8점 미만 : 기준 성과급 지급액의 120%
• 8점 이상 : 기준 성과급 지급액의 130%

제품개발부서의 성과평가 결과

(단위 : 점)

구분	1/4분기	2/4분기	3/4분기	4/4분기
제품성	8	7	5	6
기술력	8	10	5	8
시장 호응도	10	8	6	6
소비자 만족도	7	6	5	7

01 위 자료를 참고했을 때, 가장 많은 성과급을 받게 되는 분기와 가장 적은 성과급을 받게 되는 분기의 성과급 차액은 얼마인가?

① 8만 원 ② 16만 원
③ 24만 원 ④ 32만 원
⑤ 40만 원

02 제품개발부서는 4/4분기의 성과평가 점수를 기준으로, 다음 분기에는 각 항목별 점수를 2점씩 더 올리는 것을 성과 목표로 설정했다. 기준 성과급 지급액이 80만 원에서 90만 원으로 상향 조정되었다면, 이 부서가 성과 목표에 도달했을 때 다음 분기에 지급될 성과급은 얼마인가?

① 80만 원 ② 96만 원
③ 104만 원 ④ 108만 원
⑤ 117만 원

03 국내 우수 인력을 지원하고자 하는 취지의 ○○사업에 의해, 심사를 거쳐 선정된 산학단체는 2년 간 연구비를 지원받을 수 있다. 이때 항목별 평가 점수가 일정 수준을 초과하지 못할 경우 해당 단체를 지원하지 않는다. 다음 자료를 보고 사업단에서 지원할 산학단체로 적절하지 않은 곳을 모두 고르면?

◎ 평가 항목 및 방법

교육(HRD), R&D, 산학협력, 대학 특성화, 지역 균형 발전 5개 항목을 PASS 또는 FAIL로 평가한다.

※ 다섯 가지 항목 중 두 개 이상의 항목에서 FAIL 평가를 받을 경우 지원이 중단됨

◎ 단체별 평가 점수

• A와 B 단체는 'R&D' 항목에서 PASS 평가를 받았다.
• A와 D 단체는 '대학 특성화' 항목에서의 PASS 평가를, C 단체는 FAIL 평가를 받았다.
• '산학협력' 항목에서 FAIL 평가를 받은 단체는 2곳이다.
• '지역 균형 발전' 항목에서는 모든 단체가 PASS 평가를 받았다.
• B 단체는 '교육(HRD)' 항목에서는 FAIL 평가를, '산학협력'과 '대학 특성화' 항목에서는 PASS 평가를 받았다.
• '교육(HRD)' 항목에서, 한 개의 단체를 제외한 모든 단체는 PASS 평가를 받았다.
• 'R&D' 항목에서, 적어도 세 개의 단체가 FAIL 평가를 받았다.
• A 단체는 FAIL 평가를 하나도 받지 않았다.
• FAIL 평가를 3개 항목 이상에서 받은 단체는 없다.

---

① A, B
② A, B, C
③ C, D, E
④ C, E
⑤ D, E

04 물류회사인 ○○기업에서는 화물을 이동하는 데 가장 효율적인 운송 방법을 선택하려 한다. 다음 자료를 보고 거리 대비 비용을 고려하여 가장 유리한 경로를 이용한다고 했을 때, 운송 비용은 얼마인가?

- 물류창고에서 배송지까지 3톤의 화물을 운송한다.
- 운송 비용 = 기본운임 + (이동거리 × 톤·km당 추가운임 × 화물의 무게)

구분	A경로	B경로	C경로
기본운임	80,000원	100,000원	120,000원
톤·km당 추가운임	400원	300원	200원
이동거리	200km	180km	210km

① 246,000원 ② 254,000원
③ 262,000원 ④ 308,000원
⑤ 320,000원

05 A, B, C, D, E 다섯 개의 인쇄기 중 하나를 사용하여 책을 만들려고 한다. 각 인쇄기의 성능과 속도에 대해 정리한 결과, 다음과 같은 표를 얻었다. 360페이지 분량의 책을 만드는 데 가장 시간이 적게 드는 인쇄기는 무엇인가?

인쇄기별 인쇄 성능 정보

구분	A	B	C	D	E
인쇄 매수(페이지)	640	450	600	400	270
인쇄 소요 시간	8분	9분	12분	5분	3분
권당 제본 소요 시간	80분	60분	40분	50분	60분

- 각 인쇄기를 이용하여 분량만큼의 페이지를 모두 인쇄한 후, 제본을 한다.
- 작업을 바꾸는 도중에 소요되는 시간은 고려하지 않는다.

① A ② B
③ C ④ D
⑤ E

06 K씨는 사업 확장을 위해 대출을 받고자 한다. K씨가 대출하려는 금액은 1억 원이며, 원금균등상환 방식에 따라 1년의 대출기간 동안 4회 상환하기를 원한다. 다음과 같은 조건에 따라 대출을 받을 때, K씨가 3회차가 되는 분기에 상환해야 할 상환원금과 이자의 합은 얼마인가?

대출상환방식

• 원금균등상환 : 대출원금을 대출기간으로 나눈 상환금에 잔고 이자를 합산하여 상환하는 방식

회차당 상환금 = 상환원금 + 이자

$$상환원금 = \frac{대출원금}{총\ 상환횟수},\ 이자 = 대출잔액 \times \frac{대출이율}{총\ 상환횟수}$$

• 원리금균등상환 : 원금과 이자를 더해 월 상환액을 대출기간 동안 똑같은 금액으로 나눠 상환하는 방식

$$회차당\ 상환금 = \frac{대출원금 \times (1 + 대출이율)}{총\ 상환횟수}$$

대출조건

대출금액	대출이율	대출기간	상환회차
1억 원	연 10%	1년	총 4회 (분기별 1회 후납)

① 25,000,000원

② 25,625,000원

③ 26,250,000원

④ 26,875,000원

⑤ 27,500,000원

[07~08] 다음은 S여행사의 여행상품 및 이동수단 등의 정보를 나타낸 것이다. 이를 보고 이어지는 물음에 답하시오.

[서울(서울고속버스터미널) → 강릉(강릉고속버스터미널) / 고속버스]
푸른 바다 금빛 석양 강릉 투어 / 당일
- 서울고속버스터미널 - 강릉고속버스터미널 - 주문진 - 점심식사 - 경포호 - 오죽헌 - 저녁식사 (자율) - 강릉고속버스터미널 - 서울고속버스터미널
- 출발시간 : 월, 화, 수, 금 8:00 am
- 도착시간 : 월, 화, 수, 금 9:00 pm
- 가격 : 87,500원(단, 저녁식사는 자율이므로 비용에 포함되지 않음)

[서울(동서울종합터미널) → 경주(경주시외버스터미널) / 시외버스]
시간을 거슬러 신라 역사투어 / 1박 2일
- 1일차
  동서울종합터미널 - 경주시외버스터미널 - 점심식사 - 석굴암 - 불국사 - 신라밀레니엄파크 - 저녁식사 - 숙소(자율시간)
- 2일차
  숙소 - 아침식사(자율) - 안압지 - 첨성대 - 동궁원 - 점심식사 - 경주시외버스 터미널 - 동서울 종합터미널
- 출발시간 : 화, 목, 일 8:20 am
- 도착시간 : 수, 금, 월 6:20 pm
- 가격 : 135,000원(단, 2일차 아침식사는 자율이므로 비용에 포함되지 않음)

[경기(고양종합터미널) → 속초(속초시외버스터미널) / 시외버스]
살랑살랑 파도 향기 속초 투어 / 당일
- 고양종합터미널 - 속초시외버스터미널 - 속초해수욕장 - 아바이 마을 - 중앙 시장 - 저녁식사 (자율) - 속초시외버스터미널 - 고양종합터미널
- 출발시간: 금, 토, 일 10:10 am
- 도착시간 : 금, 토, 일 9:40 pm
- 가격 : 57,500원(단, 저녁식사는 자율이므로 비용에 포함되지 않음)

[서울(서울역) → 부산(부산역) / KTX]
은빛 바다 먹거리 여행 부산 투어 / 1박 2일
- 1일차
  서울역 - 부산역 - 해운대 해수욕장 - 점심식사 - 동백공원 - 저녁식사 - 더베이 101 - 숙소
- 2일차
  숙소 - 아침식사(자율) - 감천 문화 마을 - 자갈치 시장 - 점심식사 - 용두산 공원 - 저녁식사 - 부산역 - 서울역
- 출발시간 : 월, 화, 목, 토 10:00 am
- 도착시간 : 화, 수, 금, 일 9:40 pm
- 가격 : 235,000원(단, 아침식사는 자율이므로 비용에 포함되지 않음)

```
[경기(용산역) → 충남(천안역) / 무궁화호]
우리나라 독립역사기행 천안 투어 / 당일
•용산역 − 천안역 − 독립 기념관 − 유관순열사 사적지 − 저녁식사 − 천안역 − 용산역
•출발시간 : 월, 화, 수, 목, 금 12:55 pm
•도착시간 : 월, 화, 수, 목, 금 9:50 pm
•가격 : 45,500원
```

07 K회사에 재직 중인 동규는 주말을 이용해 여행을 다녀오려고 한다. 동규가 여행에서 야경을 구경하려고 한다면 S여행사가 동규에게 추천해 줄 여행상품의 이동 수단으로 적절한 것은?

① 고속버스　　　　　　　　　　② 시외버스
③ 무궁화호　　　　　　　　　　④ KTX
⑤ 시외버스(경기 출발)

08 ○○공사 직원인 가영이는 역사 기행을 떠나려고 한다. 여행 기간은 상관없으며, 주중에 연차 사용 가능한 날은 수요일이고, 일요일에는 특근을 한다고 한다. S여행사가 가영이에게 추천해 줄 수 있는 상품은?

① 푸른 바다 금빛 석양 강릉 투어
② 시간을 거슬러 신라 역사투어
③ 살랑살랑 파도 향기 속초 투어
④ 은빛 바다 먹거리 여행 부산 투어
⑤ 우리나라 독립역사기행 천안 투어

[09~10] 다음은 ○○공사의 비품 구입 요청 목록과 비품 등록번호 부여 기준을 나타낸 자료이다. 이를 참고해 총무부가 비품 등록번호를 부여한다고 한다. 이를 보고 이어지는 물음에 답하시오.

비품 구입 요청 목록

이름	부서	요청 비품	개수(개)	단가(원)
김나영	총무	스테이플러(사무)	15	2,500
한승재	설비	AA건전지(업무)	50	1,000
이다솔	인사	A4용지(사무)	15	12,500
박승준	설계	마우스(사무)	10	22,500
김지서	마케팅	종이컵(회의)	60	1,000
박민준	설계	키보드(사무)	13	27,500
이동현	설비	드라이버(업무)	20	27,000

비품 등록번호 부여 기준

부서 코드 – 용도 코드 – 개수 – 가격 코드 – 사내고유번호

1. 부서 코드

구분	코드
마케팅	31
설계	90
설비	91
인사	21
총무	22

2. 용도 코드

구분	코드
사무	A
회의	B
업무	C

3. 가격 코드(단가 기준)

구분	코드
1만 원 미만	A
1만 원 이상 2만 원 미만	B
2만 원 이상 3만 원 미만	C
3만 원 이상	D

4. 사내고유번호 계산법

구분	코드
0 ≤ 부서 + 용도 + 가격 < 30	1
30 ≤ 부서 + 용도 + 가격 < 50	2
50 ≤ 부서 + 용도 + 가격 < 100	3

※ 사내고유번호 계산 시, 알파벳을 숫자로 치환하여 계산한다.
예 A = 1, B = 2, C = 3

09 **위 내용을 바탕으로 옳은 것은?**

① 이다솔이 신청한 비품의 가격 코드와 사내고유번호는 D1이다.
② 박민준이 신청한 비품의 용도 코드는 B이다.
③ 총무부에서 신청한 마우스의 등록번호는 22A15A1이다.
④ 이동현이 신청한 비품의 등록번호는 91C20C3이다.
⑤ 등록번호 91C50A3은 설계부에서 업무용으로 신청한 1만 원 이하의 비품을 의미한다.

10 **다음 중 각 직원이 요청한 비품의 등록번호가 바르게 입력되지 않은 것은?**

①	한승재	91C50A3
②	이다솔	21B15B1
③	박승준	90A10C3
④	김지서	31B60A2
⑤	박민준	90A13C3

11 K공사에 근무하는 N씨는 아침 8시에 집에서 출발하여 A, B, C 중 한 곳에 들러 사무실에 필요한 비품을 구매한 후 9시까지 출근해야 한다. N씨의 이동경로에 관한 정보가 다음과 같다고 할 때, 다음 중 옳지 않은 것은?

• N씨의 집과 경유지 A, B, C 사이의 거리, 각 경유지와 회사 사이의 거리는 다음과 같다.

집	거리	경유지	거리	회사
	16km	A	18km	
	13km	B	15km	
	25km	C	6km	

• 시간대별 최대 주행 속도는 다음과 같다.

시간대	07:00 이전	07:00~07:40	07:40~08:20	08:20~09:00	09:00 이후
최대 주행 속도	60km/h	40km/h	30km/h	45km/h	60km/h

• 각 지점에서 비품을 구매하는 데 10분이 소요된다.

① 최단거리로 이동하기 위해서는 B를 경유해야 한다.
② A를 경유하면 지각을 하지 않는다.
③ B를 경유하면 지각을 하지 않는다.
④ C를 경유하면 지각을 하지 않는다.
⑤ 가장 빨리 회사에 도착하기 위해서는 B를 경유해야 한다.

12

W공사는 세계 물의 날을 맞아 다양한 행사를 준비하고 있다. 행사별 일정 및 소요인력, 날짜별로 파견할 수 있는 인력에 대한 정보가 다음과 같다고 할 때, 이와 관련된 설명으로 옳은 것은?

행사별 일정 및 소요인력

행사	기간	소요 인력
가	3일	첫째 날 110명, 둘째 날 85명, 셋째 날 130명
나	1일	150명
다	2일	첫째 날 80명, 둘째 날 55명
라	3일	첫째 날 133명, 둘째 날 145명, 셋째 날 160명
마	2일	첫째 날 70명, 둘째 날 180명

날짜별 파견 가능한 최대 인력

8월 21일	8월 22일	8월 23일	8월 24일	8월 25일
135명	190명	328명	386명	419명

- 각 행사는 주어진 기간 동안 연속해서 진행된다.
- 날짜별로 파견 가능한 인력을 초과할 수 없으나, 인력이 남는 것은 관계없다.
- 각 행사의 날짜별 소요인력은 고정되어 변하지 않는다.
- 가, 나, 다, 라, 마 5개의 행사를 8월 21일~25일 사이에 모두 치러야 한다.

① 가 행사는 8월 21일에 시작한다.
② 나 행사는 8월 25일에 진행한다.
③ 다 행사는 가 행사의 둘째 날에 시작한다.
④ 라 행사는 8월 22일에 시작한다.
⑤ 마 행사는 라 행사의 둘째 날에 시작한다.

[13~15] 다음은 제주도 올레길에 관련된 자료이다. 이를 보고 이어지는 물음에 답하시오.

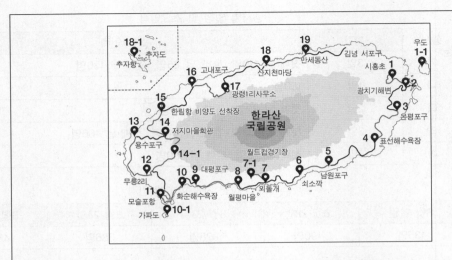

코스	길이(km)/시간(h)	자전거 통행 여부	코스	길이(km)/시간(h)	자전거 통행 여부
1	15.1 / 5	○	10-1	4.3 / 1	×
1-1	11.5 / 4	○	11	17.8 / 6	×
2	14.5 / 5	×	12	17.1 / 6	○
3	19.9 / 6	○	13	14.8 / 5	○
4	23.6 / 8	○	14	18.9 / 7	○
5	13.1 / 4	○	14-1	17 / 6	×
6	11 / 4	○	15	16.7 / 6	○
7	17.7 / 6	×	16	15.7 / 5	○
7-1	15 / 5	×	17	17.9 / 6	○
8	19.2 / 7	○	18	19 / 7	○
9	7.5 / 2	○	18-1	18.2 / 7	×
10	17.3 / 5	○	19	19.1 / 7	○

※ 시간은 도보 기준이며, 자전거를 이용할 경우 이동시간이 40% 단축된다.

13 자전거와 도보를 이용하여 연속된 두 개의 코스를 이동하려고 한다. 다음 중 가장 짧은 시간에 완주할 수 있는 코스는?

① 1~2코스   ② 10~11코스
③ 14~14-1코스   ④ 3~4코스
⑤ 17~18코스

14 위 지도에서 각각의 포인트는 코스의 출발점이며, 14-1코스는 코스의 중간지점에 포인트가 있다. 친구인 A와 B는 각각 고내포구와 모슬포항에서 출발해 올레길을 따라 이동하다 14-1코스에서 만나기로 했다. 오전 8시에 A가 자전거를 타고 출발하고, 3시간 뒤에 B가 걸어서 출발했을 때, 둘이 만나게 되는 시간은 오후 몇 시인가? (단, A와 B 모두 한 코스가 끝나면 30분의 휴식을 갖는다.)

① 8시 5분   ② 8시 7분
③ 8시 9분   ④ 8시 11분
⑤ 8시 13분

15 C는 입사 전까지 남는 기간에 캠핑을 하며 제주도 올레길을 완주하려고 한다. 하루에 7시간이 넘지 않게 이동한다고 했을 때, 자전거와 도보를 모두 이용하여 완주할 경우 최소 며칠이 걸리겠는가? (단, x-1코스는 생략하며, 전날 중단한 지점에서부터 다시 이동한다.)

① 15일   ② 14일
③ 13일   ④ 12일
⑤ 11일

16 ○○시는 주민만족도 향상을 위해 체육시설 확대를 추진하고 있다. 체육시설 및 예산 현황을 고려할 때, 이에 대한 분석으로 옳지 않은 것은?

○○시 체육시설 및 예산 현황

1. ○○시 체육시설 현황(시설 개수)

구분	종합운동장	스포츠센터	운동장	공원	아동체육센터
○○시 현황	1	1	1	2	0
권고기준	1	1	2	4	1
건립비용	500억 원	100억 원	20억 원	10억 원	30억 원

2. ○○시 예산 현황
- ○○시에서 현재 확보한 체육시설 관련 예산은 20억 원이다.
- ○○시 주민들은 아동체육센터의 신규 건립을 가장 원하고 있다.
- ○○시에는 목적을 정하지 않은 예비비 예산으로 50억 원을 확보하고 있다.

① ○○시에서 현재 확보한 체육시설 관련 예산으로는 권고기준을 충족하는 수준으로 체육시설을 확충할 수 없다.
② 권고기준 수준으로 체육시설을 확충하기 위해 필요한 예산은 70억 원이다.
③ 현재 확보된 체육시설 관련 예산만으로도 주민들이 가장 원하는 시설을 건립할 수 있다.
④ 예비비 예산을 체육시설 관련 예산으로 전용할 경우 권고기준을 충족시킬 수 있다.
⑤ 현재 확보된 체육시설 관련 예산으로는 운동장 1곳을 확충하거나 공원 2곳을 새롭게 조성할 수 있다.

17 다음 표는 A~F지점 간의 거리(km)를 나타낸 것이다. A에서 출발해 F에 들른 후 B로 갈 때 최단 경로는 몇 m인가?

출발＼도착	A	B	C	D	E	F
A		2	3	4	5	-
B	-		13	8	10	8
C	-	5		-	-	7
D	-	7	-		7	2
E	-	6	9	10		2
F	-	11	2	3	4	

① 10,000m
② 11,000m
③ 13,000m
④ 15,000m
⑤ 17,000m

18 A사원은 B과장과 함께 해외 지사로 출장을 가려고 한다. 행선지의 시간은 한국보다 7시간이 느리고, 비행시간은 9시간 30분이 소요된다. 해외 지사의 현지시간으로 7월 13일 오후 2시에 도착하는 비행기를 탈 때, 공항에 몇 시까지 도착해야 하는가? (단, 비행출발 2시간 전에는 탑승수속을 위해 공항에 도착해야 한다.)

구분	출발날짜 및 시각	도착날짜 및 시각	비행시간
한국 → 해외 지사	7월 13일 / ? : ?	7월 13일 / 14:00	9시간 30분
해외 지사 → 한국	7월 17일 / 10:00	7월 17일 / 20:00	10시간

① 09:30   ② 10:30

③ 11:30   ④ 12:30

⑤ 13:30

Part 4.

NCS형
PSAT 기출 70선

대표유형 알아보기

유형설명

2020년 하반기 코레일 대졸 채용 필기시험의 NCS 문제가 2017년 PSAT 5급 공채 자료해석 다책형 30번 문제와 거의 동일한 형태로 출제되었다. 모듈형을 주로 출제하는 출제대행사가 코레일 출제를 맡은 이후 그대로 모듈형을 출제하지 않고 PSAT 유형으로 문제를 출제한 것이다. 이러한 사례는 코레일, 국민건강보험공단, 한국전력공사, 한국수력원자력 등 전통적으로 PSAT 유형을 출제한 기업에서는 출제대행사의 변경과 상관없이 PSAT 유사 문항 출제가 추세임을 보여 주는 것이다.

이에 본 Part에서는 최근 공공기관에서 출제된 PSAT형 문항을 빠짐없이 분석하였고, 이와 동일한 문제 형태 및 소재가 활용된 PSAT 기출문항을 추출하여 빠른 문제풀이법과 함께 수록하였다. PSAT 기출문항은 많은 수험생이 접해본 문제 이나 엄선된 문제와 빠른 풀이법을 보면서 자신의 풀이법과 비교하면서 학습해야 한다.

출제유형 및 출제빈도 분석표

출제유형	출제빈도
약관 및 조문 분석을 통한 적정 대상자 유추	★★★
규정 분석을 통한 금액 계산	★★★★
조건을 고려한 일정 계산	★★★★
가중치를 고려한 최적안 도출	★★★★★
정성적 자료를 정량적 자료로 변환	★★
조건을 고려한 이동경로 파악	★★★★
계약서 분석을 통한 위반행위(자) 도출	★
절차 제시 후 암호문 분석	★

문제해결전략

전략 1

기호(">", "<", "-" 등)를 활용한다.

Ex 시기 순서를 묻는 문항의 경우 수학 연산자 부등호 기호(">", "<")를 활용하고, 위치 순서를 묻는 문항의 경우 "-"를 이용하면 실수를 줄일 수 있다.

전략 2

약분을 활용하여 계산을 단순화한다.

Ex 지점 간 거리와 물동량이 다음과 같이 제시되고 관련 문제를 푸는 경우

지점	지점 간 거리(km)	물동량(ton)
서울 ↔ 인천	150	600
대전 ↔ 광주	250	1,200
대구 ↔ 부산	100	800

위 표와 같은 계산문제는 다음과 같이 약분하여 식을 단순화하면 문제풀이 시 시간을 단축할 수 있다.

지점	지점 간 거리(km)	물동량(ton)
서울 ↔ 인천	150 → 3	600 → 3
대전 ↔ 광주	250 → 5	1,200 → 6
대구 ↔ 부산	100 → 2	800 → 4

전략 3

지문이 긴 경우 먼저 선택지를 보고 필요한 부분을 체크한 후 지문에서 찾는 방법, 지문을 먼저 전체적으로 훑어본 후 선택지마다 계산을 수행하는 방법 등 개인마다 문제 접근방식은 각양각색이다. 되도록 문제를 빠르게 풀 수 있는 풀이 방법을 적용하는 것이 좋다. 하지만 자신의 풀이법과 상치되어 오히려 시간이 오래 걸린다면 굳이 다른 방법으로 바꾸기보다 자신에게 익숙한 방법으로 접근하되, 절대적인 시간을 줄이기 위해서 Key Point를 찾는 연습을 병행하자. 문제 하나를 보더라도 Key 워드(조건의 핵심이 되는 단어), Key 숫자(확정된 조건을 주는 숫자) 등을 찾아보고 먼저 기준점을 세운 후 접근하는 방법을 사용하는 것이 좋다.

실전예상문제

정답 및 해설. 15p

01 다음 글과 상황을 근거로 판단할 때, 2020년 정당에 지급할 국고보조금의 총액은?

> 제00조【국고보조금의 계상】① 국가는 정당에 대한 보조금으로 최근 실시한 임기만료에 의한 국회의원선거의 선거권자 총수에 보조금 계상단가를 곱한 금액을 매년 예산에 계상하여야 한다.
> ② 대통령선거, 임기만료에 의한 국회의원선거 또는 동시지방선거가 있는 연도에는 각 선거(동시지방선거는 하나의 선거로 본다.)마다 보조금 계상단가를 추가한 금액을 제1항의 기준에 의하여 예산에 계상하여야 한다.
> ③ 제1항 및 제2항에 따른 보조금 계상단가는 전년도 보조금 계상단가에 전전년도와 대비한 전년도 전국소비자물가 변동률을 적용하여 산정한 금액을 증감한 금액으로 한다.
> ④ 중앙선거관리위원회는 제1항의 규정에 의한 보조금(이하 '경상보조금'이라 한다)은 매년 분기별로 균등분할하여 정당에 지급하고, 제2항의 규정에 의한 보조금(이하 '선거보조금'이라 한다)은 당해 선거의 후보자등록마감일 후 2일 이내에 정당에 지급한다.

> **상황**
> • 2018년 실시된 임기만료에 의한 국회의원선거의 선거권자 총수는 3천만 명이었고, 국회의원 임기는 4년이다.
> • 2019년 정당에 지급된 국고보조금의 보조금 계상단가는 1,000원이었다.
> • 전국소비자물가 변동률을 적용하여 산정한 보조금 계상 단가는 전년 대비 매년 30원씩 증가한다.
> • 2020년에는 5월에 대통령선거가 있고 8월에 임기만료에 의한 동시지방선거가 있다. 각 선거의 한 달 전에 후보자 등록을 마감한다.
> • 2021년에는 대통령선거, 임기만료에 의한 국회의원선거 또는 동시지방선거가 없다.

① 309억 원

② 600억 원

③ 618억 원

④ 900억 원

⑤ 927억 원

02 다음 그림은 다양한 직급의 구성원으로 이루어진 어느 회사의 개인 간 관계를 도식화한 것이며, '관계 차별성'은 정의와 같이 규정된다. 아래 직급의 조합 중, A와 C의 관계 차별성과 B와 D의 관계 차별성이 같은 것은?

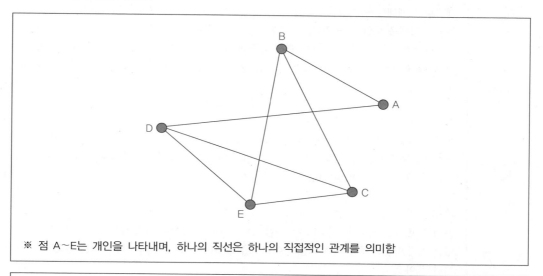

※ 점 A~E는 개인을 나타내며, 하나의 직선은 하나의 직접적인 관계를 의미함

정의

- **관계 차별성**: 두 개인이 공통적으로 직접적인 관계를 맺고 있는 사람(들)의 직급 종류 수
  - 예를 들어, P, Q, R, S 4명으로 구성된 조직의 개인 간 관계가 다음과 같을 때, P와 Q의 관계 차별성은 1임

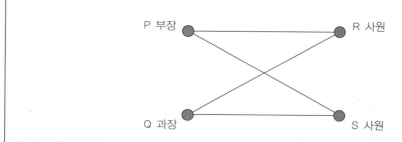

	A	B	C	D	E
①	부장	차장	사원	사원	과장
②	과장	과장	차장	부장	부장
③	과장	사원	부장	사원	과장
④	사원	과장	부장	과장	차장
⑤	사원	과장	과장	차장	사원

03 다음 글을 근거로 추론할 때, 언급된 작품 중 완성시점이 두 번째로 빠른 것은?

반 고흐가 여동생 윌에게
재작년 누에넨에서 완성한 <감자 먹는 사람들>이 내가 그린 그림 중 제일 낫다고 생각해. 그 후로는
알맞은 모델을 구할 수 없었어. 그 대신 색채 문제를 고민할 기회를 가질 수 있었지. 작년에는 <장미와
해바라기가 있는 정물>을 완성하면서 분홍색, 노란색, 주황색, 찬란한 빨간색에 익숙해질 수 있었단다.
그 덕에 올 여름 <아시니에르의 음식점>을 완성하면서 과거보다 더 많은 색을 볼 수 있었어.
　　- 1887년 여름

반 고흐가 베르나르에게
이제 막 다 그린 <씨 뿌리는 사람>을 보내네. 태양만큼이나 환한 그림일세. <별이 빛나는 밤>은
언제쯤이면 완성할 수 있을까? 완벽한 자연의 아름다움 앞에서 아무리 큰 무력감을 느끼더라도 우선
노력은 해야겠다고 다짐하네.　　　　　　　　　　　　　　　　　　　　　　　　　　　　　　　- 1888년 6월

반 고흐가 동생 테오에게
근래 아프기는 했지만 <수확하는 사람>을 드디어 완성했어. 수확하느라 뙤약볕에서 온 힘을 다하고
있는 흐릿한 인물에서 나는 죽음의 이미지를 발견하곤 해. 그래서 <씨 뿌리는 사람>과는 반대의 그림
이라 해야겠지.　　　　　　　　　　　　　　　　　　　　　　　　　　　　　　　　　　　- 1889년 9월 5일

테오가 형 반 고흐에게
앵데팡당 전(展)이 열렸어. 올 초에 받은 형의 두 작품 <장미와 해바라기가 있는 정물>과 <별이 빛
나는 밤>도 그곳에 전시되었어. 멀리서도 시선을 확 잡아끄는 아름다운 그림이야.
　　　- 1889년 9월 12일

※ 단, 반 고흐의 작품은 윗글에 언급된 작품 외에는 없는 것으로 가정한다.

① 감자 먹는 사람들　　　　　　　　　　② 별이 빛나는 밤
③ 수확하는 사람　　　　　　　　　　　　④ 씨 뿌리는 사람
⑤ 장미와 해바라기가 있는 정물

04 다음 글과 조건을 근거로 판단할 때, 가장 많은 품삯을 받은 일꾼은? (단, 1전은 10푼이다.)

<화성성역의궤>는 정조시대 수원 화성(華城) 축조에 관한 경위와 제도, 의식 등을 수록한 책이다. 이 책에는 화성 축조에 참여한 일꾼의 이름과 직업, 품삯 등이 상세히 기록되어 있다.

조건

- 일꾼 다섯 명의 이름은 좀쇠, 작은놈, 어인놈, 상득, 정월쇠이다.
- 다섯 일꾼 중 김씨가 2명, 이씨가 1명, 박씨가 1명, 윤씨가 1명이다.
- 이들의 직업은 각각 목수, 단청공, 벽돌공, 대장장이, 미장공이다.
- 일당으로 목수와 미장공은 4전 2푼을 받고, 단청공과 벽돌공, 대장장이는 2전 5푼을 받는다.
- 윤씨는 4일, 박씨는 6일, 김씨 두 명은 각각 4일, 이씨는 3일 동안 동원되었다. 동원되었지만 일을 하지 못한 날에는 보통의 일당 대신 1전을 받는다.
- 박씨와 윤씨는 동원된 날 중 각각 하루씩은 배가 아파 일을 하지 못했다.
- 목수는 이씨이다.
- 좀쇠는 박씨도 이씨도 아니다.
- 어인놈은 단청공이다.
- 대장장이와 미장공은 김씨가 아니다.
- 정월쇠의 일당은 2전 5푼이다.
- 상득은 김씨이다.
- 윤씨는 대장장이가 아니다.

① 좀쇠
② 작은놈
③ 어인놈
④ 상득
⑤ 정월쇠

05 다음 글을 근거로 판단할 때 옳지 않은 것은?

제00조【예비이전후보지의 선정】① 종전부지 지방자치단체의 장은 군 공항을 이전하고자 하는 경우 국방부장관에게 이전을 건의할 수 있다.

② 제1항의 건의를 받은 국방부장관은 군 공항을 이전하고자 하는 경우 군사작전 및 군 공항 입지의 적합성 등을 고려하여 군 공항 예비이전후보지(이하 '예비이전후보지'라 한다)를 선정할 수 있다.

제00조【이전후보지의 선정】 국방부장관은 한 곳 이상의 예비이전후보지 중에서 군 공항 이전후보지를 선정함에 있어서 군 공항 이전부지 선정위원회의 심의를 거쳐야 한다.

제00조【군 공항 이전부지 선정위원회】① 군 공항 이전후보지 및 이전부지의 선정 등을 심의하기 위해 국방부에 군 공항 이전부지 선정위원회(이하 '선정위원회'라 한다)를 둔다.

② 위원장은 국방부장관으로 하고, 당연직위원은 다음 각 호의 사람으로 한다.

    1. 기획재정부차관, 국토교통부차관

    2. 종전부지 지방자치단체의 장

    3. 예비이전후보지를 포함한 이전주변지역 지방자치단체의 장

    4. 종전부지 및 이전주변지역을 관할하는 특별시장·광역시장 또는 도지사

③ 선정위원회는 다음 각 호의 사항을 심의한다.

    1. 이전후보지 및 이전부지 선정

    2. 종전부지 활용방안 및 종전부지 매각을 통한 이전주변 지역 지원방안

제00조【이전부지의 선정】① 국방부장관은 이전후보지 지방자치단체의 장에게 주민투표법에 따라 주민투표를 요구할 수 있다.

② 제1항의 지방자치단체의 장은 주민투표 결과를 충실히 반영하여 국방부장관에게 군 공항 이전 유치를 신청한다.

③ 국방부장관은 제2항에 따라 유치를 신청한 지방자치단체 중에서 선정위원회의 심의를 거쳐 이전부지를 선정한다.

※ 종전부지 : 군 공항이 설치되어 있는 기존의 부지
※ 이전부지 : 군 공항이 이전되어 설치될 부지

① 종전부지를 관할하는 광역시장은 이전부지 선정 심의에 참여한다.

② 국방부장관은 선정위원회의 심의를 거치지 않고 예비이전후보지를 선정할 수 있다.

③ 선정위원회는 군 공항이 이전되고 난 후에 종전부지를 어떻게 활용할 것인지에 대한 사항도 심의한다.

④ 종전부지 지방자치단체의 장은 주민투표를 거치지 않으면 국방부장관에게 군 공항 이전을 건의할 수 없다.

⑤ 예비이전후보지가 한 곳이라고 하더라도 선정위원회의 심의를 거쳐야 이전후보지로 선정될 수 있다.

다음 글과 자료를 근거로 판단할 때, 甲이 여행을 다녀온 시기로 가능한 것은?

- 甲은 선박으로 '포항 → 울릉도 → 독도 → 울릉도 → 포항' 순으로 여행을 다녀왔다.
- '포항 → 울릉도' 선박은 매일 오전 10시, '울릉도 → 포항' 선박은 매일 오후 3시에 출발하며, 편도 운항에 3시간이 소요된다.
- 울릉도에서 출발해 독도를 돌아보는 선박은 매주 화요일과 목요일 오전 8시에 출발하여 당일 오전 11시에 돌아온다.
- 최대 파고가 3m 이상인 날은 모든 노선의 선박이 운항되지 않는다.
- 甲은 매주 금요일에 술을 마시는데, 술을 마신 다음 날은 멀미가 심해 선박을 탈 수 없다.
- 이번 여행 중 甲은 울릉도에서 호박엿 만들기 체험을 했는데, 호박엿 만들기 체험은 매주 월·금요일 오후 6시에만 할 수 있다.

자료

파: 최대 파고(단위: m)

일	월	화	수	목	금	토
16 파 1.0	17 파 1.4	18 파 3.2	19 파 2.7	20 파 2.8	21 파 3.7	22 파 2.0
23 파 0.7	24 파 3.3	25 파 2.8	26 파 2.7	27 파 0.5	28 파 3.7	29 파 3.3

① 16일(일)~19일(수)
② 19일(수)~22일(토)
③ 20일(목)~23일(일)
④ 23일(일)~26일(수)
⑤ 25일(화)~28일(금)

07 다음 지도와 조건에 근거할 때, 옳은 것은?

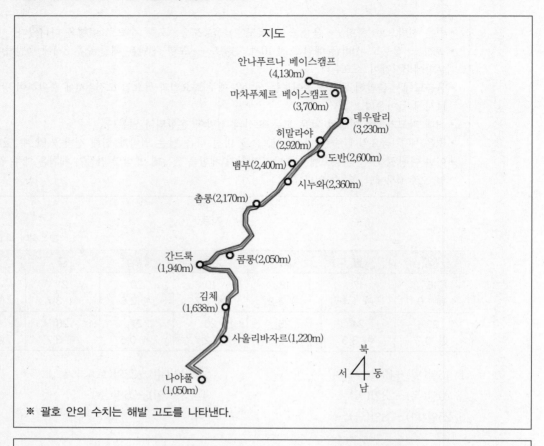

지도

안나푸르나 베이스캠프
(4,130m)

마차푸체르 베이스캠프
(3,700m)

데우랄리
(3,230m)

히말라야
(2,920m)

도반(2,600m)

뱀부(2,400m)

시누와(2,360m)

촘롱(2,170m)

콤롱(2,050m)

간드룩
(1,940m)

김체
(1,638m)

사울리바자르(1,220m)

나야풀
(1,050m)

북
서 4 동
남

※ 괄호 안의 수치는 해발 고도를 나타낸다.

〈조건 1〉 구간별 트래킹 소요시간(H : 시간)

- 올라가는 경우
  - 나야풀 → 사울리바자르: 3H
  - 사울리바자르 → 김체: 2H
  - 김체 → 간드룩: 2H
  - 간드룩 → 콤롱: 2H
  - 콤롱 → 촘롱: 3H
  - 촘롱 → 시누와: 2H
  - 시누와 → 뱀부: 1H
  - 뱀부 → 도반: 3H
  - 도반 → 히말라야: 2H
  - 히말라야 → 데우랄리: 2H
  - 데우랄리 → 마차푸체르 베이스캠프: 2H
  - 마차푸체르 베이스캠프 → 안나푸르나 베이스캠프: 2H

- 내려오는 경우, 구간별 트래킹 소요시간은 50% 단축된다.

<조건 2>

- 트래킹은 도보로만 이루어지며, 트래킹 코스는 나야풀에서 시작하여 안나푸르나 베이스캠프에 도달한 다음 나야풀로 돌아오는 것이다.
- 하루에 가능한 트래킹의 최대시간은 6시간이며, 모든 트래킹 일정을 최대한 빨리 완료하여야 한다.
- 하루 트래킹이 끝나면 반드시 숙박을 해야 하고, 숙박은 지도에 ○표시가 된 지역에서만 가능하다.
- 해발 2,500m 이상에서는 고산병의 위험 때문에 당일 수면 고도를 전날 수면 고도*에 비해 600m 이상 높일 수 없다.

※ 수면 고도는 취침하는 지역의 해발 고도를 의미한다.

① 1일 차에는 간드룩에서 숙박한다.
② 반드시 마차푸체르 베이스캠프에 숙박 가능하다.
③ 5일 차에는 안나푸르나 베이스캠프에서 숙박 가능하다.
④ 하루 6시간을 걷는 경우는 총 이틀이다.
⑤ 트래킹은 8일 차에 완료된다.

08 다음 글을 근거로 판단할 때, A시가 '창의 테마파크'에서 운영할 프로그램은?

A시는 학생들의 창의력을 증진시키기 위해 '창의 테마파크'를 운영하고자 한다. 이를 위해 다음과 같은 프로그램을 후보로 정했다.

분야	프로그램명	전문가 점수	학생 점수
미술	내 손으로 만드는 동물	26	32
인문	세상을 바꾼 생각들	31	18
무용	스스로 창작	37	25
인문	역사랑 놀자	36	28
음악	연주하는 교실	34	34
연극	연출노트	32	30
미술	창의 예술학교	40	25
진로	항공체험 캠프	30	35

- 전문가와 학생은 후보로 선정된 프로그램을 각각 40점 만점제로 우선 평가하였다.
- 전문가 점수와 학생 점수의 반영비율을 3 : 2로 적용하여 합산한 후, 하나밖에 없는 분야에 속한 프로그램에는 취득점수의 30%를 가산점으로 부여한다.
- A시는 가장 높은 점수를 받은 프로그램을 최종 선정하여 운영한다.

① 연주하는 교실　　　　　　② 항공체험 캠프
③ 스스로 창작　　　　　　　④ 연출노트
⑤ 창의 예술학교

09 아파트 경비원 A, B 중 A는 청력이 좋지 않아 특정 날씨 조건에 따라 '삼'과 '천'을 바꾸어 알아듣는다. 예를 들면 '301호'를 '천백일호'라고, '1101호'를 '삼백일호'라고 알아듣는다. 또한 이 아파트 ○○○호 주인이 경비원에게 맡겨진 자신의 물건을 가져다 줄 것을 부탁할 때는 항상 다음과 같은 방식으로 통화한다.

통화내용
○○○호 주인: 여기 ○○○호 주인인데요, 관리실에 맡겨져 있는 △△(주인과 호수가 표시되어 있지 않음)를 저희 집에 갖다 주시면 고맙겠습니다. 경비원: 알겠습니다.

11월 1일에서 11월 7일까지의 상황이 다음과 같다고 할 때, 경비원 A, B가 7일간 301호와 1101호에 전달한 내용물은?

상황

○ 근무 일정 및 날씨

일자/날씨	11월 1일 종일 맑음	11월 2일 종일 비	11월 3일 종일 맑음	11월 4일 종일 맑음	11월 5일 종일 맑음	11월 6일 종일 흐림	11월 7일 종일 비
근무자	A	B	A	B	A	B	A
발신자	1101호 주인	1101호 주인	–	–	301호 주인	301호 주인	–
요청사항	천 묶음 전달	삼 묶음 전달	–	–	천백 원 봉투 전달	삼백 원 봉투 전달	–

○ A와 B는 1일씩 근무하고 밤 12시 정각에 교대한다.
○ 이 경비실에는 상기 기간 동안 천 2묶음, 삼 2묶음, 천백 원 봉투 2개, 삼백 원 봉투 2개가 맡겨져 있다.
○ 청력상태
  A: 날씨가 맑지 않으면 위와 같이 '삼'과 '천'을 바꾸어 알아듣는다.
  B: 날씨에 아무런 영향을 받지 않고, 정상적으로 알아듣는다.
○ 특이 사항: B가 11월 2일에 전화받은 내용을 미처 실행에 옮기지 못하여 B가 A에게 교대하기 10분 전에 "삼 묶음을 1101호에 내일 전달해 주세요."라고 말하였고, A는 알아들었다고 했다.

	301호	1101호
①	천 묶음, 삼백 원 봉투, 천백 원 봉투	천 묶음
②	삼 묶음, 천 묶음	삼백 원 봉투, 천백 원 봉투
③	천 묶음, 삼백 원 봉투	천 묶음, 삼 묶음
④	삼백 원 봉투, 천백 원 봉투	천 묶음, 삼백 원 봉투
⑤	천 묶음	삼 묶음, 삼백 원 봉투, 천백 원 봉투

10 다음 글을 근거로 판단할 때 참말을 한 사람은?

> A동아리 5명의 학생 각각은 B동아리 학생들과 30회씩 가위바위보 게임을 했다. 각 게임에서 이길 경우 5점, 비길 경우 1점, 질 경우 −1점을 받는다. 게임이 모두 끝나자 A동아리 5명의 학생들은 자신이 얻은 합산 점수를 다음과 같이 말했다.
>
> 태우 : 내 점수는 148점이야.
> 시윤 : 내 점수는 145점이야.
> 성헌 : 내 점수는 143점이야.
> 빛나 : 내 점수는 140점이야.
> 은지 : 내 점수는 139점이야.
>
> 이들 중 한 명만이 참말을 하고 있다.

① 태우　　　　　　　　　　② 시윤
③ 성헌　　　　　　　　　　④ 빛나
⑤ 은지

11 다음 글을 근거로 판단할 때, 2015년 9월 15일이 화요일이라면 2020년 이후 A국 ○○축제가 처음으로 18일 동안 개최되는 해는? (단, 모든 날짜는 양력 기준이다.)

> 1년의 개념은 지구가 태양을 한 바퀴 도는 데에 걸리는 시간으로, 그 시간은 정확히 365일이 아니다. 실제 그 시간은 365일보다 조금 긴 약 365.2422일이다. 따라서 다음과 같은 규칙을 순서대로 적용하여 1년이 366일인 윤년을 정한다.
>
> 규칙 1 : 연도가 4로 나누어떨어지는 해는 윤년으로 한다. (2004년, 2008년, …)
> 규칙 2 : '규칙 1'의 연도 중에서 100으로 나누어떨어지는 해는 평년으로 한다. (2100년, 2200년, 2300년,…)
> 규칙 3 : '규칙 2'의 연도 중에서 400으로 나누어떨어지는 해는 윤년으로 한다. (1600년, 2000년, 2400년,…)
>
> ※ 평년 : 윤년이 아닌, 1년이 365일인 해

> A국 ○○축제는 매년 9월 15일이 지나고 돌아오는 첫 번째 토요일에 시작하여 10월 첫 번째 일요일에 끝나는 일정으로 개최한다. 다만 10월 1일 또는 2일이 일요일인 경우, 축제를 A국 국경일인 10월 3일까지 연장한다. 따라서 축제는 최단 16일에서 최장 18일 동안 열린다.

① 2021년　　　　　　　　② 2022년
③ 2023년　　　　　　　　④ 2025년
⑤ 2026년

12 **다음 글을 근거로 판단할 때 옳은 것은?**

제○○조 ① 지방자치단체의 장은 하수도정비기본계획에 따라 공공하수도를 설치하여야 한다.
　② 시·도지사는 공공하수도를 설치하고자 하는 때에는 사업시행자의 위치 및 면적, 설치하고자 하는 시설의 종류, 사업시행기간 등을 고시하여야 한다. 고시한 사항을 변경 또는 폐지하고자 하는 때에도 또한 같다.
　③ 시장·군수·구청장(자치구의 구청장을 말한다. 이하 같다)은 공공하수도를 설치하려면 시·도지사의 인가를 받아야 한다.
　④ 시장·군수·구청장은 제3항에 따라 인가받은 사항은 변경하거나 폐지하려면 시·도지사의 인가를 받아야 한다.
　⑤ 시·도지사는 국가의 보조를 받아 설치하고자 하는 공공하수도에 대하여 제2항에 따른 고시 또는 제3항의 규정에 따른 인가를 하고자 할 때에는 그 설치에 필요한 재원의 조달 및 사용에 관하여 환경부장관과 미리 협의하여야 한다.
제□□조 ① 공공하수도관리청(이하 '관리청'이라 한다)은 관할 지방자치단체의 장이 된다.
　② 공공하수도가 둘 이상의 지방자치단체의 장의 관할구역에 걸치는 경우, 관리청이 되는 자는 제○○조 제2항에 따른 공공하수도 설치의 고시를 한 시·도지사 또는 같은 조 제3항에 따른 인가를 받은 시장·군수·구청장으로 한다.

※ 공공하수도 : 지방자치단체가 설치 또는 관리하는 하수도

① A자치구의 구청장이 관할구역 내에 공공하수도를 설치하려고 인가를 받았는데, 그 공공하수도가 B자치구에 걸치는 경우, 설치하려는 공공하수도의 관리청은 B자치구의 구청장이다.

② 시·도지사가 국가의 보조를 받아 공공하수도를 설치하려면, 그 설치에 필요한 재원의 조달 등에 관하여 환경부장관의 인가를 받아야 한다.

③ 시장·군수·구청장이 공공하수도 설치에 관하여 인가받은 사항을 폐지할 경우에는 시·도지사의 인가를 필요로 하지 않는다.

④ 시·도지사가 공공하수도 설치를 위해 고시한 사항은 변경할 수 없다.

⑤ 시장·군수·구청장이 공공하수도를 설치하려면 시·도지사의 인가를 받아야 한다.

13 A, B, C, D, E, F 여섯 나라가 있다. A국은 가능하면 다른 나라들을 침공하여 합병하고자 하지만 다음과 같은 제약이 있어 고민하고 있다. 이 경우 A국이 최대한으로 합병할 수 있는 나라(들)는?

> - B국과 C국은 서로 적대적이어서 연합할 수 없다.
> - C국과 F국은 서로 적대적이어서 연합할 수 없다.
> - D국과 F국은 서로 적대적이어서 연합할 수 없다.
> - 세 나라가 연합하여야 다른 나라를 침공할 수 있다.
> - 다른 나라에 의해 침공받는 나라는 연합할 수 있는 나라가 있으면 최대한 연합하며, 두 나라가 연합할 경우 침공을 막을 수 있다.
> - F국과 연합한 나라는 D국을 침공할 수 없다.
> - E국은 중립국으로 어느 나라와도 연합하지 않고 또한 다른 나라가 침공할 수 없다.

① B
② C
③ F
④ B, F
⑤ C, F

14 다음 표는 A~E 다섯 명이 서로에게 직접 소식을 전달하는 관계를 나타낸 것이다. 이에 대한 〈보기〉의 설명 중 옳지 않은 것을 모두 고르면?

A~E의 소식 전달 여부

구분		전달받는 사람				
		A	B	C	D	E
전달하는 사람	A	—	0	1	1	0
	B	0	—	1	1	0
	C	0	0	—	1	0
	D	1	0	0	—	1
	E	1	1	0	0	—

※ 1) 전달하는 사람 기준으로 0은 직접 전달하지 않음을, 1은 직접 전달함을 의미함
   2) A~E 다섯 명은 그들 이외의 사람들과는 소식을 주고받지 않음

| 보기 |

> ㉠ B가 전달받은 소식은 다른 사람을 거쳐도 A에게 전달될 수 없다.
> ㉡ 가장 많은 사람으로부터 소식을 직접 전달받는 사람은 D이다.
> ㉢ C는 E가 전달하는 소식을 B를 통해서만 전달받을 수 있다.
> ㉣ E가 전달받은 소식은 B와 C를 순서대로 거쳐 D에게 전달될 수 있다.
> ㉤ D와 E를 제외하고는 A에게 직접 소식을 전달하는 사람이 없다.

① ㉠, ㉢
② ㉠, ㉣
③ ㉡, ㉤
④ ㉠, ㉡, ㉢
⑤ ㉡, ㉣, ㉤

15 다음 맛집 정보와 평가 기준을 근거로 판단할 때, 총점이 가장 높은 음식점은?

맛집 정보

평가 항목 음식점	음식 종류	이동거리	가격 (1인 기준)	맛평점 (★ 5개 만점)	방 예약 가능 여부
자금성	중식	150m	7,500원	★★☆	○
샹젤리제	양식	170m	8,000원	★★★	○
경복궁	한식	80m	10,000원	★★★★	×
도쿄타워	일식	350m	9,000원	★★★★☆	×
광화문	한식	300m	12,000원	★★★★★	×

※ ☆은 ★의 반 개다.

평가 기준

• 평가 항목 중 이동거리, 가격, 맛평점에 대하여 각 항목별로 5, 4, 3, 2, 1점을 각각의 음식점에 하나씩 부여한다.
 − 이동거리가 짧은 음식점일수록 높은 점수를 준다.
 − 가격이 낮은 음식점일수록 높은 점수를 준다.
 − 맛평점이 높은 음식점일수록 높은 점수를 준다.
• 평가 항목 중 음식 종류에 대하여 일식 5점, 한식 4점, 양식 3점, 중식 2점을 부여한다.
• 방 예약이 가능한 경우 가점 1점을 부여한다.
• 총점은 음식 종류, 이동거리, 가격, 맛평점의 4가지 평가 항목에서 부여받은 점수와 가점을 합산하여 산출한다.

① 자금성 ② 샹젤리제
③ 경복궁 ④ 도쿄타워
⑤ 광화문

16 다음 글을 근거로 판단할 때, 조선시대 성종대의 강의 시간과 경연 참석자의 관직으로 구성될 수 없는 것은?

경연(經筵)이란 신하들이 임금에게 유학의 경서를 강론하는 것으로서, 경악(經幄) 또는 경유(經帷)라고도 하였다. 임금에게 경사(經史)를 가르쳐 유교의 이상정치를 실현하려는 것이 그 목적이었으나, 실제로는 왕권의 행사를 규제하는 중요한 기능을 수행하였다. 경연에서는 사서와 오경 및 역사책인 자치통감 등에 대한 강의가 이루어졌고, 강의가 끝난 후에는 정치문제도 협의하였다. 기록에 따르면 경연은 고려 예종이 처음 도입하였고, 조선시대에 들어와 숭유(崇儒)정책을 실시하면서 비약적으로 발전하였다. 조선시대 태조는 경연청을 설치했고, 정종과 태종도 각각 경연을 실시하였다. 세종은 즉위한 뒤 약 20년 동안 매일 경연에 참석했으며, 집현전을 정비해 경연관(經筵官)을 강화하였다. 특히 성종은 재위 25년 동안 매일 세 번씩 경연에 참석하여 여러 정치 문제를 협의하였다. 경연이 바야흐로 정치의 심장부가 된 것이다. 조선시대 경연관은 당상관(堂上官)과 낭청(郎廳)으로 구성되었다. 당상관은 영사(領事) 3인, 지사(知事) 3인, 동지사(同知事) 3인, 참찬관(參贊官) 7인이다. 영사는 삼정승이 겸하고 지사와 동지사는 정2품과 종2품에서 각각 적임자를 임명하였다. 참찬관은 여섯 승지와 홍문관 부제학이 겸직하였다. 그 밖에 성종 말년에 특진관을 두었는데, 1·2품의 대신 중에서 임명했으며, 정원은 없다. 낭청으로는 시강관·시독관·검토관이 있었는데 모두 홍문관원이 겸임하였다. 시강관은 직제학·전한·응교·부응교가 겸했고, 시독관은 교리·부교리가 겸했으며, 검토관은 수찬·부수찬이 겸임하였다. 강의 방식도 세종과 성종 때에 대체로 확립되었다. 세종 때는 승지 1인, 낭청 2인, 사관(史官) 1인이 참석하였다. 성종은 어린 나이로 왕이 되었을 때부터 하루에 세 번 조강(朝講)·주강(晝講)·석강(夕講)에 참석했는데, 성년이 된 후에도 계속되었다. 조강에는 영사·지사(또는 동지사)·참찬관 각 1인, 낭청 2인, 대간(臺諫) 각 1인, 사관 1인, 특진관 2인 등 모두 10인 이상의 신하들이 참석하였다. 주강과 석강의 참석자는 세종 때와 같았다. 좌석의 배치는 왕이 북쪽에 남향해 앉고, 1품은 동편에 서향, 2품은 서편에 동향, 3품 이하는 남쪽에 북향해 부복하였다.

※ 승지 : 조선시대 승정원의 도승지·좌승지·우승지·좌부승지·우부승지·동부승지의 총칭
※ 경연관 : 고려·조선시대 국왕의 학문지도와 치도강론을 위하여 설치한 관직
※ 대간 : 사헌부의 대관과 사간원의 간관을 합칭한 말
※ 부복 : 고개를 숙이고 엎드림

	강의 시간	당상관	낭청
①	조강	우의정	부응교
②	조강	도승지	직제학
③	주강	도승지	부제학
④	주강	우승지	직제학
⑤	석강	좌승지	전한

17 다음 표는 2017년 공무원에게 지급되는 수당에 대한 자료이다. 2017년 1월 현재 사무관(5급) A의 근무연수는 12년 2개월이고, 서기관(4급) B의 근무연수는 9년 7개월이다. A와 B의 기본급은 220만 원으로 동일하다고 가정할 경우, 2017년 1월에 A와 B 중 누가 얼마나 더 많은 월급을 받겠는가? (단, 공무원 월급은 기본급과 수당의 합으로 계산되고, 2017년 설날은 1월 28일이다. 또한, 〈표 1〉에 제시된 수당 이외의 다른 수당은 없다고 가정한다.)

〈표 1〉 수당 지급 기준

구분	지급 기준	비고
정근수당	근무연수에 따라 기본급의 0~50% 범위 내 차등 지급	매년 1, 7월 지급
명절휴가비	기본급의 60%	일 년에 두 번(설날, 추석이 포함된 달) 지급
가계지원비	기본급의 40%	매년 4, 5, 8, 11월 지급
정액급식비	130,000원	매월 지급
교통보조비	1~3급 : 200,000원 4~5급 : 140,000원 6~7급 : 130,000원 8~9급 : 120,000원	매월 지급
직급보조비	1급 : 750,000원 2급 : 650,000원 3급 : 500,000원 4급 : 400,000원 5급 : 250,000원 6급 : 155,000원 7급 : 140,000원 8~9급 : 105,000원	매월 지급

〈표 2〉 정근수당 지급 구분표

근무연수	지급액
5년 미만	기본급의 20%
5년 이상~6년 미만	기본급의 25%
6년 이상~7년 미만	기본급의 30%
7년 이상~8년 미만	기본급의 35%
8년 이상~9년 미만	기본급의 40%
9년 이상~10년 미만	기본급의 45%
10년 이상	기본급의 50%

① A, 40,000원   ② A, 60,000원

③ B, 40,000원   ④ B, 80,000원

⑤ B, 100,000원

18 다음 표는 어느 렌터카 회사에서 제시하는 요금제이다. 이에 대한 〈보기〉의 설명 중 옳지 않은 것을 모두 고르면?

렌터카 요금제

요금제	기본요금	연장 요금
A	1시간 15,000원	초과 30분당 1,000원
B	3시간 17,000원	초과 30분당 1,300원

※ 연장 요금은 기본요금 시간 초과 시 30분 단위로 부과됨. 예를 들어, 1시간 1분 이용 시에는 1시간 30분 요금이 적용됨

┤ 보기 ├

ㄱ. B요금제의 연장 요금을 30분당 2,000원으로 인상한다면, 4시간 사용 시 A요금제가 B요금제보다 더 저렴하다.
ㄴ. 렌트 시간이 2시간 10분이라면, B요금제가 A요금제보다 더 저렴하다.
ㄷ. 렌트 시간이 3시간 30분이라면, A요금제가 B요금제보다 더 저렴하다.
ㄹ. 렌트 시간이 5시간이라면, B요금제가 A요금제보다 더 저렴하다.
ㅁ. 렌트 시간이 6시간을 초과한다면, B요금제가 A요금제보다 더 저렴하다.

① ㄱ, ㄷ
② ㄱ, ㄹ
③ ㄴ, ㄹ
④ ㄱ, ㄷ, ㅁ
⑤ ㄴ, ㄷ, ㅁ

19 다음 글과 법조문을 근거로 판단할 때, 甲이 乙에게 2,000만 원을 최고이자율로 1년간 빌려주면서 선이자로 800만 원을 공제하고 1,200만 원만을 준 경우, 乙이 갚기로 한 날짜에 甲에게 전부 변제하여야 할 금액은?

돈이나 물품 등을 빌려 쓴 사람이 돈이나 같은 종류의 물품을 같은 양만큼 갚기로 하는 계약을 소비대차라 한다. 소비대차는 이자를 지불하기로 약정할 수 있고, 그 이자는 일정한 이율에 의하여 계산한다. 이런 이자는 돈을 빌려주면서 먼저 공제할 수도 있는데, 이를 선이자라 한다. 한편 약정 이자의 상한에는 법률상의 제한이 있다.

법조문

제00조 ① 금전소비대차에 관한 계약상의 최고이자율은 연 30%로 한다.
　② 계약상의 이자로서 제1항에서 정한 최고이자율을 초과하는 부분은 무효로 한다.
　③ 약정금액(당초 빌려주기로 한 금액)에서 선이자를 사전 공제한 경우, 그 공제액이 '채무자가 실제 수령한 금액'을 기준으로 하여 제1항에서 정한 최고이자율에 따라 계산한 금액을 초과하면 그 초과 부분은 약정금액의 일부를 변제한 것으로 본다.

① 760만 원
② 1,000만 원
③ 1,560만 원
④ 1,640만 원
⑤ 1,800만 원

20 다음 글과 상황을 근거로 판단할 때, A가 지급하여야 하는 총액은?

중세 초기 아일랜드 법체계에는 자유의 몸인 사람을 모욕할 경우 모욕한 사람이 모욕당한 사람에게 지급해야 하는 배상금인 '명예가격'이 존재했고, 액수도 천차만별이었다. 예를 들어 영주의 명예가격은 5쿠말이었다. 이는 주교의 명예가격과 동일했다. 주교를 모욕했을 경우 젖소 10마리나 은 20온스를 지급해야 했다. 부유한 농민의 명예 가격은 젖소 2.5마리에 그 사람에게 딸린 하인 한 사람당 젖소 0.5마리를 더한 것이었다. 명예가격은 사람 목숨에 대한 배상금과 별도로 지급했다. 만일 누군가 사람을 죽였다면, 그 범죄자는 살해에 대한 배상인 10쿠말 외에 명예가격을 따로 얹어 지급해야 했다. 그를 죽임으로써 그의 존엄을 짓밟았기 때문이다. 부상에 대한 배상도 마찬가지였다. 다른 사람에게 어떤 종류이든 상처나 부상을 입히면 그 상해에 대한 가격에 명예가격까지 지급해야 했다. 왕이나 영주 또는 주교에게 상해를 가했을 경우 2쿠말, 부유한 농민의 경우는 젖소 2마리, 소작농이나 다른 남자의 경우는 젖소 1마리, 그리고 여성이나 아이의 경우는 은 1온스를 상해에 대한 배상으로 지급해야 했다. 이와 비슷하게 어떤 사람이 다른 사람의 재물을 훔치거나 손해를 끼쳤을 경우, 훔치거나 손해를 끼친 재산가치의 세 배의 배상액에 소유자의 명예가격을 더하여 지급해야 했다. 영주의 보호를 받는 소작농이나 영주의 아내 또는 딸을 다치게 하거나 죽이는 행위는 피해자의 명예를 훼손한 것이 아니라 그 피해자를 보호하는 사람의 명예를 훼손하는 것이었다. 따라서 이러한 살해, 부상 또는 손해 등에 대한 영주의 명예가격도 해당 사안 각각에 따로 청구되었다.

상황

A는 자신이 살고 있는 지역의 주교를 죽이고, 영주의 얼굴에 상처를 입히고, 영주의 아내의 다리를 부러뜨리고, 각각 하인을 10명씩 거느리고 있는 부유한 농민 2명을 죽이는 큰 사고를 냈다.

① 은 209온스 ② 은 219온스
③ 은 229온스 ④ 은 239온스
⑤ 은 249온스

우주센터는 화성 탐사 로봇(JK3)으로부터 다음의 수신 신호를 왼쪽부터 순서대로 받았다. 조건을 근거로 판단할 때, JK3의 이동경로로 옳은 것은?

수신 신호

010111, 000001, 111001, 100000

조건

JK3은 출발 위치를 중심으로 주변을 격자 모양 평면으로 파악하고 있으며, 격자 모양의 경계를 넘어 한 칸 이동할 때마다 이동 방향을 나타내는 6자리 신호를 우주센터에 전송한다. 그 신호의 각 자리는 0 또는 1로 이루어진다. 전송 신호는 4개뿐이며, 각 전송 신호가 의미하는 이동 방향은 아래와 같다.

전송 신호	이동 방향
000000	북
000111	동
111000	서
111111	남

JK3이 보낸 6자리의 신호 중 한 자리는 우주잡음에 의해 오염된다. 이 경우 오염된 자리의 숫자 0은 1로, 1은 0으로 바뀐다.

※ JK3은 동서남북을 인식하고, 이 네 방향으로만 이동한다.

①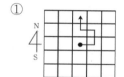

②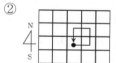

③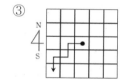

④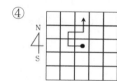

⑤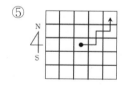

22 甲정당과 乙정당은 선거구별로 1명의 의원을 선출하는 소선거구제를 유지하되, 그림과 같은 10개의 선거구(A~J)를 5개로 통합하기로 하였다. 다음 조건에 근거할 때, 甲정당에 가장 유리한 통합 방법은?

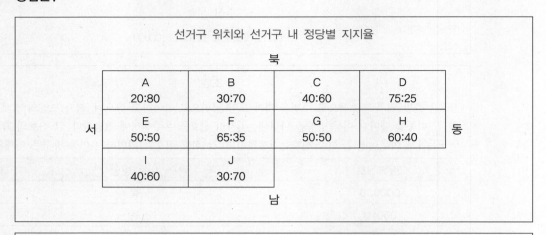

선거구 위치와 선거구 내 정당별 지지율

북

A 20:80	B 30:70	C 40:60	D 75:25
E 50:50	F 65:35	G 50:50	H 60:40
I 40:60	J 30:70		

서 / 동

남

조건

• 각 선거구의 유권자 수는 동일하며, 모든 유권자는 자신이 지지하는 정당의 후보에게 1인 1표제에 따라 투표한다.
• 선거구의 통합은 동서 또는 남북으로 인접한 2개의 선거구 사이에서만 이루어질 수 있다.
• 위 그림에서 선거구 내 앞의 숫자는 甲정당 지지율, 뒤의 숫자는 乙정당 지지율이다.
• 선거구 통합은 정당 지지율을 포함한 다른 조건에 영향을 주지 않는다.

① (A+B), (C+D), (E+F), (G+H), (I+J)
② (A+B), (C+D), (E+I), (F+J), (G+H)
③ (A+B), (C+G), (D+H), (E+I), (F+J)
④ (A+E), (B+F), (C+D), (G+H), (I+J)
⑤ (A+E), (B+F), (C+G), (D+H), (I+J)

23 다음 조건에 따라 A팀과 B팀이 왼손 팔씨름 시합을 한다. 첫 번째 경기 시작 전에 B팀에서는 A팀이 첫 번째 경기에 장사를 출전시킨다는 확실한 정보를 입수했다고 할 때, 옳은 것을 〈보기〉에서 모두 고르면?

조건

- A팀과 B팀은 각각 장사 1명, 왼손잡이 1명, 오른손잡이 2명(총 4명)으로 구성되어 있다.
- 한 사람당 한 경기에만 출전할 수 있으며, 총 네 번의 경기를 치러 승점의 합이 많은 팀이 우승을 차지한다.
- 경기에서 이기면 3점, 비기면 1점, 지면 0점이다.
- 양 팀은 첫 번째 경기 시작 전에 각 경기별 출전선수 명단을 심판에게 제출해야 하며, 제출한 선수 명단은 바꿀 수 없다.
- 각 팀에 속하는 팀원의 특징은 아래와 같다.
  - 장사 : 왼손잡이, 오른손잡이 모두에게 이긴다.
  - 왼손잡이 : 장사에게는 지고 오른손잡이에게는 이긴다.
  - 오른손잡이 : 장사, 왼손잡이 모두에게 진다.
- 누구든 같은 특징의 상대를 만나면 비긴다.

| 보기 |

㉠ B팀도 첫 번째 경기에 장사를 출전시키면 최대 승점 5점을 얻을 수 있다.
㉡ B팀이 첫 번째 경기에 왼손잡이를 출전시키면 최대 승점 4점을 얻을 수 있다.
㉢ B팀이 첫 번째 경기에 오른손잡이를 출전시키면 최대 승점 7점을 얻을 수 있다.
㉣ A팀이 첫 번째 경기에 장사를 출전시키고, 두 번째 경기에 왼손잡이를 출전시킨다는 확실한 정보를 B팀이 입수한다면, B팀은 우승할 수 있으며, 이때의 승점은 7점이다.

① ㉠, ㉢
② ㉡, ㉢
③ ㉡, ㉣
④ ㉠, ㉡, ㉣
⑤ ㉠, ㉢, ㉣

24 다음 글을 근거로 점심식단의 빈칸을 채워 넣을 때 옳지 않은 것은?

- 한 끼의 식사는 밥, 국, 김치, 기타 반찬, 후식 각 종류별로 하나의 음식을 포함하며, 요일마다 다양한 색의 음식으로 이번 주의 점심식단을 짜고자 한다.
- 밥은 4가지, 국은 5가지, 김치는 2가지, 기타 반찬은 5가지, 후식은 4가지가 준비되어 있다.

종류＼색	흰색	붉은색	노란색	검은색
밥	백미밥	–	잡곡밥	흑미밥, 짜장덮밥
국	북엇국	김칫국, 육개장	된장국	미역국
김치	–	배추김치, 깍두기	–	–
기타 반찬	–	김치전	계란찜, 호박전, 잡채	돈육장조림
후식	숭늉, 식혜	수정과	단호박샐러드	–

- 점심식단을 짜는 조건은 아래와 같다.
  - 총 20가지의 음식은 이번 주 점심식단에 적어도 1번씩은 오른다.
  - 붉은색과 흰색 음식은 각각 적어도 1가지씩 매일 식단에 오른다.
  - 하루에 붉은색 음식이 3가지 이상 오를 시에는 흰색 음식 2가지가 함께 나온다.
  - 목요일에만 검은색 음식이 없다.
  - 금요일에는 노란색 음식이 2가지 나온다.
  - 일주일 동안 2번 나오는 후식은 식혜뿐이다.
  - 후식에서 같은 음식이 이틀 연속 나올 수 없다.

점심식단

종류＼요일	월요일	화요일	수요일	목요일	금요일
밥	잡곡밥	백미밥			짜장덮밥
국		된장국	김칫국	육개장	
김치	배추김치	배추김치	깍두기		
기타 반찬			호박전	김치전	잡채
후식		수정과			

① 월요일의 후식은 숭늉이다.
② 화요일의 기타 반찬은 돈육장조림이다.
③ 수요일의 밥은 흑미밥이다.
④ 목요일의 밥은 백미밥이다.
⑤ 금요일의 국은 북엇국이다.

25 다음 글을 근거로 판단할 때, 〈보기〉에서 옳은 것만을 모두 고르면?

제00조【기능】 대외경제장관회의(이하 '회의'라 한다)는 다음 각 호의 사항을 심의·조정한다.

1. 대외경제동향의 종합점검과 주요 대외경제정책의 방향 설정 등 대외경제정책 운영 전반에 관한 사항

2. 양자·다자·지역 간 또는 국제경제기구와의 대외경제 협력·대외개방 및 통상교섭과 관련된 주요 경제정책에 관한 사항

3. 재정지출을 수반하는 각 부처의 대외경제 분야 주요 정책 또는 관련 중장기계획

4. 국내경제정책이 대외경제관계에 미치는 영향과 효과에 대한 사전검토에 관한 사항

제00조【회의의 구성 등】 ① 회의는 기획재정부장관, 과학기술정보통신부장관, 외교부장관, 농림축산식품부장관, 산업통상자원부장관, 환경부장관, 국토교통부장관, 해양수산부장관, 중소벤처기업부장관, 국무조정실장, 대통령비서실의 경제수석비서관과 회의에 상정되는 안건을 제안한 부처의 장 및 그 안건과 관련되는 부처의 장으로 구성한다.

② 회의 의장은 기획재정부장관이다.

③ 회의 의장은 회의에 상정할 안건을 선정하여 회의를 소집하고, 이를 주재한다.

④ 회의 의장은 필요하다고 인정하는 경우 관계 부처 또는 관계 기관과 협의하여 안건을 상정하게 할 수 있다.

제00조【의견청취】 회의 의장은 회의에 상정된 안건의 심의를 위하여 필요하다고 인정되는 경우에는 해당 분야의 민간 전문가를 회의에 참석하게 하여 의견을 들을 수 있다.

제00조【의사 및 의결정족수】 ① 회의는 구성원 과반수의 출석으로 개의하고, 출석 구성원 3분의 2 이상의 찬성으로 의결한다.

② 회의 구성원이 회의에 출석하지 못하는 경우에는 그 바로 하위직에 있는 자가 대리로 출석하여 그 직무를 대행할 수 있다.

| 보기 |

㉠ 회의 안건이 보건복지와 관련이 있더라도 보건복지부장관은 회의 구성원이 될 수 없다.

㉡ 회의 당일 해양수산부장관이 수산협력 국제컨퍼런스에 참석 중이라면, 해양수산부차관이 회의에 대신 출석할 수 있다.

㉢ 환경부의 A안건이 관계 부처의 협의를 거쳐 회의에 상정된 경우, 환경부장관이 회의를 주재한다.

㉣ 회의에 민간전문가 3명을 포함해 13명이 참석하였을 때 의결을 위해서는 최소 9명의 찬성이 필요하다.

① ㉠

② ㉡

③ ㉠, ㉢

④ ㉡, ㉣

⑤ ㉢, ㉣

26 다음 글과 상황을 근거로 판단할 때, A국 각 지역에 설치될 것으로 예상되는 풍력발전기 모델명을 바르게 짝지은 것은?

풍력발전기는 회전축의 방향에 따라 수평축 풍력발전기와 수직축 풍력발전기로 구분된다. 수평축 풍력발전기는 구조가 간단하고 설치가 용이하며 에너지 변환효율이 우수하다. 하지만 바람의 방향에 영향을 많이 받기 때문에 바람의 방향이 일정한 지역에만 설치가 가능하다. 수직축 풍력발전기는 바람의 방향에 영향을 받지 않아 바람의 방향이 일정하지 않은 지역에도 설치가 가능하며, 이로 인해 사막이나 평원에도 설치가 가능하다. 하지만 부품이 비싸고 수평축 풍력발전기에 비해 에너지 변환효율이 떨어진다는 단점이 있다.

甲사는 현재 4가지 모델의 풍력발전기를 생산하고 있다. 각 풍력발전기는 정격 풍속에서 최대 발전량에 도달하며, 가동이 시작되면 최소 발전량 이상의 전기를 생산한다. 각 풍력발전기의 특성은 아래 표와 같다.

모델명	U-50	U-57	U-88	U-93
시간당 최대 발전량(kW)	100	100	750	2,000
시간당 최소 발전량(kW)	20	20	150	400
발전기 높이(m)	50	68	80	84.7
회전축 방향	수직	수평	수직	수평

상황

A국은 甲사의 풍력발전기를 X, Y, Z지역에 각 1기씩 설치할 계획이다. X지역은 산악지대로 바람의 방향이 일정하며, 최소 150kW 이상의 시간당 발전량이 필요하다. Y지역은 평원지대로 바람의 방향이 일정하지 않으며, 철새 보호를 위해 발전기 높이는 70m 이하가 되어야 한다. Z지역은 사막지대로 바람의 방향이 일정하지 않으며, 주민 편의를 위해 정격 풍속에서 600kW 이상의 시간당 발전량이 필요하다. 복수의 모델이 각 지역의 조건을 충족할 경우, 에너지 변환효율을 높이기 위해 수평축 모델을 설치하기로 한다.

	X지역	Y지역	Z지역
①	U-88	U-50	U-88
②	U-88	U-57	U-88
③	U-93	U-50	U-88
④	U-93	U-50	U-93
⑤	U-93	U-57	U-93

27 다음 조건과 같이 토핑(피자 위에 얹는 재료)을 올린 피자 10조각이 있다. 이때 5명(甲~戊)의 식성에 따라 각각 2조각씩 나누어 먹을 수 있는 방법은 총 몇 가지인가?

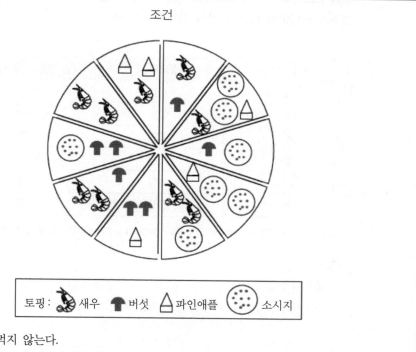

- 甲: 해산물을 먹지 않는다.
- 乙: 소시지가 들어간 피자만 먹는다.
- 丙: 소시지가 들어 있는 피자는 먹지 않지만, 소시지가 새우와 함께 들어있으면 먹는다.
- 丁: 파인애플이 들어간 피자만 먹지만, 버섯이 함께 들어간 피자는 먹지 않는다.
- 戊: 똑같은 토핑이 2개 들어간 것은 먹지 않는다.

① 0가지 ② 1가지
③ 2가지 ④ 3가지
⑤ 4가지

28 甲조선소는 6척(A~F)의 선박 건조를 수주하였다. 오늘을 포함하여 30일 이내에 선박을 건조할 계획이며 甲조선소의 하루 최대투입가능 근로자 수는 100명이다. 다음 공정표에 근거할 때, 옳은 것을 〈보기〉에서 모두 고르면? (단, 작업은 오늘부터 개시되며 각 근로자는 자신이 투입된 선박의 건조가 끝나야만 다른 선박의 건조에 투입될 수 있다.)

공정표

상품(선박)	소요기간	1일 필요 근로자 수	수익
A	5일	20명	15억 원
B	10일	30명	20억 원
C	10일	50명	40억 원
D	15일	40명	35억 원
E	15일	60명	40억 원
F	20일	70명	85억 원

※ 1일 필요 근로자 수 이상의 근로자가 투입되더라도 선박당 건조 소요기간은 변하지 않는다.

┤ 보기 ├

㉠ 甲조선소가 건조할 수 있는 선박의 수는 최대 4척이다.
㉡ 甲조선소가 벌어들일 수 있는 수익은 최대 160억 원이다.
㉢ 계획한 기간이 15일 연장된다면 수주한 모든 선박을 건조할 수 있다.
㉣ 최대투입가능 근로자 수를 120명/일로 증가시킨다면 계획한 기간 내에 모든 선박을 건조할 수 있다.

① ㉠, ㉢
② ㉠, ㉣
③ ㉡, ㉢
④ ㉠, ㉡, ㉣
⑤ ㉡, ㉢, ㉣

29 다음 글에 근거할 때, 옳은 것을 〈보기〉에서 모두 고르면?

- 숫자판은 아래와 같이 6개의 전구를 켜거나 끌 수 있게 되어 있다.

32	16	8	4	2	1
○	○	○	○	○	○

- 숫자판은 전구가 켜진 칸에 있는 숫자를 더하여 결괏값을 표현한다. 예를 들어 아래의 숫자판은 결괏값 '19'를 표현한다.

32	16	8	4	2	1
○	☀	○	○	☀	☀

(☀: 불이 켜진 전구, ○: 불이 꺼진 전구)

- 전구는 6개까지 동시에 켜질 수 있으며, 하나도 켜지지 않을 수도 있다.

┤ 보기 ├

㉠ 이 숫자판을 사용하면 1부터 63까지의 모든 자연수를 결괏값으로 표현할 수 있다.
㉡ 숫자판에 한 개의 전구를 켜서 표현한 결괏값은 두 개 이상의 전구를 켜서도 표현할 수 있다.
㉢ 숫자 1의 전구가 고장나서 안 켜질 때 표현할 수 있는 결괏값의 개수가 숫자 32의 전구가 고장나서 안 켜질 때 표현할 수 있는 결괏값의 개수보다 많다.
㉣ 숫자판에서 하나의 전구가 켜진 경우의 결괏값은, 숫자판에서 그 외 다섯 개의 전구가 모두 켜진 경우의 결괏값보다 클 수 있다.

① ㉠, ㉢
② ㉠, ㉣
③ ㉡, ㉢
④ ㉠, ㉡, ㉣
⑤ ㉡, ㉢, ㉣

30 다음 글에 근거할 때, 〈보기〉의 甲, 乙 각각의 부양가족 수가 바르게 연결된 것은? (단, 위 각 세대 모든 구성원은 주민등록표상 같은 주소에 등재되어 있고 현실적으로 생계를 같이하고 있다.)

부양가족이란 주민등록표상 부양의무자와 세대를 같이하는 사람으로서 해당 부양의무자의 주소에서 현실적으로 생계를 같이하는 다음 중 어느 하나에 해당하는 사람을 말한다.
1. 배우자
2. 본인 및 배우자의 60세(여성인 경우에 55세) 이상의 직계존속과 60세 미만의 직계존속 중 장애정도가 심한 사람
3. 본인 및 배우자의 20세 미만의 직계비속과 20세 이상의 직계비속 중 장애의 정도가 심한 사람
4. 본인 및 배우자의 형제자매 중 장애의 정도가 심한 사람
　　※ '장애의 정도가 심한 사람'이란 다음 중 어느 하나에 해당하는 사람을 말한다.
　　　　가. 장애등급 제1급부터 제6급까지
　　　　나. 상이등급 제1급부터 제7급까지
　　　　다. 장해등급 제1급부터 제6급까지

┤ 보기 ├

㉠ 부양의무자 甲은 배우자, 75세 아버지, 15세 자녀 1명, 20세 자녀 1명, 장애 6급을 가진 39세 처제 1명과 함께 살고 있다.
㉡ 부양의무자 乙은 배우자, 58세 장인과 56세 장모, 16세 조카 1명, 18세 동생 1명과 함께 살고 있다.

	甲	乙
①	4명	2명
②	4명	3명
③	5명	2명
④	5명	3명
⑤	5명	4명

다음 글과 A기관 벌점 산정 기초자료를 근거로 판단할 때, 두 번째로 높은 벌점을 받게 될 사람은?

A기관은 업무처리 시 오류 발생을 줄이기 위해 2020년 1월부터 벌점을 부과하여 인사고과에 반영하려 한다. 이를 위해 매달 직원별로 오류 건수를 조사하여 다음과 같은 벌점 산정 방식에 따라 벌점을 부과한다. 2020년 1월 한 달 동안 직원들의 업무처리 건수는 1인당 100건으로 동일하다.

벌점 산정 방식

- 일반 오류는 1건당 10점, 중대 오류는 1건당 20점씩 오류 점수를 부과하여 이를 합산한다.
- 전월 우수사원으로 선정된 경우, 합산한 오류 점수에서 80점을 차감하여 월별 최종 오류 점수를 계산한다.
- 벌점 부과 대상은 월별 최종 오류 점수가 400점 이상인 동시에 월별 오류 발생 비율이 30% 이상인 직원이다.
- 월별 최종 오류 점수 1점당 벌점 10점을 부과한다.

※ 오류 발생 비율(%) = $\dfrac{\text{오류 건수}}{\text{업무처리 건수}} \times 100$

A기관 벌점 산정 기초자료

(2020. 1. 1.~2020. 1. 31.)

직원	오류 건수(건)		전월 우수사원 선정 여부
	일반 오류	중대 오류	
甲	5	20	미선정
乙	10	20	미선정
丙	15	15	선정
丁	20	10	미선정
戊	30	10	선정

① 甲
② 乙
③ 丙
④ 丁
⑤ 戊

32 다음 귀농인 주택시설 개선사업 개요와 심사 기초 자료를 근거로 판단할 때, 지원대상 가구만을 모두 고르면?

귀농인 주택시설 개선사업 개요

☐ 사업목적: 귀농인의 안정적인 정착을 도모하기 위해 일정 기준을 충족하는 귀농가구의 주택 개·보수 비용을 지원

☐ 신청자격: △△군에 소재하는 귀농가구 중 거주기간이 신청마감일(2020. 4. 30.) 현재 전입일부터 6개월 이상이고, 가구주의 연령이 20세 이상 60세 이하인 가구

☐ 심사기준 및 점수 산정방식
- 신청마감일 기준으로 다음 심사기준별 점수를 합산한다.
- 심사기준별 점수
  (1) 거주기간: 10점(3년 이상), 8점(2년 이상 3년 미만), 6점(1년 이상 2년 미만), 4점(6개월 이상 1년 미만)
  ※ 거주기간은 전입일부터 기산한다.
  (2) 가족 수: 10점(4명 이상), 8점(3명), 6점(2명), 4점(1명)
  ※ 가족 수에는 가구주가 포함된 것으로 본다.
  (3) 영농규모: 10점(1.0ha 이상), 8점(0.5ha 이상 1.0ha 미만), 6점(0.3ha 이상 0.5ha 미만), 4점(0.3ha 미만)
  (4) 주택노후도: 10점(20년 이상), 8점(15년 이상 20년 미만), 6점(10년 이상 15년 미만), 4점(5년 이상 10년 미만)
  (5) 사업시급성: 10점(매우 시급), 7점(시급), 4점(보통)

☐ 지원내용
- 예산액: 5,000,000원
- 지원액: 가구당 2,500,000원
- 지원대상: 심사기준별 점수의 총점이 높은 순으로 2가구. 총점이 동점일 경우 가구주의 연령이 높은 가구를 지원. 단, 하나의 읍·면당 1가구만 지원 가능

심사 기초 자료

(2020. 4. 30. 현재)

귀농 가구	가구주 연령 (세)	주소지 (△△군 소재 읍·면)	전입일	가족 수 (명)	영농 규모 (ha)	주택 노후도 (년)	사업 시급성
甲	49	A	2016. 12. 30.	1	0.2	17	매우 시급
乙	48	B	2019. 5. 30.	3	1.0	13	매우 시급
丙	56	B	2018. 7. 30.	2	0.6	23	매우 시급
丁	60	C	2019. 12. 30.	4	0.4	13	시급
戊	33	D	2017. 9. 30.	2	1.2	19	보통

① 甲, 乙
② 甲, 丙
③ 乙, 丙
④ 乙, 丁
⑤ 丙, 戊

33 □□국은 넓이는 같지만 모양은 다른 甲, 乙, 丙 3개의 섬으로 이루어진 국가이다. 최근 새로운 바이러스가 크게 유행하면서 □□국 보건총괄책임자는 각각의 섬을 면밀히 관찰하여 상황에 따라 재난경보를 발령하려고 한다. 다음 조건에 따를 때, 가장 먼저 재난경보를 발령해야 하는 상황은?

조건

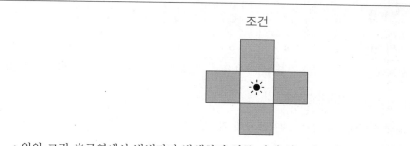

- 위의 그림 ☀️구역에서 발병자가 발생하면 하루 만에 상·하·좌·우 각각 한 구역씩 바이러스가 전염된다. 새롭게 전염된 구역에서 다시 하루 만에 상·하·좌·우 각각 한 구역씩 전염된다. 바이러스는 이러한 방식으로 섬 전역으로 확산된다.
- 바다로 인해 섬 간에는 바이러스가 전염되지 않는다.
- □□국 보건총괄책임자는 각각의 섬 내 전체 구역에 바이러스가 전염된 경우 재난경보를 발령한다.

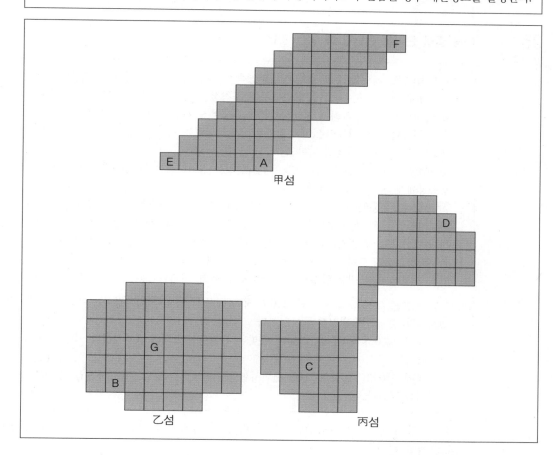

	섬	발병 구역	발병 날짜
① 상황 1:	甲	A	2월 13일
② 상황 2:	乙	B	2월 16일
③ 상황 3:	丙	C, D 동시 발병	2월 19일
④ 상황 4:	甲	E, F 동시 발병	2월 19일
⑤ 상황 5:	乙	G	2월 19일

34 다음 표는 행정업무용 물품의 조달단가와 구매 효용성을 나타낸 것이다. 20억 원 이내에서 구매 예산을 집행한다고 할 때, 정량적 기대효과 총합의 최댓값은?

물품별 조달단가와 구매 효용성

구분＼물품	A	B	C	D	E	F	G	H
조달단가(억 원)	3	4	5	6	7	8	10	16
구매 효용성	1	0.5	1.8	2.5	1	1.75	1.9	2

※ 1) 구매 효용성 = $\dfrac{\text{정량적 기대효과}}{\text{조달단가}}$

2) 각 물품은 구매하지 않거나, 1개만 구매 가능함

① 35 ② 36
③ 37 ④ 38
⑤ 39

35 다음 글을 근거로 판단할 때 옳은 것은?

○○법 제00조 ① 여행업, 관광숙박업, 관광객 이용시설업 및 국제회의업을 경영하려는 자는 특별자치도지사·시장·군수·구청장(자치구의 구청장을 말한다. 이하 같다)에게 등록하여야 한다.
② 카지노업을 경영하려는 자는 문화체육관광부장관의 허가를 받아야 한다.
③ 유원시설업 중 대통령령으로 정하는 유원시설업을 경영하려는 자는 특별자치도지사·시장·군수·구청장의 허가를 받아야 한다.
④ 제3항에 따른 유원시설업 외의 유원시설업을 경영하려는 자는 특별자치도지사·시장·군수·구청장에게 신고하여야 한다.
⑤ 관광극장유흥업, 한옥체험업, 외국인관광 도시민박업, 관광식당업, 관광사진업 및 여객자동차터미널시설업 등의 관광 편의시설업을 경영하려는 자는 특별시장·광역시장·도지사·특별자치도지사(이하 "시·도지사"라 한다) 또는 시장·군수·구청장의 지정을 받아야 한다.
⑥ 제5항의 시·도지사 또는 시장·군수·구청장은 대통령령이 정하는 바에 따라 관광 편의시설업의 지정에 관한 권한 일부를 한국관광공사, 협회, 지역별업종별 관광협회 등에 위탁할 수 있다.

○○법 시행령 제00조 ① ○○법 제00조 제3항에서 "대통령령으로 정하는 유원시설업"이란 종합유원시설업 및 일반유원시설업을 말한다.
② ○○법 제00조 제4항에서 "제3항에 따른 유원시설업 외의 유원시설업"이란 기타 유원시설업을 말한다.
③ ○○법 제00조 제6항의 "관광 편의시설업"이란 관광식당업·관광사진업 및 여객자동차터미널시설업을 말한다.

① 청주시에서 관광극장유흥업을 경영하려는 자는 지역별 관광협회인 충청북도 관광협회에 등록하여야 한다.
② 제주특별자치도에서 관광숙박업을 경영하려는 자는 문화체육관광부장관에게 신고하여야 한다.
③ 서울특별시 종로구에서 한옥체험업을 경영하려는 자는 서울특별시 종로구청장이 위탁한 자로부터 지정을 받아야 한다.
④ 부산광역시 해운대구에서 카지노업을 경영하려는 저는 부산광역시장의 허가를 받아야 한다.
⑤ 군산시에서 종합유원시설업을 경영하려는 자는 군산시장의 허가를 받아야 한다.

36 다음 글과 조건을 근거로 판단할 때, A부에서 3인 4각 선수로 참가해야 하는 사람만을 모두 고르면?

甲사에서는 부서 대항 체육대회를 개최한다. 甲사의 A부는 종목별로 아래 인원이 참가하기로 했다.

오래달리기	팔씨름	3인 4각	공굴리기
1명	4명	3명	4명

A부는 종목별 선수 명단을 확정하려고 한다. 선수 후보는 가영, 나리, 다솜, 라임, 마야, 바다, 사랑이며, 개인별 참가 가능 종목은 아래와 같다.

종목 \ 선수 후보	가영	나리	다솜	라임	마야	바다	사랑
오래달리기	○	×	○	×	×	×	×
팔씨름	○	×	○	○	○	×	×
3인 4각	×	○	○	○	○	×	○
공굴리기	○	×	○	×	○	○	○

※ ○: 참가 가능, ×: 참가 불가능
※ 어떤 종목도 동시에 진행되지 않는다.

조건

• 한 사람이 두 종목까지 참가할 수 있다.
• 모든 사람이 한 종목 이상 참가해야 한다.

① 가영, 나리, 바다
② 나리, 다솜, 마야
③ 나리, 다솜, 사랑
④ 나리, 라임, 사랑
⑤ 다솜, 마야, 사랑

37 다음 글을 근거로 판단할 때, 〈보기〉에서 모든 방청객이 심사 규칙을 정확하게 이해하고 투표했다면 탈락자 또는 우승자가 바뀔 수 있는 것만을 모두 고르면?

- 5명(甲~戊)이 노래경연대회에 참가하였다.
- 참가자들은 총 3회전에 걸친 노래경연을 하며, 심사는 방청객 50명의 투표를 통해 이루어진다.
- 방청객은 매 회전 정해진 시간 내에 투표를 마쳐야 한다.
- 1회전과 2회전에서는 노래를 가장 못 불렀다고 생각하는 1명에게 투표하여 가장 많은 표를 얻은 사람이 1명씩 탈락자가 된다.
- 3회전에서는 남은 3명 중 노래를 가장 잘 불렀다고 생각하는 1명에게 투표하여 가장 많은 표를 얻은 사람이 우승자가 된다.
- 가장 많은 표를 얻은 사람이 2명 이상일 경우, 해당하는 사람들끼리 재대결하여 탈락자 또는 우승자를 결정한다.
- 투표결과는 아래와 같다.

경연	甲	乙	丙	丁	戊	기권	심사결과
1회전	12	11	7	6	14	0	戊 탈락
2회전	14	15	9	10		2	乙 탈락
3회전	13		20	17		0	丙 우승

| 보기 |

㉠ 방청객 2명이 심사규칙을 이해하지 못하여 1~3회전 모두 노래를 가장 못 불렀다고 생각한 甲에게 투표했다.
㉡ 방청객 2명이 심사규칙을 이해하지 못하여 1~3회전 모두 노래를 가장 잘 불렀다고 생각한 丁에게 투표했다.
㉢ 방청객 2명이 1회전에서만 심사규칙을 이해하지 못하여 노래를 가장 잘 불렀다고 생각한 戊에게 투표했다.
㉣ 방청객 2명이 2회전에서 한 명은 甲, 한 명은 乙에게 투표하려 했으나, 투표시기를 놓쳐 기권으로 처리됐다.

① ㉠, ㉡ 　　　　　　　　② ㉠, ㉢
③ ㉡, ㉢ 　　　　　　　　④ ㉡, ㉣
⑤ ㉢, ㉣

38 다음 쓰레기 분리배출 규정을 준수한 것은?

쓰레기 분리배출 규정

• 배출 시간: 수거 전날 저녁 7시~수거 당일 새벽 3시까지(월요일~토요일에만 수거함)
• 배출 장소: 내 집 앞, 내 점포 앞
• 쓰레기별 분리배출 방법
　－ 일반 쓰레기: 쓰레기 종량제 봉투에 담아 배출
　－ 음식물 쓰레기: 단독주택의 경우 수분 제거 후 음식물 쓰레기 종량제 봉투에 담아서, 공동주택
　　의 경우 음식물 전용용기에 담아서 배출
　－ 재활용 쓰레기: 종류별로 분리하여 투명 비닐봉투에 담아 묶어서 배출
　　1) 1종(병류)
　　2) 2종(캔, 플라스틱, 페트병 등)
　　3) 3종(폐비닐류, 과자 봉지, 1회용 봉투 등)
　　　※ 1종과 2종의 경우 뚜껑을 제거하고 내용물을 비운 후 배출
　　　※ 종이류 / 박스 / 스티로폼은 각각 별도로 묶어서 배출
　－ 폐가전·폐가구: 폐기물 스티커를 부착하여 배출
• 종량제 봉투 및 폐기물 스티커 구입: 봉투판매소

---

① 甲은 토요일 저녁 8시에 일반 쓰레기를 쓰레기 종량제 봉투에 담아 자신의 집 앞에 배출하였다.
② 공동주택에 사는 乙은 먹다 남은 찌개를 그대로 음식물 쓰레기 종량제 봉투에 담아 주택 앞에 배출하였다.
③ 丙은 투명 비닐봉투에 캔과 스티로폼을 함께 담아 자신의 집 앞에 배출하였다.
④ 丁은 사이다가 남아 있는 페트병을 투명 비닐봉투에 담아서 집 앞에 배출하였다.
⑤ 戊는 집에서 쓰던 냉장고를 버리기 위해 폐기물 스티커를 구입 후 부착하여 월요일 저녁 9시에 자신의 집 앞에 배출하였다.

39 다음 〈보기〉와 조건에 따를 때, ○○부가 채택하기에 적합하지 않은 정책 대안은?

| 보기 |

- 올해의 전력수급현황은 다음과 같다.
  - 총공급전력량: 7,200만kW
  - 최대전력수요: 6,000만kW
  - 이에 따라 ○○부는 내년도 전력수급기본계획을 마련하고, 정책목표를 다음과 같이 설정하였다.
  - 정책목표: 내년도 전력예비율을 30% 이상으로 유지한다.

$$전력예비율(\%) = \frac{총공급전력량 - 최대전력수요}{최대전력수요} \times 100$$

조건

조건 1: 발전소를 하나 더 건설하면 총공급전력량이 100만kW 증가한다.
조건 2: 전기요금을 a% 인상하면 최대전력수요는 a% 감소한다.

※ 발전소는 즉시 건설·운영되는 것으로 가정하고 이외의 다른 변수는 고려하지 않는다.

① 발전소를 1개 더 건설하고, 전기요금을 10% 인상한다.
② 발전소를 3개 더 건설하고, 전기요금을 3% 인상한다.
③ 발전소를 6개 더 건설하고, 전기요금을 1% 인상한다.
④ 발전소를 8개 더 건설하고, 전기요금을 동결한다.
⑤ 발전소를 더 이상 건설하지 않고, 전기요금을 12% 인상한다.

甲사무관은 청사이전 공사를 위해 조달청 입찰시스템에 등록하고자 하는 A~E업체 중 하나를 선택하여 계약을 맺으려 한다. 다음을 근거로 판단할 때 옳지 않은 것을 〈보기〉에서 모두 고르면?

조건

- 甲사무관은 조달청 입찰시스템에 등록되지 않은 업체와는 계약할 수 없다.
- 甲사무관은 조달청 입찰시스템에 등록하려는 각 업체의 정보 (〈표 1〉)는 알 수 있지만 각 업체별 사전평가점수(〈표 2〉)는 모른다.
- 甲사무관은 순편익이 가장 높은 업체를 선택하며, 이 순편익은 청사이전 편익에서 공사비용을 뺀 값이다.
- 조달청은 사전평가점수 총점이 60점 이상인 업체만을 입찰시스템에 등록시키고, 평가항목 중 하나에서라도 분류 배점의 40% 미만이 나올 경우에는 등록 자체를 허용하지 않는다.
- 공사 착공일은 3월 1일이며, 어떠한 일이 있어도 같은 해 7월 10일까지 공사가 완공되어야 한다.

〈표 1〉 업체의 정보

구분	A업체	B업체	C업체	D업체	E업체
공사소요기간(일)	120	100	140	125	130
공사비용(억 원)	16	10	18	13	11
청사이전 편익(억 원)	18	12	25	17	16
안전성	上	中	上	中	下

〈표 2〉 입찰시스템에 등록하려는 업체별 사전평가점수

평가 항목	분류 배정	A업체	B업체	C업체	D업체	E업체
가격	30	18	26	17	18	25
품질	20	17	16	15	13	12
수요기관 만족도	20	14	7	15	13	11
서비스	30	22	27	18	15	27
총점	100	70	76	65	59	75

보기

㉠ 甲사무관은 E업체와 계약을 맺을 것이다.
㉡ 만약 D업체가 친환경인증으로 품질 부문에서 가산점을 2점을 얻는다면 甲사무관은 D업체와 계약을 맺을 것이다.
㉢ 만약 甲사무관이 순편익은 고려하지 않고 공사 완공이 빨리 되는 것만 고려한다면 B업체와 계약을 맺을 것이다.
㉣ 만약 안전성이 下인 업체를 제외시킨다면 甲사무관은 A업체와 계약을 맺을 것이다.
㉤ 안전성이 上일 경우 2억 원의 청사이전 편익이 추가로 발생한다면 甲사무관은 A업체와 계약을 맺을 것이다.

① ㉠, ㉡, ㉢
② ㉠, ㉣, ㉤
③ ㉡, ㉢, ㉣
④ ㉡, ㉢, ㉤
⑤ ㉢, ㉣, ㉤

41 다음 글을 근거로 판단할 때 옳지 않은 것은?

제00조 【보증의 방식】 ① 보증은 그 의사가 보증인의 기명 날인 또는 서명이 있는 서면으로 표시되어야 효력이 발생한다.

② 보증인의 채무를 불리하게 변경하는 경우에도 제1항과 같다.

제00조 【채권자의 통지의무 등】 ① 채권자는 주채무자가 원본, 이자 그 밖의 채무를 3개월 이상 이행하지 아니하는 경우 또는 주채무자가 이행기에 이행할 수 없음을 미리 안 경우에는 지체없이 보증인에게 그 사실을 알려야 한다.

② 제1항에도 불구하고 채권자가 금융기관인 경우에는 주채무자가 원본, 이자 그 밖의 채무를 1개월 이상 이행하지 아니할 때에는 지체없이 그 사실을 보증인에게 알려야 한다.

③ 채권자는 보증인의 청구가 있으면 주채무의 내용 및 그 이행 여부를 보증인에게 알려야 한다.

④ 채권자가 제1항부터 제3항까지의 규정에 따른 의무를 위반한 경우에는 보증인은 그로 인하여 손해를 입은 한도에서 채무를 면한다.

제00조 【보증기간 등】 ① 보증기간의 약정이 없는 때에는 그 기간을 3년으로 본다.

② 보증기간은 갱신할 수 있다. 이 경우 보증기간의 약정이 없는 때에는 계약체결 시의 보증기간을 그 기간으로 본다.

③ 제1항 및 제2항에서 간주되는 보증기간은 계약을 체결하거나 갱신하는 때에 채권자가 보증인에게 고지하여야 한다.

※ 보증계약은 채무자(乙)가 채권자(甲)에 대한 금전채무를 이행하지 아니하는 경우에 보증인(丙)이 그 채무를 이행하기로 하는 채권자와 보증인 사이의 계약을 말하며, 이때 乙을 주채무자라 한다.

① 보증인 丙이 주채무자 乙의 甲에 대한 금전채무를 보증하기 위해 채권자 甲과 보증계약을 서면으로 체결하지 않으면 그 계약은 무효이다.

② 보증인 丙이 주채무자 乙의 甲에 대한 금전채무를 보증하기 위해 채권자 甲과 보증계약을 체결하면서 보증기간을 약정하지 않으면 그 기간은 3년이다.

③ 주채무자 乙이 원본, 이자 그 밖의 채무를 2개월 이상 이행하지 아니하는 경우, 금융기관이 아닌 채권자 甲은 지체없이 보증인 丙에게 그 사실을 알려야 한다.

④ 보증인 丙의 청구가 있는데도 채권자 甲이 주채무의 내용 및 그 이행 여부를 丙에게 알려주지 않으면, 丙은 그로 인하여 손해를 입은 한도에서 채무를 면하게 된다.

⑤ 보증인 丙이 주채무자 乙의 甲에 대한 금전채무를 보증하기 위해 채권자 甲과 기간을 2년으로 약정한 보증계약을 체결한 다음, 그 계약을 갱신하면서 기간을 약정하지 않으면 그 기간은 2년이다.

42 다음 글을 읽고, 〈보기〉의 A, B, C에 해당하는 금액은?

> 카지노를 경영하는 사업자는 아래의 징수비율에 해당하는 금액(납부금)을 '관광진흥개발기금'에 내야 한다. 만일 납부기한까지 납부금을 내지 않으면, 체납된 납부금에 대해서 100분의 3에 해당하는 가산금이 1회에 한하여 부과된다. (단, 가산금에 대한 연체료는 없다.)
>
> 납부금 징수비율
>
> • 연간 총매출액이 10억 원 이하인 경우: 총매출액의 100분의 1
> • 연간 총매출액이 10억 원을 초과하고 100억 원 이하인 경우: 1천만 원 + (총매출액 중 10억 원을 초과하는 금액의 100분의 5)
> • 연간 총매출액이 100억 원을 초과하는 경우: 4억 6천만 원 + (총매출액 중 100억 원을 초과하는 금액의 100분의 10)

┃ 보기 ┃

> 카지노 사업자 甲의 연간 총매출액은 10억 원, 사업자 乙의 경우는 90억 원, 사업자 丙의 경우는 200억 원이 된다.
> • 甲이 납부금 전액을 체납했을 때, 체납된 납부금에 대한 가산금은 (A)만 원이다.
> • 乙이 기한 내 납부금으로 4억 원만을 낸 때, 체납된 납부금에 대한 가산금은 (B)만 원이다.
> • 丙이 기한 내 납부금으로 14억 원만을 낸 때, 체납된 납부금에 대한 가산금은 (C)만 원이다.

	A	B	C
①	30	30	180
②	30	30	3,180
③	30	180	180
④	180	30	3,180
⑤	180	180	3,180

43 다음 글을 근거로 판단할 때, 사례에서 발생한 슬기의 손익은?

> • 甲은행이 A가격(원/달러)에 달러를 사고 싶다는 의사표시를 하고, 乙은행이 B가격(원/달러)에 달러를 팔고 싶다고 의사표시를 하면, 중개인은 달러 고시 가격을 A/B로 고시한다.
> • 만약 달러를 즉시 사거나 팔려면 그것을 팔거나 사려는 측이 제시하는 가격을 받아들일 수밖에 없다.
> • 환전수수료 등의 금융거래비용은 없다.

> 사례
>
> • 현재 달러 고시 가격은 1204.00/1204.10이다. 슬기는 달러를 당장 사고 싶었고, 100달러를 바로 샀다.
> • 1시간 후 달러 고시 가격은 1205.10/1205.20으로 움직였다. 슬기는 달러를 당장 팔고 싶었고, 즉시 100달러를 팔았다.

① 100원 이익　　　　　　　　　② 120원 이익
③ 200원 이익　　　　　　　　　④ 100원 손실
⑤ 200원 손실

44

다음 표는 창호, 영숙, 기오, 준희가 홍콩 여행을 하며 지출한 경비에 관한 자료이다. 지출한 총 경비를 네 명이 동일하게 분담하여 정산한다고 할 때, 그림의 A, B, C에 해당하는 금액을 바르게 나열한 것은?

여행경비 지출 내역

구분	지출자	내역	금액	단위
숙박	창호	호텔비	400,000	원
교통	영숙	왕복 비행기	1,200,000	
기타	기오	간식 1	600	홍콩달러
		중식 1	700	
		관광지 1 입장권	600	
		석식	600	
		관광지 2 입장권	1,000	
		간식 2	320	
		중식 2	180	

※ 환율을 1홍콩달러당 140원으로 일정하다고 가정함

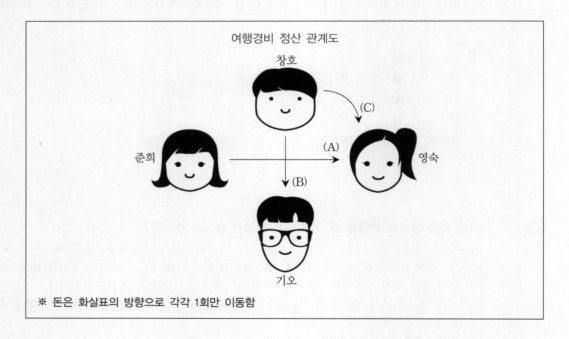

여행경비 정산 관계도

창호

(C)

준희 (A) 영숙

(B)

기오

※ 돈은 화살표의 방향으로 각각 1회만 이동함

    <u>A</u>   <u>B</u>   <u>C</u>
① 540,000원   20,000원   120,000원
② 540,000원   20,000원   160,000원
③ 540,000원   40,000원   100,000원
④ 300,000원   40,000원   100,000원
⑤ 300,000원   20,000원   120,000원

45 다음 글을 근거로 판단할 때, 표에서 도시재생사업이 가장 먼저 실시되는 지역은?

제00조 이 법에서 사용하는 용어의 뜻은 다음과 같다.
1. 도시재생이란 인구의 감소, 산업구조의 변화, 주거환경의 노후화 등으로 쇠퇴하는 도시를 지역역량의 강화, 지역 자원의 활용을 통하여 경제적·사회적·물리적·환경적으로 활성화시키는 것을 말한다.
2. 도시재생활성화지역이란 국가와 지방자치단체의 자원과 역량을 집중함으로써 도시재생사업의 효과를 극대화하려는 전략적 대상지역을 말한다.

제00조 ① 도시재생활성화지역을 지정하려는 경우에는 다음 각 호 요건 중 2개 이상을 갖추어야 한다.
1. 인구가 감소하는 지역 : 다음 각 목의 어느 하나에 해당하는 지역
   가. 최근 30년간 인구가 가장 많았던 시기 대비 현재 인구가 20% 이상 감소
   나. 최근 5년간 3년 이상 연속으로 인구가 감소
2. 총 사업체 수가 감소하는 지역 : 다음 각 목의 어느 하나에 해당하는 지역
   가. 최근 10년간 사업체 수가 가장 많았던 시기 대비 현재 사업체 수가 5% 이상 감소
   나. 최근 5년간 3년 이상 연속으로 사업체 수가 감소
3. 전체 건축물 중 준공된 후 20년 이상 된 건축물이 차지하는 비율이 50% 이상인 지역

제00조 도시재생활성화지역으로 가능한 곳이 복수일 경우, 전 조 제1항 제1호의 인구기준을 우선시하여 도시재생사업을 순차적으로 진행한다. 다만 인구기준의 하위 두 항목은 동등하게 고려하며, 최근 30년간 최다 인구 대비 현재 인구 비율이 낮을수록, 최근 5년간 인구의 연속 감소 기간이 길수록 그 지역의 사업을 우선적으로 실시한다.

도시재생활성화 후보지역

구분		A지역	B지역	C지역	D지역	E지역
인구	최근 30년간 최다 인구 대비 현재 인구 비율	68%	82%	87%	92%	77%
	최근 5년간 인구의 연속 감소 기간	5년	4년	2년	4년	2년
사업체	최근 10년간 최다 사업체 수 대비 현재 사업체 수 비율	92%	89%	96%	97%	96%
	최근 5년간 사업체 수의 연속 감소 기간	3년	5년	2년	2년	2년
전체 건축물 수 대비 20년 이상 된 건축물 비율		62%	55%	46%	58%	32%

① A지역
② B지역
③ C지역
④ D지역
⑤ E지역

46 다음 글과 상황에 근거할 때, ⟨보기⟩에서 옳은 것만을 모두 고르면?

A시에서는 친환경 건축물 인증제도를 시행하고 있다. 이는 건축물의 설계, 시공 등의 건설과정이 쾌적한 거주 환경과 자연환경에 미치는 영향을 점수로 평가하여 인증하는 제도로, 건축물에 다음 표와 같이 인증등급을 부여한다.

평가점수별 인증등급

평가점수	인증등급
80점 이상	최우수
70점~80점 미만	우수
60점~70점 미만	우량
50점~60점 미만	일반

또한 친환경 건축물 최우수, 우수 등급이면서 건축물 에너지효율 1등급 또는 2등급을 추가로 취득한 경우, 다음 표와 같은 취·등록세액 감면 혜택을 얻게 된다.

취·등록세액 감면 비율

	최우수 등급	우수 등급
에너지효율 1등급	12%	8%
에너지효율 2등급	8%	4%

상황

• 甲은 A시에 건물을 신축하고 있다. 현재 이 건물의 예상되는 친환경 건축물 평가점수는 63점이고 에너지효율은 3등급이다.
• 친환경 건축물 평가점수를 1점 높이기 위해서는 1,000만 원, 에너지효율 등급을 한 등급 높이기 위해서는 2,000만 원의 추가 투자비용이 든다.
• 甲이 신축하고 있는 건물의 감면 전 취·등록세 예상액은 총 20억 원이다.
• 甲은 경제적 이익을 극대화하고자 한다.

※ 경제적 이익 또는 손실 = 취·등록세 감면액 − 추가 투자액
※ 기타 비용과 이익은 고려하지 않는다.

┤ 보기 ├

㉠ 추가 투자함으로써 경제적 이익을 얻을 수 있는 최소 투자금액은 1억 1,000만 원이다.
㉡ 친환경 건축물 우수 등급, 에너지효율 1등급을 받기 위해 추가 투자할 경우 경제적 이익이 가장 크다.
㉢ 에너지효율 2등급을 받기 위해 추가 투자하는 것이 3등급을 받는 것보다 甲에게 경제적으로 더 이익이다.

① ㉠   ② ㉢
③ ㉠, ㉡   ④ ㉡, ㉢
⑤ ㉠, ㉡, ㉢

다음 배드민턴 복식 경기방식을 따를 때, 경기상황에 이어질 서브 방향 및 선수 위치로 가능한 것은?

배드민턴 복식 경기방식

- 점수를 획득한 팀이 서브권을 갖는다. 다만 서브권이 상대팀으로 넘어가기 전까지는 팀 내에서 같은 선수가 연속해서 서브권을 갖는다.
- 서브하는 팀은 자신의 팀 점수가 0이거나 짝수인 경우는 우측에서, 점수가 홀수인 경우는 좌측에서 서브한다.
- 서브하는 선수로부터 코트의 대각선 위치에 선 선수가 서브를 받는다.
- 서브를 받는 팀은 자신의 팀으로 서브권이 넘어오기 전까지는 팀 내에서 선수끼리 서로 코트 위치를 바꾸지 않는다.

※ 좌측, 우측은 각 팀이 네트를 바라보고 인식하는 좌, 우이다.

경기상황

- 甲팀(A·B)과 乙팀(C·D) 간 복식 경기 진행
- 3:3 동점 상황에서 A가 C에 서브하고 甲팀(A·B)이 1점 득점

점수	서브 방향 및 선수 위치	득점한 팀
3:3	(D / C 상단, A / B 하단, A→C 대각선 화살표)	甲

---

①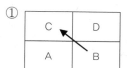

②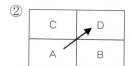

③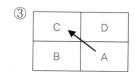

④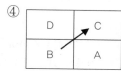

⑤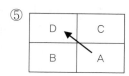

48 A회사는 甲, 乙, 丙 중 총점이 가장 높은 업체를 협력업체로 선정하고자 한다. 업체 평가기준과 지원업체 정보를 근거로 판단할 때, 〈보기〉에서 옳은 것만을 모두 고르면?

업체 평가기준

□ 평가항목과 배점비율

평가항목	품질	가격	직원규모	계
배점비율	50%	40%	10%	100%

□ 가격 점수

가격 (만 원)	500 미만	500~549	550~599	600~649	650~699	700 이상
점수	100	98	96	94	92	90

□ 직원규모 점수

직원 규모 (명)	100 초과	100~91	90~81	80~71	70~61	60 이하
점수	100	97	94	91	88	85

지원업체 정보

업체	품질 점수	가격(만 원)	직원규모(명)
甲	88	575	93
乙	85	450	95
丙	87	580	85

※ 품질 점수의 만점은 100점으로 한다.

┌ 보기 ┐
ㄱ. 총점이 가장 높은 업체는 乙이며 가장 낮은 업체는 丙이다.
ㄴ. 甲이 현재보다 가격을 30만 원 더 낮게 제시한다면, 乙보다 더 높은 총점을 얻을 수 있을 것이다.
ㄷ. 丙이 현재보다 직원규모를 10명 더 늘린다면, 甲보다 더 높은 총점을 얻을 수 있을 것이다.
ㄹ. 丙이 현재보다 가격을 100만 원 더 낮춘다면, A회사는 丙을 협력업체로 선정할 것이다.

① ㄱ, ㄴ   ② ㄱ, ㄹ
③ ㄴ, ㄷ   ④ ㄷ, ㄹ
⑤ ㄱ, ㄴ, ㄹ

다음 글과 상황을 근거로 추론할 때 옳지 않은 것은? (단, 월·일은 양력 기준이다)

절기(節氣)는 태양의 주기에 기초해서 1개월에 2개씩 지정되는 것으로 1년에 24개의 절기가 있다. 24절기는 12절기와 12중기로 이루어져 있는데, 각 달의 첫 번째는 절기, 두 번째는 중기라 한다. 절기를 정하는 방법으로 정기법이 있다. 정기법은 황도상의 해당 지점인 태양황경을 기준으로 태양이 동쪽으로 15도 간격으로 이동할 때마다, 즉 15도씩 증가할 때마다 절기와 중기를 매겨 나가는 방법이다. 황경은 지구에서 태양을 보았을 때, 태양이 1년 동안 하늘을 한 바퀴 도는 길인 황도를 지나가는 각도이다. 춘분은 황경의 기점이 되며, 황경이 0도일 때다.

양력	절기	중기	양력	절기	중기
1월	소한	대한	7월	소서	대서
2월	입춘	우수	8월	입추	처서
3월	경칩	춘분	9월	백로	추분
4월	청명	곡우	10월	한로	상강
5월	입하	소만	11월	입동	소설
6월	망종	하지	12월	대설	동지

계절은 3개월마다 바뀌고, 각 계절마다 6개의 절기가 있다. 입춘, 입하, 입추, 입동은 봄, 여름, 가을, 겨울이 시작되는 첫날이다. 절기 사이에는 15일의 간격이 있다. 그런데 일부 절기 사이의 간격은 하루가 늘거나 줄기도 한다.

상황

- 올해는 입하, 망종, 하지, 대서, 입추, 백로, 한로가 앞 절기와 16일 간격이고, 대한과 대설은 앞 절기와 14일 간격이다.
- 올해 춘분은 3월 21일이다.
- 올해 2월은 28일까지 있다.

① 올해 여름의 첫날은 5월 5일이다.
② 절기의 양력 날짜는 매년 고정적인 것은 아니다.
③ 올해 태양황경이 60도가 되는 날은 5월 중기인 소만이다.
④ 올해 7월 24일은 태양황경이 120도에서 135도 사이에 있는 날이다.
⑤ 올해 입춘부터 곡우까지의 날짜 간격은 한로부터 동지까지의 날짜 간격보다 길다.

50   다음 글을 근거로 판단할 때, 표의 ㉠~㉣에 들어갈 기호로 모두 옳은 것은?

> 법 제○○조【학교환경위생 정화구역】시·도의 교육감은 학교환경위생 정화구역(이하 '정화구역'
> 이라 한다)을 절대정화구역과 상대정화구역으로 구분하여 설정하되, 절대정화구역은 학교출입문
> 으로부터 직선거리로 50미터까지인 지역으로 하고, 상대정화구역은 학교경계선으로부터 직선거리
> 로 200미터까지인 지역 중 절대정화구역을 제외한 지역으로 한다.
> 법 제△△조【정화구역에서의 금지시설】① 누구든지 정화구역에서는 다음 각 호의 어느 하나에 해
> 당하는 시설을 하여서는 아니 된다.
> 1. 도축장, 화장장 또는 납골시설
> 2. 고압가스·천연가스·액화석유가스 제조소 및 저장소
> 3. 폐기물수집장소
> 4. 폐기물처리시설, 폐수종말처리시설, 축산폐수배출시설
> 5. 만화가게(유치원 및 대학교의 정화구역은 제외한다)
> 6. 노래연습장(유치원 및 대학교의 정화구역은 제외한다)
> 7. 당구장(유치원 및 대학교의 정화구역은 제외한다)
> 8. 호텔, 여관, 여인숙
> ② 제1항에도 불구하고 대통령령으로 정하는 구역에서는 제1항의 제2호, 제3호, 제5호부터 제8호
> 까지에 규정된 시설 중 교육감이 학교환경위생정화위원회의 심의를 거쳐 학습과 학교보건위생에
> 나쁜 영향을 주지 아니한다고 인정하는 시설은 허용될 수 있다.
> 대통령령 제□□조【제한이 완화되는 구역】법 제△△조 제2항에서 '대통령령으로 정하는 구역'이란
> 법 제○○조에 따른 상대정화구역(법 제△△조 제1항 제7호에 따른 당구장 시설을 하는 경우에는
> 정화구역 전체)을 말한다.

학교환경위생 정화구역

구역 시설	초·중·고등학교		유치원·대학교	
	절대정화구역	상대정화구역	절대정화구역	상대정화구역
폐기물처리시설	×	×	×	×
폐기물수집장소	×	△	×	△
당구장	㉠		㉢	
만화가게		㉡		
호텔				㉣

×: 금지되는 시설
△: 학교환경위생정화위원회의 심의를 거쳐 허용될 수 있는 시설
○: 허용되는 시설

	㉠	㉡	㉢	㉣
①	△	○	○	△
②	△	△	○	△
③	×	△	○	△
④	×	△	△	×
⑤	×	×	△	×

51 다음 조건에서 2010년 5월 중에 스킨과 로션을 1병씩 살 때, 총비용이 가장 적게 드는 경우는? (단, 2010년 5월 1일 현재 스킨과 로션은 남아 있으며, 다 썼다는 말이 없으면 그 화장품은 남아 있다고 가정한다.)

- 화장품의 정가는 스킨 1만 원, 로션 2만 원이다.
- 화장품 가게에서는 매달 15일 전 품목 20% 할인 행사를 한다.
- 화장품 가게에서는 달과 날짜가 같은 날(1월 1일, 2월 2일 등)에 A사 카드를 사용하면 정가의 10%를 할인해준다.
- 총비용이란 화장품 구매 가격과 체감 비용(화장품을 다 써서 느끼는 불편)을 합한 것이다.
- 체감 비용은 스킨과 로션 모두 하루에 500원씩이다.
- 체감 비용을 계산할 때, 화장품을 다 쓴 당일은 포함하고 구매한 날은 포함하지 않는다.
- 화장품을 다 쓴 당일에 구매하면 체감 비용은 없으며, 화장품이 남은 상태에서 새 제품을 구입할 때도 체감 비용은 없다.

① 3일에 스킨만 다 써서, 5일에 A사 카드로 스킨과 로션을 살 경우
② 13일에 로션만 다 써서 당일에 로션을 사고, 15일에 스킨을 살 경우
③ 10일에 스킨과 로션을 다 써서 15일에 스킨과 로션을 같이 살 경우
④ 3일에 스킨만 다 써서 당일에 스킨을 사고, 13일에 로션을 다 써서, 15일에 로션만 살 경우
⑤ 3일에 스킨을 다 써서 5일에 B사 카드로 스킨을 사고, 14일에 로션을 다 써서 이튿날 로션을 살 경우

52 다음 글과 조건을 근거로 판단할 때, 甲이 두 번째로 전화를 걸 대상은?

○○국은 자문위원 간담회를 열 계획이다. 담당자 甲은 자문위원 명단을 보고 모든 자문위원에게 직접 전화를 걸어 참석 여부를 확인하려 한다.

자문위원 명단

성명	소속	분야	참석경험 유무
A	가 대학	세계경제	○
B	나 기업	세계경제	×
C	다 연구소	경제원조	×
D	다 연구소	경제협력	○
E	라 협회	통상	×
F	가 대학	경제협력	×

조건

- 같은 소속이면 참석경험이 있는 자문위원에게 먼저 전화를 건다.
- 같은 분야면 참석경험이 있는 자문위원에게 먼저 전화를 건다.
- 같은 소속의 자문위원에게 연이어 전화를 걸 수 없다.
- 같은 분야의 자문위원에게 연이어 전화를 걸 수 없다.
- 참석경험이 있는 자문위원에게 연이어 전화를 걸 수 없다.
- 명단에 있는 모든 자문위원에게 1회만 전화를 건다.

① A   ② B   ③ C   ④ D   ⑤ E

53　다음 글을 근거로 판단할 때, 김 과장이 단식을 시작한 첫 주 월요일부터 일요일까지 한 끼만 먹은 요일(끼니때)은?

> 김 과장은 건강상의 이유로 간헐적 단식을 시작하기로 했다. 김 과장이 선택한 간헐적 단식 방법은 월요일부터 일요일까지 일주일 중에 2일을 선택하여 아침 혹은 저녁 한 끼 식사만 하는 것이다. 단, 단식을 하는 날 전후로 각각 최소 2일간은 정상적으로 세 끼 식사를 하고, 업무상의 식사 약속을 고려하여 단식일과 방법을 유동적으로 결정하기로 했다. 또한 단식을 하는 날 이외에는 항상 세 끼 식사를 한다.
> 간헐적 단식 2주째인 김 과장은 그동안 단식을 했던 날짜를 기록해 두기 위해 아래와 같이 최근 식사와 관련된 기억을 떠올렸다.
> • 2주차 월요일에는 단식을 했다.
> • 지난주에 먹은 아침식사 횟수와 저녁식사 횟수가 같다.
> • 지난주 월요일, 수요일, 금요일에는 조찬회의에 참석하여 아침식사를 했다.
> • 지난주 목요일에는 업무약속이 있어서 점심식사를 했다.

① 월요일(저녁), 목요일(저녁)　　　② 화요일(아침), 금요일(아침)
③ 화요일(아침), 금요일(저녁)　　　④ 화요일(저녁), 금요일(아침)
⑤ 화요일(저녁), 토요일(아침)

54　다음 글을 근거로 판단할 때, 9월 17일(토)부터 책을 대여하기 시작한 甲이 마지막 편을 도서관에 반납할 요일은? (단, 다른 조건은 고려하지 않는다.)

> 甲은 10편으로 구성된 위인전을 완독하기 위해 다음과 같이 계획하였다.
> 책을 빌리는 첫째 날은 한 권만 빌려 다음 날 반납하고, 반납한 날 두 권을 빌려 당일 포함 2박 3일이 되는 날 반납한다. 이런 식으로 도서관을 방문할 때마다 대여하는 책의 수는 한 권씩 증가하지만, 대여 일수는 빌리는 책 권수를 n으로 했을 때 두 권 이상일 경우 $(2n-1)$의 규칙으로 증가한다.
> 예를 들어 3월 1일(월)에 1편을 빌렸다면 3월 2일(화)에 1편을 반납하고 그날 2, 3편을 빌려 3월 4일(목)에 반납한다. 4일에 4, 5, 6편을 빌려 3월 8일(월)에 반납하고 그날 7, 8, 9, 10편을 대여한다. 도서관은 일요일만 휴관하고, 이날은 반납과 대여가 불가능하므로 다음 날인 월요일에 반납과 대여를 한다. 이 경우에 한하여 일요일은 대여 일수에 포함되지 않는다.

① 월요일　　　　　　　　　　② 화요일
③ 수요일　　　　　　　　　　④ 목요일
⑤ 금요일

55 다음 글을 근거로 판단할 때, 〈보기〉에서 인공임신중절수술이 허용되는 경우만을 모두 고르면?

법 제00조【인공임신중절수술의 허용한계】① 의사는 다음 각 호의 어느 하나에 해당되는 경우에만 본인과 배우자(사실상의 혼인관계에 있는 사람을 포함한다. 이하 같다)의 동의를 받아 인공임신중절수술을 할 수 있다.

1. 본인이나 배우자가 대통령령으로 정하는 우생학적(優生學的) 또는 유전학적 정신장애나 신체질환이 있는 경우
2. 본인이나 배우자가 대통령령으로 정하는 전염성 질환이 있는 경우
3. 강간 또는 준강간(準强姦)에 의하여 임신된 경우
4. 법률상 혼인할 수 없는 혈족 또는 인척간에 임신된 경우
5. 임신의 지속이 보건의학적 이유로 모체의 건강을 심각하게 해지고 있거나 해칠 우려가 있는 경우

② 제1항의 경우에 배우자의 사망, 실종, 행방불명, 그밖에 부득이한 사유로 동의를 받을 수 없으면 본인의 동의만으로 그 수술을 할 수 있다.

③ 제1항의 경우 본인이나 배우자가 심신장애로 의사표시를 할 수 없을 때에는 그 친권자나 후견인의 동의로, 친권자나 후견인이 없을 때에는 부양의무자의 동의로 각각 그 동의를 갈음할 수 있다.

시행령 제00조【인공임신중절수술의 허용한계】① 법 제00조에 따른 인공임신중절수술은 임신 24주일 이내인 사람만 할 수 있다.

② 법 제00조 제1항 제1호에 따라 인공임신중절수술을 할 수 있는 우생학적 또는 유전학적 정신장애나 신체질환은 연골무형성증, 낭성섬유증 및 그 밖의 유전성 질환으로서 그 질환이 태아에 미치는 위험성이 높은 질환으로 한다.

③ 법 제00조 제1항 제2호에 따라 인공임신중절수술을 할 수 있는 전염성 질환은 풍진, 톡소플라즈마증 및 그 밖에 의학적으로 태아에 미치는 위험성이 높은 전염성 질환으로 한다.

┤ 보기 ├

㉠ 태아에 미치는 위험성이 높은 연골무형성증의 질환이 있는 임신 20주일 임산부와 그 남편이 동의한 경우
㉡ 풍진을 앓고 있는 임신 28주일 임산부가 동의한 경우
㉢ 남편이 실종 중인 상황에서 임신중독증으로 생명이 위험한 임신 20주일 임산부가 동의한 경우
㉣ 남편이 실업자가 되어 도저히 아이를 키울 수 없다고 판단한 임신 16주일 임산부와 그 남편이 동의한 경우

① ㉠, ㉡
② ㉠, ㉢
③ ㉡, ㉣
④ ㉠, ㉢, ㉣
⑤ ㉡, ㉢, ㉣

56 인정부터 파루까지 북과 징을 치는 각각의 총 횟수는?

조선에서는 원나라 곽수경의 수시력(授時曆)을 그대로 계승한 명의 대통력(大統曆)을 써서 하루를 100각(刻) 또는 자(子), 축(丑), 인(寅), 묘(卯), 진(辰), 사(巳), 오(午), 미(未), 신(申), 유(酉), 술(戌), 해(亥)의 12진(辰)으로 나누었다. 각각의 12진은 전반부가 시작되는 시각을 초(初)로 하고 후반부가 시작되는 시각을 정(正)으로 하였다. 그 후 1653년에는 서양역법을 토대로 한 중국의 시헌력(時憲曆)을 채택하여 하루를 96각 또는 12진으로 하였다. 그런데 밤은 12진법과 중국 한대(漢代) 이래 쓰인 5경제(五更制)를 병행하여 썼다. 밤시간은 일몰 후 1등성인 별들이 보이기 시작할 때까지의 혼각(昏刻)과 별이 보이지 않기 시작할 때부터 일출까지의 신각(晨刻)을 제외한 나머지 시간을 초경, 이경, 삼경, 사경, 오경까지 다섯으로 나누되 각 경은 5점(點)으로 나누었다. 결국 밤시간은 수시력으로 춘분·추분에는 50각, 동지에는 62각, 하지에는 38각이 되어 계절에 따라 달라지고 위도에 따라서도 달라진다. 일반적으로 하루는 자정(子正)부터 다음 날 자정까지를 일렀다. 즉 밤의 한가운데 시점인 삼경 3점과 삼경 4점의 중간에 하루가 지나가는 것으로 파악하였다. 서울에서는 도성 내 각처에 시간을 알리기 위해 신혼대종(晨昏大鐘)을 쳐서 저녁과 새벽을 알리게 하는 인정(人定)과 파루(罷漏) 제도를 두었다. 초경 3점에 종을 28번 쳐서 성문을 닫았던 인정부터 오경 3점에 종을 33번 쳐서 성문을 열었던 파루까지는 통행이 금지되었다. 한편 인정부터 파루까지의 밤시간에는 매 점마다 북과 징으로 시간을 알렸다. 초경 3점에 북을 1번 치고 징을 3번 치되 각기 5회 되풀이하고, 다음에 4점으로 바뀌면 북을 1번 치고 징을 4번 치되 각기 5회 되풀이하고, 또 5점으로 바뀌면 북을 1번 치고 징을 5번 치되 각기 5회 되풀이하는데, 이런 식으로 오경 3점에 이른다. 즉 경의 수를 북으로, 점의 수를 징으로 하여 각기 5회 반복해서 치되, 마지막 오경 3점에는 북 5번과 징 3번을 각기 5회 되풀이하지 않고, 1회만 쳐서 시간을 알리는 것이다.

① 북 295번, 징 303번
② 북 295번, 징 315번
③ 북 315번, 징 303번
④ 북 315번, 징 375번
⑤ 북 330번, 징 375번

57 다음 민간위탁 교육훈련사업 계약을 근거로 판단할 때, 〈보기〉에서 계약 위반행위만을 모두 고르면?

민간위탁 교육훈련사업 계약

(가) 계약금액(사업비)은 7,000만 원이고, 계약기간은 1월 1일부터 12월 31일까지이다.

(나) 甲은 乙에게 사업비의 50%에 해당하는 금액을 반기(6개월)별로 지급하며, 乙이 청구한 날로부터 14일 이내에 지급하여야 한다.

(다) 乙은 하반기 사업비 청구 시 상반기 사업추진실적과 상반기 사업비 사용내역을 함께 제출하여야 하며, 甲은 이를 확인한 후 지급한다.

(라) 乙은 사업비를 위탁받은 교육훈련 이외의 다른 용도로 사용하여서는 안 된다.

(마) 乙은 상·하반기 사업비와는 별도로 매 분기(3개월) 종료 후 10일 이내에 관련 증빙서류를 구비하여 甲에게 훈련참여자의 취업실적에 따른 성과인센티브의 지급을 청구할 수 있다.

(바) 甲은 (마)에 따른 관련 증빙서류를 확인한 후 인정된 취업실적에 대한 성과인센티브를 취업자 1인당 10만 원씩 지급한다.

| 보기 |

㉠ 乙은 9월 10일 교육훈련과 관련없는 甲의 등산대회에 사업비에서 100만 원을 협찬하였다.

㉡ 乙은 1월 25일에 상반기 사업비 지급을 청구하였으며, 甲은 2월 10일에 3,500만 원을 지급하였다.

㉢ 乙은 8월 8일에 하반기 사업비 지급을 청구하면서 상반기 사업추진실적 및 사업비 사용내역을 제출하였다.

㉣ 乙은 10월 9일에 관련 증빙서류를 구비하여 성과인센티브의 지급을 청구하였으나, 甲은 증빙서류의 확인을 거부하고 지급하지 않았다.

① ㉠, ㉢   ② ㉡, ㉣

③ ㉠, ㉡, ㉢   ④ ㉠, ㉡, ㉣

⑤ ㉡, ㉢, ㉣

58 어느 부처의 시설과에 A, B, C, D, E, F의 총 6명의 직원이 있다. 이들 가운데 반드시 4명의 직원으로만 팀을 구성하여 부처회의에 참석해 달라는 요청이 있었다. 만일 E가 불가피한 사정으로 그 회의에 참석할 수 없게 된 상황에서 다음 조건을 모두 충족시켜야만 한다면 몇 개의 팀이 구성될 수 있는가?

조건 1: A 또는 B는 반드시 참석해야 한다. 하지만 A, B가 함께 참석할 수 없다.
조건 2: D 또는 E는 반드시 참석해야 한다. 하지만 D, E가 함께 참석할 수 없다.
조건 3: 만일 C가 참석하지 않게 된다면 D도 참석할 수 없다.
조건 4: 만일 B가 참석하지 않게 된다면 F도 참석할 수 없다.

① 0개   ② 1개

③ 2개   ④ 3개

⑤ 4개

59   다음 글을 근거로 판단할 때 옳은 것은?

제○○조【선거공보】① 후보자는 선거운동을 위하여 책자형 선거공보 1종을 작성할 수 있다.

② 제1항의 규정에 따른 책자형 선거공보는 대통령선거에 있어서는 16면 이내로, 국회의원선거 및 지방자치단체의 장 선거에 있어서는 12면 이내로, 지방의회의원선거에 있어서는 8면 이내로 작성한다.

③ 후보자는 제1항의 규정에 따른 책자형 선거공보 외에 별도의 점자형 선거공보(시각장애선거인을 위한 선거공보) 1종을 책자형 선거공보와 동일한 면수 이내에서 작성할 수 있다. 다만, 대통령선거, 지역구국회의원선거 및 지방자치단체의 장 선거의 후보자는 책자형 선거공보 제작 시 점자형 선거공보를 함께 작성·제출하여야 한다.

④ 대통령선거, 지역구국회의원선거, 지역구지방의회의원선거 및 지방자치단체의 장 선거에서 책자형 선거공보(점자형 선거공보를 포함한다.)를 제출하는 경우에는 다음 각 호에 따른 내용(이하 이 조에서 '후보자정보공개자료'라 한다)을 게재하여야 하며, 후보자정보공개자료에 대하여 소명이 필요한 사항은 그 소명자료를 함께 게재할 수 있다. 점자형 선거공보에 게재하는 후보자정보공개자료의 내용은 책자형 선거공보에 게재하는 내용과 똑같아야 한다.

1. 재산상황
   후보자, 후보자의 배우자 및 직계존·비속(혼인한 딸과 외조부모 및 외손자녀를 제외한다)의 각 재산총액
2. 병역사항
   후보자 및 후보자의 직계비속의 군별, 계급, 복무기간, 복무분야, 병역처분사항 및 병역처분사유
3. 전과기록
   죄명과 그 형 및 확정일자

① 지역구지방의회의원선거에 출마한 A는 책자형 선거공보를 12면까지 가득 채워서 작성할 수 있다.

② 지역구국회의원선거에 출마한 B는 자신의 선거운동전략에 따라 책자형 선거공보 제작 시 점자형 선거공보는 제작하지 않을 수 있다.

③ 지역구지방의회의원선거에 출마한 C는 책자형 선거공보를 제출할 경우, 자신의 가족 중 15세인 친손녀의 재산총액을 표시할 필요가 없다.

④ 지역구국회의원선거에 출마한 D가 제작한 책자형 선거공보에는 본인과 자신의 가족 중 아버지, 아들, 손자의 병역사항을 표시해야 한다.

⑤ 지역구국회의원선거에 출마한 E는 자신에게 전과기록이 있다는 사실을 공개하면 선거 운동에 악영향을 미칠 것이라고 판단할 경우, 책자형 선거공보를 제작하지 않고 선거 운동을 할 수 있다.

60 다음 규칙에 근거할 때, 〈보기〉에서 옳은 것을 모두 고르면?

규칙

- 9장의 카드에는 1부터 9까지의 숫자 중 각각 다른 하나의 숫자가 적혀 있다.
- 9장의 카드 중 4장을 동시에 사용하여 네 자릿수를 만든다.
- 천의 자리에 있는 숫자와 백의 자리에 있는 숫자를 곱한 값이 십의 자리 숫자와 일의 자리 숫자가 된다. 예를 들어 '7856'은 가능하지만 '7865'는 불가능하다.

| 보기 |

㉠ 만들 수 있는 가장 큰 수에서 가장 작은 수를 뺀 값은 7158이다.
㉡ 천의 자리가 5이거나 일의 자리가 5인 네 자릿수는 만들 수 없다.
㉢ 천의 자리에 9를 넣을 때 만들 수 있는 네 자릿수의 개수는 천의 자리에 다른 어떤 수를 넣을 때보다 많다.
㉣ 숫자 1이 적힌 카드가 한 장 추가되어도 만들 수 있는 네 자릿수의 총 개수에는 변화가 없다.
㉤ 숫자 9가 적힌 카드가 한 장 추가되어도 만들 수 있는 네 자릿수의 총 개수에는 변화가 없다.

① ㉠, ㉡, ㉢   ② ㉠, ㉡, ㉣
③ ㉠, ㉢, ㉤   ④ ㉠, ㉣, ㉤
⑤ ㉡, ㉢, ㉤

---

61 甲은 6층 회사건물을 각 층마다 모두 순찰한 후에 퇴근한다. 다음 조건에 따라 1층에서 출발하여 순찰을 완료하고 1층으로 돌아오기까지 소요되는 최소 시간은? (단, 조건 외에 다른 요인은 고려하지 않는다.)

조건

- 층간 이동은 엘리베이터로만 해야 하며 엘리베이터가 한 개 층을 이동하는 데는 3분이 소요된다.
- 엘리베이터는 한 번에 최대 세 개 층(예 1층→4층)을 이동할 수 있다.
- 엘리베이터는 한 번 위로 올라갔으면, 그다음에는 아래 방향으로 내려오고, 그다음에는 다시 위 방향으로 올라가야 한다.
- 하나의 층을 순찰하는 데는 5분이 소요된다.

---

① 1시간   ② 1시간 12분
③ 1시간 18분   ④ 1시간 24분
⑤ 1시간 30분

62 다음 글과 사례를 근거로 판단할 때, 반납해야 할 경비가 가장 많은 사람부터 가장 적은 사람 순으로 바르게 나열된 것은?

제00조 ① 임명권자는 전시·사변 등의 국가비상시에 군위탁생 중 군에 복귀시킬 필요가 있다고 인정되는 자에 대하여는 교육을 일시중지하거나 군위탁생 임명을 해임하여 원대 복귀하게 할 수 있다.

② 각 군 참모총장은 군위탁생으로서 다음 각 호에 해당하는 자에 대하여 지급한 경비(이하 '지급경비')를 아래 <표>의 반납액 산정기준에 의하여 본인 또는 그의 연대보증인으로 하여금 반납하게 하여야 한다.

　1. 소정의 과정을 마친 후 정당한 사유 없이 복귀하지 아니한 자

　2. 수학 중 해임된 자(제1항의 경우를 제외한다)

　3. 소정의 과정을 마친 후 의무복무기간 중에 전역 또는 제적 등의 사유가 발생하여 복무의무를 이행하지 아니한 자

〈표〉 반납액 산정기준

구분	반납액
제2항 제1호 해당자	지급경비 전액
제2항 제2호 해당자	지급경비 전액(다만 질병이나 기타 심신장애로 인하여 수학을 계속할 수 없어 해임된 경우에는 지급경비의 2분의 1)
제2항 제3호 해당자	지급경비 × $\dfrac{\text{의무복무월수} - \text{복무월수}}{\text{의무복무월수}}$

사례

A. 수학 중 성적불량으로 군위탁생 임명이 해임된 부사관(지급경비 1,500만 원)

B. 군위탁생으로 박사과정을 마친 후 정당한 사유 없이 복귀하지 아니한 장교(지급경비 2,500만 원)

C. 위탁교육을 마친 후 의무복무년수 6년 중 3년을 마치고 전역하는 장교(지급경비 3,500만 원)

D. 심신장애로 인하여 계속하여 수학할 수 없다고 인정되어 수학 중 군위탁생 임명이 해임된 부사관(지급경비 2,000만 원)

E. 국방부장관이 국가비상시에 군에 복귀시킬 필요가 있다고 인정하여 군위탁생 임명을 해임하여 원대복귀시킨 장교(지급경비 3,000만 원)

---

① B - C - A - D - E
② B - C - D - A - E
③ C - B - E - A - D
④ C - E - B - D - A
⑤ E - C - B - A - D

63 다음 글을 근거로 판단할 때, 상황의 ㉠에 해당되는 수는?

양성평등채용목표제

1. **채용목표인원**

   성별 최소 채용목표인원(이하 '목표인원')은 시험실시 단계별 합격예정인원에 30%(다만 검찰사무 직렬은 20%)를 곱한 인원수로 함

2. **합격자 결정방법**

   가. 제1차 시험
   - 각 과목 만점의 40% 이상, 전 과목 총점의 60% 이상 득점한 자 중에서 전 과목 총득점에 의한 고득점자 순으로 선발예정인원의 150%를 합격자로 결정함
   - 상기 합격자 중 어느 한 성(性)의 합격자가 목표인원에 미달하는 경우에는 각 과목 만점의 40% 이상, 전 과목 총점의 60% 이상 득점하고, 전 과목 평균득점이 합격선 -3점 이상인 해당 성의 응시자 중에서 고득점자 순으로 목표미달인원만큼 당초 합격예정인원을 초과하여 추가합격 처리함

   나. 제2차 시험 및 최종합격자 결정

   제1차 시험에서 어느 한 성을 추가합격시킨 경우 일정 인원을 선발예정인원에 초과하여 최종 합격자로 결정함

7급 국가공무원 공개경쟁채용시험 선발예정인원 공고

직렬(직류)	선발예정인원
검찰사무직(검찰사무)	30명

※ 7급 국가공무원 공개경쟁채용시험은 양성평등채용목표제가 적용됨

상황

검찰사무직 제1차 시험에서 남성이 39명 합격하였다면, 제1차 시험의 합격자 수는 최대 (㉠)명 이다.

① 42   ② 45

③ 48   ④ 52

⑤ 53

64 다섯 개의 숫자로 이루어진 비밀번호를 다음 숫자 → 암호문 변환 절차에 따라 〈암호표〉를 사용하여 암호문으로 변환하였다. 완성된 암호문이 의미하는 비밀번호로 옳은 것은?

숫자 → 암호문 변환 절차

1. 비밀번호의 숫자를 세로로 쓰고 〈암호표〉에서 해당하는 숫자의 오른쪽에 나열된 알파벳(6개)을 예시의 과정 1과 같이 숫자 순서대로 나열한다.
2. 1의 과정을 통해 순서대로 나열된 알파벳을 예시의 과정 2와 같이 왼편부터 한 열씩 세로로 읽어나가면 완성된 암호문이 된다.

암호표

1	T	H	P	Q	B	I
2	H	C	O	X	D	V
3	N	S	P	S	S	E
4	W	H	O	W	E	C
5	A	D	I	N	K	T
6	N	R	E	M	V	J
7	F	G	X	Z	C	B
8	E	S	X	V	B	J
9	W	E	I	P	Y	K
0	H	C	J	U	U	I

예시: 비밀번호 '10675'의 암호 변환 과정

• 과정 1

1	T	H	P	Q	B	I
0	H	C	J	U	U	I
6	N	R	E	M	V	J
7	F	G	X	Z	C	B
5	A	D	I	N	K	T

• 과정 2 : THNFA HCRGD PJEXI QUMZN BUVCK IIJBT

완성된 암호문

HEWHT CSECH OXIJP XVPUQ DBYUB VJKII

① 08401　　　　　　　　② 08425
③ 28425　　　　　　　　④ 28901
⑤ 28921

65 다음 글을 근거로 판단할 때, A에 해당하는 숫자는?

- △△원자력 발전소에서 매년 사용후핵연료봉(이하 '폐연료봉'이라 한다.)이 50,000개씩 발생하고, 이를 저장하기 위해 발전소부지 내 2가지 방식(습식과 건식)의 임시저장소를 운영
  1. 습식 저장소
     원전 내 저장수조에서 물을 이용하여 폐연료봉의 열을 냉각시키고 방사선을 차폐하는 저장방식으로 총 100,000개의 폐연료봉 저장 가능
  2. 건식 저장소
     - X저장소: 원통형의 커다란 금속 캔에 폐연료봉을 저장하는 방식으로 총 300기의 캐니스터로 구성되고, 한 기의 캐니스터는 9층으로 이루어져 있으며, 한 개의 층에 60개의 폐연료봉 저장 가능
     - Y저장소: 기체로 열을 냉각시키고 직사각형의 콘크리트 내에 저장함으로써 방사선을 차폐하는 저장방식으로 이 방식을 이용하여 저장소 내에 총 138,000개의 폐연료봉 저장 가능
- 현재 습식저장소는 1개로 저장용량의 50%가 채워져 있고, 건식 저장소 X, Y는 각각 1개로 모두 비어 있는 상황
- 따라서 발생하는 폐연료봉의 양이 항상 일정하다고 가정하면, △△원자력 발전소에서 최대 (A)년 동안 발생하는 폐연료봉을 현재의 임시저장소에 저장 가능

① 3   ② 4
③ 5   ④ 6
⑤ 7

66 다음 글을 근거로 판단할 때, 창렬이가 결제할 최소 금액은?

- 창렬이는 이번 달에 인터넷 면세점에서 가방, 영양제, 목베개를 각 1개씩 구매한다. 각 물품의 정가와 이번 달 개별 물품의 할인율은 다음과 같다.

구분	정가(달러)	이번 달 할인율(%)
가방	150	10
영양제	100	30
목베개	50	10

- 이번 달 개별 물품의 할인율은 자동 적용된다.
- 이번 달 구매하는 모든 물품의 결제 금액에 대해 20%를 일괄적으로 할인받는 '이달의 할인 쿠폰'을 사용할 수 있다.
- 이번 달은 쇼핑 행사가 열려, 결제해야 할 금액이 200달러를 초과할 때 '20,000원 추가 할인 쿠폰'을 사용할 수 있다.
- 할인은 '개별 물품 할인 → 이달의 할인 쿠폰 → 20,000원 추가 할인 쿠폰' 순서로 적용된다.
- 환율은 1달러당 1,000원이다.

① 180,000원   ② 189,000원
③ 196,000원   ④ 200,000원
⑤ 210,000원

67 다음 글과 규정을 근거로 판단할 때, 〈보기〉에서 옳은 것만을 모두 고르면?

지방자치단체는 자율적으로 지방행정을 처리하지만, 지방행정도 중앙행정과 마찬가지로 국가행정의 일부이다. 따라서 지방자치는 국가의 법질서 테두리 내에서만 인정되는 것이므로 지방자치단체가 국가차원의 감독, 통제를 받는 것은 불가피하다. 국회는 지방자치에 관하여 중요하고 본질적인 사항을 직접 결정해야 하므로, 지방자치에 관한 입법권한을 모두 지방자치단체에 위임할 수는 없다.

그러므로 지방의회가 제정하는 조례와 지방자치단체장이 제정하는 규칙의 형식적 효력은 국회가 제정한 법률이나 중앙행정기관이 제정한 명령보다 하위에 있으며, 조례와 규칙은 법률과 명령을 위반해서는 안 된다.

규정

헌법 제00조 ① 지방자치단체는 주민의 복리에 관한 사무를 처리하고 재산을 관리하며, 법령의 범위 안에서 자치에 관한 규정을 제정할 수 있다.

② 지방자치단체의 종류는 법률로 정한다.

헌법 제00조 ① 지방자치단체에 의회를 둔다.

② 지방의회의 조직·권한·의원선거와 지방자치단체장의 선임방법 기타 지방자치단체의 조직과 운영에 관한 사항은 법률로 정한다.

지방자치법 제00조 지방자치단체는 법령의 범위 안에서 그 사무에 관하여 조례를 제정할 수 있다. 다만 주민의 권리 제한 또는 의무 부과에 관한 사항이나 벌칙을 정할 때에는 법률의 위임이 있어야 한다.

지방자치법 제00조 지방자치단체장은 법령이나 조례가 위임한 범위에서 그 권한에 속하는 사무에 관하여 규칙을 제정할 수 있다.

※ 법령이란 법률과 명령을 의미함

| 보기 |

㉠ 주민의 복리에 관한 조례는 법령의 범위 안에서 지방자치단체에 따라 상이할 수 있다.

㉡ 헌법을 개정하지 않더라도 법률의 개정으로 지방자치단체의 종류를 변경할 수 있다.

㉢ 지방의회는 공석이 된 지방자치단체장의 선임방법을 조례로만 정해야 한다.

㉣ 지방자치단체장은 지방의회의 조직을 임의로 정할 수 있다.

① ㉠, ㉡   ② ㉢, ㉣

③ ㉠, ㉡, ㉢   ④ ㉡, ㉢, ㉣

⑤ ㉠, ㉡, ㉢, ㉣

68 다음 상황과 대화를 근거로 판단할 때, 丁의 성적으로 가능한 것은?

상황

- 가영, 나리, 다해, 라라, 마철은 올해 활약이 뛰어났던 4명의 투수(甲~丁) 중에서 최우수 투수를 선정하였다.
- 가영, 나리, 다해, 라라, 마철은 투수 중에서 1명씩 선택하여 투표하였고, '丁'만 2명의 선택을 받아서 최우수 투수로 선정되었다.
- 甲~丁의 올해 시즌 성적은 아래와 같다.

선수 \ 항목	평균 자책점	승리한 경기 수	패배한 경기 수	탈삼진 수	완투한 경기 수
甲	1.70	15	10	205	10
乙	1.95	21	8	150	5
丙	2.20	15	8	170	13
丁	2.10	?	?	?	?

대화

- 가영 : 평균 자책점이 가장 낮은 선수를 뽑았어.
- 나리 : 승리한 경기 수가 가장 많은 선수를 뽑았어.
- 다해 : 완투한 경기 수가 가장 많은 선수를 뽑았어.
- 라라 : 탈삼진 수가 가장 많은 선수를 뽑았어.
- 마철 : 승률이 가장 높은 선수를 뽑았어.

※ 승률 = $\dfrac{\text{승리한 경기 수}}{\text{승리한 경기 수 + 패배한 경기 수}}$

	승리한 경기 수	패배한 경기 수	탈삼진 수	완투한 경기 수
①	23	3	210	14
②	20	10	220	12
③	20	5	210	10
④	20	5	200	8
⑤	23	3	210	6

69 A대학 설립을 위해 甲이 확보해야 할 최소 교지면적은?

제00조【설립인가기준 등】① 대학을 설립하고자 하는 자는 다음 각 호의 기준을 갖추어 교육부장관에게 대학설립인가를 신청하여야 한다.
　　1. 제2항에 따른 교사(校舍) 및 제4항에 따른 교지(校地)를 확보할 것
　　2. 제5항에 따른 교원의 2분의 1 이상을 확보할 것
　　3. 제6항 및 제7항에 따른 수익용 기본재산을 확보할 것
② 교사는 교육기본시설, 지원시설 및 연구시설, 부속시설을 말하며, 교사의 확보기준은 다음 각 호와 같다.
　　1. 교육기본시설: 교육·연구활동에 적합하게 갖출 것
　　2. 지원시설 및 연구시설: 제3항에 따라 확보한 면적의 범위에서 대학이 필요한 경우에 갖출 것
　　3. 부속시설: 학교헌장에서 정하는 바에 따라 갖출 것. 다만 의학·한의학 및 치의학에 관한 학과를 두는 의학계열이 있는 대학은 부속병원을 직접 갖추거나 교육에 지장이 없도록 해당 기준을 충족하는 병원에 위탁하여 실습할 수 있는 조치를 하여야 한다.
③ 제2항 각 호의 시설면적은 [별표 1]에 의한 학생 1인당 교사기준면적에 편제완성연도를 기준으로 한 계열별 학생 정원을 곱하여 합산한 면적 이상으로 한다.
④ 교지(농장·학술림·사육장·목장·양식장·어장 및 약초원 등 실습지를 제외한 학교 구내의 모든 용지를 말한다)는 교육·연구활동에 지장이 없는 적합한 장소에 [별표 2]에 의한 기준면적을 확보하여야 한다.
⑤ 대학은 편제완성연도를 기준으로 한 계열별 학생정원을 [별표 3]에 따른 교원 1인당 학생 수로 나눈 수의 교원을 확보하여야 한다.
⑥ 학교법인은 대학의 연간 학교회계 운영수익총액에 해당하는 가액의 수익용 기본재산을 확보하되, 설립 당시에는 다음 각 호에서 정한 금액 이상을 확보하여야 한다.
　1. 대학: 100억 원
　2. 전문대학: 70억 원
　3. 대학원 대학: 40억 원
⑦ 제6항 각 호의 규정에 불구하고 1개의 법인이 수 개의 학교를 설립·운영하고자 하는 경우에는 각 학교별 제6항 각 호의 금액의 합산액 이상을 확보하여야 한다.

[별표 1] 교사기준면적(제00조 제3항 관련)

(단위: ㎡)

계열	인문·사회	자연 과학	공학	예·체능	의학
학생 1인당 교사기준면적	12	17	20	19	20

[별표 2] 교지기준면적(제00조 제4항 관련)

학생정원	1,000명 미만	1,000명 이상
면적	교사기준면적 이상	교사기준면적의 2배 이상

[별표 3] 교원산출기준(제00조 제5항 관련)

(단위: 명)

계열	인문·사회	자연 과학	공학	예·체능	의학
교원 1인당 학생 수	25	20	20	20	8

상황

甲은 편제완성연도 기준 계열별 학생정원이 인문·사회 400명, 자연과학 200명, 공학 300명, 의학 100명인 A대학을 설립하고자 한다.

① 16,200m²

② 18,200m²

③ 32,400m²

④ 36,200m²

⑤ 38,200m²

70 다음 글과 ○○시의 도로명 현황을 근거로 판단할 때, ○○시에서 발견될 수 있는 도로명은?

도로명의 구조는 일반적으로 두 개의 부분으로 나누어지는데 앞부분을 전부요소, 뒷부분을 후부요소라고 한다.

전부요소는 대상물의 특성을 반영하여 이름붙인 것이며 다른 곳과 구분하기 위해 명명된 부분이다. 즉, 명명의 배경이 반영되어 성립된 요소로 다양한 어휘가 사용된다. 후부요소로는 '로, 길, 골목'이 많이 쓰인다.

그런데 도로명은 전부요소와 후부요소만 결합한 기본형이 있고, 후부요소에 다른 요소가 첨가된 확장형이 있다. 확장형은 후부요소에 '1, 2, 3, 4 …' 등이 첨가된 일련번호형과 '동, 서, 남, 북, 좌, 우, 윗, 아래, 앞, 뒷, 사이, 안, 중앙' 등의 어휘들이 첨가된 방위형이 있다.

○○시의 도로명 현황

○○시의 도로명을 모두 분류한 결과, 도로명의 전부요소로는 한글고유어보다 한자어가 더 많이 발견되었고, 기본형보다 확장형이 많이 발견되었다. 확장형의 후부요소로는 일련번호형이 많이 발견되었고, 일련번호는 '로'와만 결합되었다. 그리고 방위형은 '골목'과만 결합되었으며 사용된 어휘는 '동, 서, 남, 북'으로만 한정되었다.

① 행복1가

② 대학2로

③ 국민3길

④ 덕수궁뒷길

⑤ 꽃동네중앙골목

완전
정복

NCS
문제해결
자원관리능력

Part 5.

실전모의고사

실전모의고사 1회

실전모의고사 2회

실전모의고사 3회

01 다음은 주택용 저압 전력 요금 계산에 대한 자료이다. 주택용 전력을 저압으로 공급받는 어느 가정의 당월 검침일 전력량계 지침은 4,230kWh이고 전월 검침일 전력량계 지침은 4,040kWh이었다면, 이때 청구될 월 전기요금은 얼마인가?

주택용 전력(저압)			
기본요금(원/호)		전력량 요금(원/kWh)	
200kWh 이하 사용	910	처음 200kWh까지	93.3
201~400kWh 사용	1,600	다음 200kWh까지	187.9
400kWh 초과 사용	7,300	400kWh 초과	280.6

□ 사용량 계산방법
  • 당월사용량 = 당월지침 − 전월지침
  ※ 소수점 이하 절사
  • 주택용 저압 전력(주거용) 전기요금 = 요금합계(기본요금 + 전력량 요금) + 부가가치세(요금합계의 10%) + 전력산업기반기금(요금합계의 3.7%)
  ※ 10원 미만 절사

① 20,040원　　　　　　② 21,170원
③ 23,210원　　　　　　④ 24,480원
⑤ 25,620원

02 택배기사 K씨의 H아파트 배달 일정과 배달 조건이 다음과 같을 때, K씨가 H아파트에 택배를 배달하는 데 걸리는 최소 소요시간은? (단, 마지막 택배 물품을 전달했을 때 배달이 끝난 것으로 간주한다.)

K씨의 배달 일정

101동	102동	103동	104동	105동
301호	202호	401호	101호	301호
504호	601호	702호	403호	304호
801호	703호		502호	802호
902호	1001호			

배달 조건

- 엘리베이터가 1개 층을 지나는 데는 1분이 소요된다.
- 모든 이동은 엘리베이터를 이용하지만, 인접한 층의 배달은 계단을 이용할 수 있다.
- 계단 이용 시 30초가 소요된다.
- 택배 물품을 전달하는 데 2분이 소요된다.
- 동 간 이동에 10분이 소요된다.
- 각 동의 1층에 도착해야 동 간 이동을 할 수 있다.
- 엘리베이터를 기다리는 대기시간은 무시한다.
- K씨는 최상층부터 아래층으로 내려가며 배달을 한다.

① 1시간 48분 30초
② 2시간 16분
③ 2시간 33분 30초
④ 2시간 44분
⑤ 2시간 57분

[03~04] 다음은 A대학의 학내 건강센터 규정의 일부이다. 이를 보고 이어지는 물음에 답하시오.

- 이용안내
  - 학내 건강센터의 이용은 건강 공제 회원만 이용 가능
  - 예약안내가 있는 건강, 의료서비스는 반드시 예약 후에만 이용 가능
  - 점심시간은 12:00~13:00이다.

- 예약 신청 절차
  - 포탈로그인 > 온라인 예약 > 희망 의료서비스 > 예약일시 지정 > 예약확인 SMS
  - 예약취소는 1일 전까지 가능

◎ 방문 상담 클리닉 [예약필수]

산부인과	2주 목요일 3주 목요일	오후 1:30~4:30	무료
피부과	2주 화요일 4주 화요일	오후 2:00~5:00	무료
정신과	3주 화요일 4주 목요일	오후 2:30~5:30	무료

◎ 건강검사 [예약필수]

대상	검사 장소	검사항목
신입생	대학 건강센터	구강검진, 혈압측정, 시력검사, 신체계측소변검사, 흉부X-선 검사, 혈액검사(B형간염, 빈혈, 간기능, 콜레스테롤)
2~4학년, 대학원생, 교직원	대학 건강센터	구강검진, 혈압측정, 시력검사, 신체계측소변검사, 흉부X-선 검사, 혈액검사(혈당, 간기능, 빈혈)

※ 건강검사비용은 공제회비에 포함되어 있음

◎ 일반 진료, 약국이용

예약 없이 방문	월~금 9:00~17:00	진료, 조제, 복약지도, 구급약품낭

◎ 치과

충치치료[방문예약]	월~금 9:00~17:00	
교정상담[방문예약]	화 9:00~17:00	
치석제거[예약]	월~금 9:00~17:00	14,000원
구강검사	월~금 9:00~17:00	

◎ 건강관리실(월~금 9:00~17:00)

파상풍 주사	18,000원	
B형간염 검사	5,000원	예약필수
B형간염 백신	15,000원	예약필수
독감 3가	16,000원	예약필수
독감 4가	23,000원	예약필수
장티푸스	9,000원	예약필수
수두	32,000원	예약필수

◎ 진단서 발급 [예약필수]

건강관리실 4번방	월~금 9:00~17:00	5,000원

03 건강센터에 근무하는 S씨에게 다음과 같은 문의가 들어왔다. 빈칸에 들어갈 숫자는?

> 날짜: 2017-02-07-화
> 문의: 안녕하세요. 피부과 관련하여 방문 상담 클리닉에 예약을 하려고 합니다. 포탈 업데이트로 인해 건강센터 페이지를 열 수 없고 로그인이 불가능한데, 오프라인 예약은 받지 않는지 궁금합니다. 그리고 클리닉 이용이 가능한 가장 빠른 날짜는 언제인가요?
> 답변: 방문 상담 클리닉은 예약이 필수적이고 오프라인 예약은 받지 않습니다. 피부과 상담의 가장 빠른 날짜는 (   )일입니다.

① 7
② 9
③ 14
④ 16
⑤ 21

04 다음은 L학생의 건강센터 예약확인 화면을 나타낸 것이다. L학생이 납부해야 할 금액은?

예약 항목	예약날짜	예약시간	예약확인 및 취소
방문 상담 클리닉_피부과	2017. 01. 17.	14:00	예약 중
치석제거	2017. 01. 23.	11:00	취소
치석제거	2017. 02. 15.	11:00	예약 중
진단서 발급	2017. 02. 17.	14:00	예약 중
B형간염 예방 주사	2017. 03. 06.	10:00	취소

① 14,000원
② 19,000원
③ 33,000원
④ 34,000원
⑤ 추가 납부 금액 없음

05 ○○기업은 지난 5년간 생산한 모델의 수익을 다음과 같이 계산하였다. 순이익이 높은 모델일수록 매출에 크게 기여한다고 했을 때, 매출 증대에 가장 기여도가 높은 모델은 어느 것인가?

구분	제품 개발비 (만 원)	제품 판매량 (천 개)	제품 판매 단가 (만 원)	브랜드 성장 효과(만 원)
ST−001	600	20	40	20
ST−002	800	30	50	25
VT−010	1,000	32	45	35
VT−110	2,000	36	65	55
VT−210	2,500	40	70	60

※ 브랜드 성장 효과는 제품의 판매로 얻는 브랜드 관점의 성장 정도를 원 단위로 환산한 것이다.

• 순이익 = 제품 판매 이익 − 제품 개발비
• 제품 판매 이익 = 직접 이익 + 간접 이익
• 직접 이익 = 제품 판매량 × 제품 판매 단가
• 간접 이익 = 제품 판매량 × 브랜드 성장 효과

① ST−001
② ST−002
③ VT−010
④ VT−110
⑤ VT−210

06 ○○출판사에 근무하는 B씨는 간담회에 참석하기 위하여 회사에서 출발해 인쇄소에 작업을 의뢰하고, 이후 간담회장 근처의 식당에서 식사를 한 후 간담회 장소로 이동한 뒤 회사로 복귀하려고 한다. 이때 가장 비용이 적게 드는 교통수단은 무엇이며, 시간과 비용은 얼마나 소요되는가?

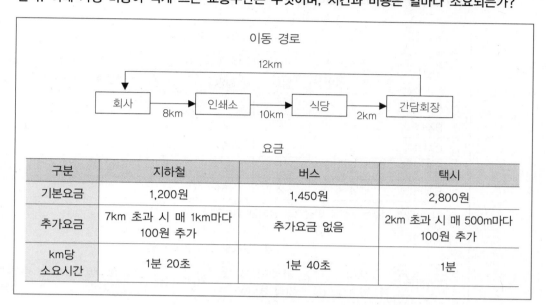

이동 경로

요금

구분	지하철	버스	택시
기본요금	1,200원	1,450원	2,800원
추가요금	7km 초과 시 매 1km마다 100원 추가	추가요금 없음	2km 초과 시 매 500m마다 100원 추가
km당 소요시간	1분 20초	1분 40초	1분

① 지하철, 42분 40초, 5,700원
② 버스, 42분 40초, 5,800원
③ 지하철, 53분 20초, 5,800원
④ 버스, 53분 20초, 6,000원
⑤ 택시, 32분, 16,000원

07 K씨는 엔화를 원화로 환전을 하려고 한다. 수수료는 최대 5만 엔을 대상으로만 부과되고 그 이상의 금액에는 수수료가 부과되지 않는다. 10%의 수수료가 부과되었고, 다음과 같은 환율이 적용되어 52,050원의 현금수수료를 지불하였다. K씨는 추가로 45,000엔에 대하여 환전을 하려고 하는데, 두 번째로 거래할 때에는 수수료율이 절반으로 줄어들고, 환율은 처음 환전할 때와 동일하다고 한다. K씨가 두 번째로 환전을 할 때 지불할 현금수수료는 원화로 얼마인가?

외화현금금액 (엔)	수수료 대상금액 (엔)	수수료 적용환율 (100엔)	수수료율 (%)	현금수수료 (원)
52,000.00	50,000.00	1,041원	10	52,050

① 15,140.5원
② 16,800원
③ 23,422.5원
④ 28,610.5원
⑤ 32,540원

08 K원자력공사에서는 신규 발전소를 건설하기 위한 입지를 선정하기 위해 후보지에 대한 평가를 진행하였다. 다음 자료를 참고할 때, 기존의 기준에 따라 선발되는 장소와 변경된 기준에 의해 선발되는 장소를 순서대로 나열하면?

입지별 평가점수

입지	냉각수 취·방수 용이성	사용연료의 반입 용이성			지반 안정성	오염방지 용이성	증설계획 여유
		철도	항만	배관망			
A지역	4	2	4	3	4	3	1
B지역	5	4	2	3	3	2	3
C지역	3	3	5	4	1	5	2
D지역	3	1	2	3	3	4	5
E지역	4	2	5	5	2	2	4

※ 각 항목별 점수는 5점을 만점으로 평가된 점수이다.

평가항목별 점수구성 비율

평가항목	냉각수 취·방수 용이성	사용연료의 반입 용이성	지반안정성	오염방지 용이성	증설계획 여유
비율	20%	30%	15%	20%	15%

※ 사용연료의 반입 용이성의 경우 철도, 항만, 배관망 점수의 평균에 비율을 적용한다.

점수구성 비율 변경사항

• 최근 K지역 강진 발생으로 지진에 대한 우려가 커짐에 따라 지반안정성 항목의 중요성이 커지게 되었다.
• 이에 따라 지반안정성의 점수구성 비율이 35%로 증가하고, 사용연료의 반입 용이성 항목의 점수구성 비율이 10%로 감소했다.

① C지역, A지역
② E지역, E지역
③ B지역, A지역
④ C지역, D지역
⑤ E지역, D지역

09 다음은 노인 장기요양 보험 서비스 중 방문요양에 대한 자료이다. 만 65세인 P씨는 장기요양 서비스 대상자이지만 기초생활수급자는 아니며, 4월 한 달 동안 60분 이상 90분 미만의 방문요양 서비스를 평일에 6회, 주말에 2회 받았다고 한다. P씨의 장기요양급여비용 중 본인이 부담해야 할 금액은 대략 얼마인가?

재가 급여 중 방문요양의 시간대별 급여비용

구분	시간			
	30분 이상	60분 이상	90분 이상	120분 이상
평일 1회 방문당 급여비용(원)	11,390	17,490	23,450	29,610
휴일 1회 방문당 급여비용(원)	14,810	22,740	30,490	38,490

> 본인부담금 = 총 급여비용 × 수급자 유형별 본인부담률
> (본인부담률: 일반대상자 15%, 기초생활수급자 0%)

① 19,600원
② 20,450원
③ 22,563원
④ 27,865원
⑤ 29,142원

10 다음은 ○○공사 신입사원 선발 채점표와 합격 점수 기준표이다. 이를 참고했을 때, 최종 합격자가 될 수 있는 지원자가 알맞게 짝지어진 것은?

○○공사 신입사원 선발 채점표

구분	은호	유미	동훈	소진	희성
직무능력	88	90	82	88	84
인성역량	79	81	90	79	80
면접	80	79	89	85	90

합격 점수 기준표

구분	점수 기준
직무능력	취득점수×0.4
인성역량	취득점수×0.2
면접	취득점수×0.6

※ 합격 점수 기준표를 토대로 확정된 최종합산점수가 100점 미만일 경우에는 탈락된다.

① 은호, 동훈, 소진
② 은호, 유미, 희성
③ 동훈, 소진, 희성
④ 동훈, 유미, 희성
⑤ 유미, 동훈, 소진

11 다음은 K철도공사의 승차권 반환 규정이다. 만약 A단체가 구매한 8명 분의 5월 1일 승차권을 4월 28일에 상담원에게 전화해 반환신청을 했다면, 얼마를 환불받을 수 있는가? (단, 승차권의 가격은 인당 21,500원이며, 발권을 마친 상태이다.)

- 승차권은 홈페이지(홈티켓, 스마트폰 승차권), 코레일톡(스마트폰 승차권)에서 반환할 수 있다.
- 승차권에 표기된 도착시각 이후에는 반환할 수 없다.
- 반환시점에 따라 반환수수료가 발생한다.
- 전화반환신청(상담원 연결)은 역 창구의 수수료 기준이 적용된다.
- 단체 할인은 10명부터 적용된다.

기간별 · 신청방법별 취소 · 반환 수수료

종류 · 방법		기간	7일 이전	3일 이전	2일 이전	1일 이전	당일~1시간 전
일반 승차권	인터넷 (앱, ARS)	취소	무료				400원
		반환					
	역	취소	400원			5%	
		반환					
단체 승차권	인터넷 (앱, ARS)	취소	무료	400원	10%		
		반환					
	역	취소	400원	5%	10%		
		반환					

① 172,000원 ② 168,800원
③ 163,400원 ④ 154,800원
⑤ 146,056원

12 다음 대화를 보고, B사원에게 주어진 〈보기〉의 업무의 순서를 올바르게 나열한 것은?

> A과장 : B씨, 내일 오후 5시에 회의가 있는 것 알죠? 기획안 먼저 작성해서 오늘 12시 이전까지 다른 부서원들 것과 통합해 보내주세요. 그리고 비품 구매 목록은 오늘 오전 10시 30분에 총무과에 올려주시고요. 오늘 4시에 외부 업체 미팅이 있으니, 3시까지 미팅 자료 숙지하시고 3시 반까지 회의실에 준비 마쳐주세요. 그리고 제가 내일 2시까지 작성하라고 했던 서류 오늘 6시까지 마감해주세요.
> B사원 : 네, 알겠습니다.
> A과장 : 아, 잠시만요. 오늘 외부 업체 미팅을 내일 4시로 미뤄야겠네요. 이에 맞춰 내일 미팅 자료와 회의실 준비를 마쳐주세요.

| 보기 |

ㄱ 기획안 작성
ㄴ 비품 구매 목록 전달
ㄷ 회의실 준비
ㄹ 외부업체 미팅 자료 숙지
ㅁ 서류 작성

① ㄱ - ㄴ - ㄷ - ㄹ - ㅁ
② ㄱ - ㄴ - ㅁ - ㄹ - ㄷ
③ ㄴ - ㄱ - ㄹ - ㄷ - ㅁ
④ ㄴ - ㅁ - ㄱ - ㄹ - ㄷ
⑤ ㄴ - ㄱ - ㅁ - ㄹ - ㄷ

[13~14] ○○공사는 신입사원 OT 때 입을 단체복을 맞추기 위해 각 부서별로 직원 투표를 실시했다. 단체복은 부서 직원 투표에서 다수결로 결정되며, 신입사원만 입기로 정했다. 또한, 10벌 이상을 주문할 경우 5벌씩 추가될 때마다 기존 금액에서 5%씩 추가 할인이 된다고 한다. 예를 들어 12벌 주문 시 10벌은 정가에, 2벌은 5% 할인가에 살 수 있다. 이때, 다음 자료를 보고 이어지는 물음에 답하시오.

부서별 단체복 투표 결과

구분	총무부	인사부	마케팅부	설비부	설계부
야구점퍼	10	15	7	7	5
후드집업	11	9	11	3	7
티셔츠	8	7	5	8	9
패딩	4	2	13	9	11
바람막이	7	10	6	20	14

2020년 ○○공사 부서별 신입사원 수

구분	인원수(명)
총무부	15
인사부	17
마케팅부	22
설비부	27
설계부	19

단체복 종류별 가격

구분	가격(원)
야구점퍼	25,000
후드집업	18,500
티셔츠	12,000
패딩	49,500
바람막이	32,000

13 부서별로 가장 많은 득표를 얻은 단체복을 구매하기로 했을 때, 총 지불해야 할 금액은 얼마인가? (단, 10원 단위는 생략한다.)

① 2,954,000원　　　　　　　　　② 3,002,000원

③ 3,114,000원　　　　　　　　　④ 3,252,000원

⑤ 3,304,000원

14 부서별로 단체복을 구매했을 때, 두 번째로 적은 금액이 나온 부서는 어디인가?

① 총무부　　　　　　　　　② 인사부

③ 마케팅부　　　　　　　　④ 설비부

⑤ 설계부

15 ○○공사는 고객센터 게시판에 올라온 이용자 불편사항, 요구 글을 시스템과 홈페이지 운영에 적극 반영하기 위해 고객센터 게시판에 글을 올린 이용자 중 점수 환산 기준에 따라 고득점자에게 선물을 지급하는 이벤트를 진행하려 한다. 이벤트 당첨 후보자 A, B, C, D, E의 정보와 점수 환산 기준이 다음과 같을 때, 당첨자와 득점이 바르게 짝지어진 것은?

이용자 의견 반영 감사 이벤트 후보 내역

구분	홈페이지 로그인 수	게시글 수	이벤트 참여 수
A	17	7	5
B	35	3	9
C	41	3	2
D	28	5	11
E	24	9	17

점수 환산 기준

구분	점수
홈페이지 로그인 수	$0 \leq x < 25 \rightarrow x \times 0.3$ $25 \leq x < 50 \rightarrow x \times 0.4$
게시글 수	$0 \leq x < 5 \rightarrow x \times 0.4$ $5 \leq x < 10 \rightarrow x \times 0.5$
이벤트 참여 수	$0 \leq x < 10 \rightarrow x \times 0.5$ $10 \leq x < 20 \rightarrow x \times 0.6$

※ 홈페이지 로그인 수, 게시글 수, 이벤트 참여 수를 점수로 환산, 합산하여 득점을 낸다.

	당첨자	득점
①	A	19.5
②	B	18.7
③	C	22.6
④	D	21.3
⑤	E	21.9

[16~18]　다음 제시문을 읽고 이어지는 물음에 답하시오.

> 자동차 생산 업체인 K회사는 차체공장, 프레스공장, 조립공장에서 오전 7시부터 오후 12시까지 자동차를 생산하고 있다. 차체공장의 한 설비는 5월 한 달 기준 전기 사용량이 3,375kWh다. 전기 사용료는 월 102만 원, 월 연료 사용료는 175만 원이 나온다. 조립공장의 한 설비와 비교했을 때 약 30%의 생산 비용이 더 들었다고 한다.
> 이에 차체공장의 해당 설비가 생산하는 부품은 외부 업체를 통해 생산하기로 했다. A회사를 통하면 33%의 전기 사용료 절감이 있는 대신 1년에 한 번씩 계약금 300만 원을 지불해야 하고, B회사를 통하면 연료 사용료 38%를 절감하는 대신 6개월에 한 번씩 계약금 200만 원을 지불해야 한다고 한다.

16　차체공장의 해당 설비가 생산하는 부품을 B회사가 2년 동안 생산하기로 했을 때, 절감되는 비용은?

① 7,540,000원　　　　　　　② 7,960,000원
③ 8,215,000원　　　　　　　④ 8,720,000원
⑤ 9,005,000원

17　차체공장의 해당 설비가 생산하는 부품을 A회사가 생산하기로 했을 때, 최소 몇 개월을 사용해야 이익을 얻을 수 있는가?

① 7개월　　　　　　　　　② 8개월
③ 9개월　　　　　　　　　④ 10개월
⑤ 11개월

18　차체공장의 해당 설비가 생산하는 부품을 A회사와 B회사가 각각 1년씩 생산했을 때, 두 회사의 생산 비용의 차이는 얼마인가?

① 2,940,800원　　　　　　　② 2,732,000원
③ 2,600,000원　　　　　　　④ 2,549,500원
⑤ 2,380,400원

[19~20] A회사 디자인팀은 2018년도에 회사 내 노트북 20대를 새로 구매하려 계획하고 있다. C, S, M 노트북 중에서 선택하려고 하고, 각 노트북의 정보가 다음과 같을 때, 이어지는 물음에 답하시오.

구분	C노트북	S노트북	M노트북
제조사	미국 C회사	한국 S회사	미국 B회사
가격	850,000원	950,000원	1,050,000원
주요 특징	• 듀얼코어 CPU • USB 포트 3개 • 외장형 그래픽카드 • FHD 해상도 • HDMI 포트 • 5시간 지속 배터리 • OS 미포함 • a/s 1년 보장	• 쿼드코어 CPU • USB 포트 2개 • 내장형 그래픽카드 • HDMI 포트 • FHD 해상도 • 9시간 지속 배터리 • OS 포함 • a/s 2년 보장	• 쿼드코어 CPU • USB 포트 3개 • 외장형 그래픽카드 • UHD 해상도 • 4시간 지속 배터리 • OS 포함 • a/s 3년 보장

19 노트북 구매를 담당하게 된 귀하는 설문조사를 통해 디자인팀 팀원들에게 필요한 노트북의 기능을 확인하였다. 기능을 충족하는 노트북을 우선적으로 구입한다고 할 때, 구입 가능한 노트북을 우선순위대로 나타내면?

• 쿼드코어 CPU	• 5시간 이상 지속 배터리
• 외장 그래픽카드	• HDMI 포트
• OS 포함	• a/s 2년 이상 보장

① C노트북 − S노트북 − M노트북   ② C노트북 − M노트북 − S노트북
③ M노트북 − S노트북 − C노트북   ④ S노트북 − C노트북 − M노트북
⑤ S노트북 − M노트북 − C노트북

20 위 문제에서 우선순위 1위의 노트북을 구매했을 때 필요한 예산으로 적절한 것은?

① 17,000,000원   ② 18,000,000원
③ 19,000,000원   ④ 20,000,000원
⑤ 21,000,000원

21 다음은 A회사의 성과급 지급 기준과 이 회사 영업팀의 성과평가 점수를 나타낸 것이다. 영업팀에 지급되는 성과급의 1년간 총액은 얼마인가?

성과급 지급 기준

성과평가는 고객 만족도, 영업 실적, 직전 분기 대비 매출 기여도를 각각 40%, 50%, 10% 반영한 10점 만점의 총합으로 계산함

성과평가 점수	등급	성과급 지급액	비고
8.9 이상	A	120만 원	
7.8 이상~8.9 미만	B	100만 원	성과평가 등급이 D등급일 경우 다음 분기 평가 등급 지급액의 10%를 차감
6.7 이상~7.8 미만	C	80만 원	
6.7 미만	D	60만 원	

영업팀 분기별 성과평가 점수

구분	1/4분기	2/4분기	3/4분기	4/4분기
고객 만족도	9	8	10	9
영업 실적	7	6	2	10
직전 분기 대비 매출 기여도	10	8	4	10

① 348만 원
② 358만 원
③ 368만 원
④ 378만 원
⑤ 388만 원

[22~23] 핸드폰 판매 대리점에 방문한 고객은 대리점 직원 B씨에게 가장 저렴한 통신사와 통신비를 문의하고 있다. 다음 자료를 보고 이어지는 물음에 답하시오.

> B씨 : 어서 오세요. 무엇을 도와드릴까요?
> 고객 : 네. 핸드폰 요금제를 바꾸려고 하거든요.
> B씨 : 고객님이 제일 많이 사용하는 서비스가 무엇이죠?
> 고객 : 전화를 2시간가량 사용하고요. 데이터는 한 달에 2GB 내외로 쓰는 것 같아요.
> B씨 : 그 외에 다른 서비스는 필요하신 게 있나요?
> 고객 : 혹시 가족들과 통신사 회선결합을 하게 되면 할인을 받을 수 있나요?
> B씨 : 네. 받을 수 있습니다. 부가서비스는 따로 필요하신가요?
> 고객 : 아뇨. 필요 없어요.

요금제	무료 통화	무료 데이터	가족결합 유무	무료 부가 서비스	가격
44요금제	60분	1GB	×	없음	48,000원
54요금제	100분	3GB	○	데이터 충전(1GB)	59,000원
55요금제	120분	2GB	×	컬러링 월 1회 무료	60,000원
66요금제	150분	3GB	○	데이터 충전(2GB)	71,000원
77요금제	180분	5GB	○	국제전화 60분 무료	85,000원
57요금제	120분	3GB	○	없음	62,000원

22 위 자료를 참고했을 때, 고객에게 가장 적합한 요금제는 무엇인가?

① 44요금제　　　　　　　　② 54요금제
③ 66요금제　　　　　　　　④ 77요금제
⑤ 57요금제

23 위와 같은 조건에서 데이터 사용량만 2GB 늘어났다고 했을 때, 고객에게 가장 적합한 요금제는 무엇인가?

① 54요금제　　　　　　　　② 55요금제
③ 66요금제　　　　　　　　④ 77요금제
⑤ 57요금제

24 ○○공단에서는 재원 확충을 위해 신규 투자처를 물색하고 있다. 향후 경기 개선 여부와 투자 사업별 예상 수익이 다음과 같다고 할 때, ○○공단은 어떤 사업에 투자를 하는 것이 바람직한가?

		투자대상 및 경기상황에 따른 수익	
구분	개선	유지	악화
A사업	8억 원	1억 원	-7억 원
B사업	7억 원	3억 원	-2억 원
C사업	3억 원	1억 원	0원
D사업	8억 원	4억 원	-3억 원
E사업	6억 원	3억 원	-1억 원

- ○○공단에서는 향후 경기가 개선될 확률이 20%, 현 상태를 유지할 확률이 30%, 악화될 확률이 50%라고 예측하고 있다.
- 기대편익이 가장 큰 사업에 투자한다.
- 기대편익이란 기대수익에서 투자비용을 뺀 금액을 말한다.
- 기대수익은 각 사업에서 각 경기 상황별로 얻을 수 있는 수익에 기대확률을 곱한 값의 합을 말한다.
- ○○공단은 1억 원을 투자할 예정인데, 투자비용 대비 기대편익이 50%를 넘지 않는 사업에는 투자하지 않는다.

① A사업
② B사업
③ C사업
④ D사업
⑤ E사업

[25~26] 다음은 S씨가 본인이 거주하는 (가) 지역에서 (나) 지역을 거쳐 회사가 있는 (다) 지역으로 출·퇴근을 할 때 각 경로의 거리와 주행속도를 나타낸 표이다. 이를 보고 이어지는 물음에 답하시오.

구간	경로	주행속도(km/h)		편도거리(km)
		출·퇴근시간대	기타 시간대	
(가) ↔ (나)	A	20	40	20
	B	15	30	
	C	30	50	
(나) ↔ (다)	D	20	50	30
	E	40	60	
	F	25	50	

※ 출근시간대는 오전 7~9시, 퇴근시간대는 오후 5~7시이다.

25 S씨가 회사에 오전 9시까지 출근해야 한다고 할 때 S씨는 집에서 늦어도 몇 시에 출발해야 지각하지 않을 수 있는가?

① 7시 45분 ② 7시 40분
③ 7시 35분 ④ 7시 30분
⑤ 7시 25분

26 S씨는 퇴근 후 회사에서 10km 떨어진 곳에 위치한 대형 마트에 들러 30분간 장을 본 후 집으로 가려 한다. S씨가 회사에서 오후 6시 30분에 나왔다면 집에 도착했을 때 가장 빠른 시간은 몇 시인가? (단, 대형 마트는 D경로상에 있다.)

① 8시 12분 ② 8시 14분
③ 8시 16분 ④ 8시 18분
⑤ 8시 20분

27 T게임사에 다니는 신입사원 ○○씨는 9GB 크기의 게임 업데이트 데이터를 데이터 서버에 업로드 하려 한다. 한 대의 PC로만 업로드하기에는 시간이 너무 오래 걸려 업데이트 데이터를 같은 크기로 나누어 A, B, C, D, E, F 6대의 PC로 나누어 업로드하기로 했다. 6대의 PC를 이용해 동시에 업로드를 시작했는데, A PC가 업로드를 20% 완료한 시점에서 오류가 발생해 A PC가 업로드하지 못한 데이터를 다른 5대의 PC 중 하나를 이용해 업로드를 마저 진행하려 한다. 최단 시간 내에 업로드를 마치려고 할 때, 사용할 수 있는 PC와 이때 걸리는 시간을 구하면?

구분	다운로드 속도(MB/sec)	업로드 속도(MB/sec)
B	10	5
C	15	10
D	8	6
E	6	3
F	12	4

※ 1GB는 1,000MB이며, 서버에 업로드된 데이터는 소실되지 않는다.

① F 또는 D, 8분
② B 또는 D, 8분 10초
③ C 또는 D, 8분 20초
④ B 또는 C, 8분 30초
⑤ E 또는 B, 8분 40초

28 ○○인터넷 쇼핑몰에서는 어린이날을 맞아 어린이용 제품에 대해 특가세일을 기획하고 있다. 다음 판매 자료를 토대로 진행된 회의에서 나왔을 대화로 적절하지 않은 것은?

제품	정가	할인율	판매량
토끼 인형	35,000원	25%	1,000개
자동차 로봇	54,000원	20%	1,300개
소꿉놀이 세트	78,000원	15%	2,000개
어린이용 자전거	89,000원	27%	800개
미니 미끄럼틀·그네 세트	99,000원	25%	1,300개

① A팀장 : 타 쇼핑몰과 할인율을 비교해 볼 필요가 있을 것 같아요.
② B사원 : 어린이용 자전거 판매량이 가장 부진하네요.
③ C사원 : 소꿉놀이 세트는 1억 원 이상의 매출액이 나오겠는데요.
④ D주임 : 소꿉놀이 세트는 할인율을 더 높여야 하지 않을까요?
⑤ E사원 : 미니 미끄럼틀·그네 세트는 1억 원 이상의 매출액을 얻을 수 있겠네요.

29 다음 팀장의 지시사항에 따라 M사원이 처리해야 할 〈보기〉의 업무를 순서대로 바르게 나열한 것은?

> 팀장: 지금 2시 25분이네요. 5분 뒤에 나가봐야 하니 급하게 업무지시를 할게요. 내일 오후 2시 반에 회의가 진행되는데, 내일 아침에 회의실 상태를 체크해서 업무보고 때 알려주세요. 그리고 내일은 신제품에 관련해 회의가 진행되는데, 개발 연구소에서 시제품이 내일 오전 8시에나 완성될 것 같다고 하네요. 왕복 2시간 거리니 시간 나는 대로 받아 와야 할 겁니다. 그리고 영업팀에 방문해서 신제품 관련 PPT 파일을 받아서 인쇄소에 맡겨주세요. 인쇄소는 오늘 5시에 닫는다고 했으니 최대한 빨리 넘겨주세요. 영업팀은 신관 20층에 위치해 있으니 오가는 데 20분 정도 걸릴 겁니다. 내일 오전 9시 반에 업무보고를 받을 테니 그때 저에게 인쇄된 파일을 제출해 주면 됩니다.

┤ 보기 ├

㉠ 시제품 받아오기
㉡ PPT 파일 받아오기
㉢ 인쇄소 방문
㉣ 업무보고
㉤ 회의실 마이크 체크

① ㉠ - ㉡ - ㉢ - ㉣ - ㉤   ② ㉡ - ㉢ - ㉤ - ㉣ - ㉠
③ ㉠ - ㉢ - ㉡ - ㉣ - ㉤   ④ ㉠ - ㉣ - ㉤ - ㉢ - ㉡
⑤ ㉡ - ㉢ - ㉣ - ㉤ - ㉠

30 ○○공사는 시도별로 우수 직원들을 선발하여 인근 휴양지로 격려 여행을 보내주는 제도를 시행하려고 한다. 현재 충청권에는 대전충남지역본부(대전), 충북지역본부(청주), 천안아산지사(천안)가 있는데, 선발된 직원들은 대천이나 서산으로 여행을 가게 된다. 교통비만을 고려했을 때, 최소 비용으로 갈 수 있는 휴양지는 어디이며, 그때의 교통비는 얼마인가?

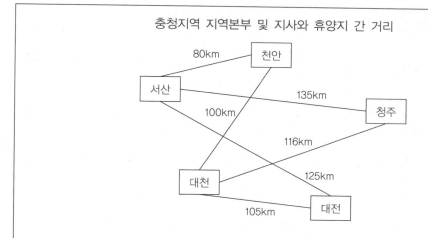

충청지역 지역본부 및 지사와 휴양지 간 거리

지역본부 및 지사별 참가 인원

대전충남지역본부	충북지역본부	천안아산지사
40명	35명	27명

참고 사항

- 관광버스 또는 미니버스를 대절하여 이동한다.
- 관광버스는 30인 이상, 미니버스는 20인 이상 30인 이하일 경우 이용한다.
- 관광버스 대절 비용은 1km당 2,000원이고, 미니버스의 대절 비용은 1km당 1,500원이다.
- 교통비는 관광버스 또는 미니버스 대절 비용만을 의미한다.

① 서산, 592,000원
② 대천, 592,000원
③ 서산 640,000원
④ 대천, 640,000원
⑤ 서산, 622,000원

31 다음은 C택배사 물류창고에 입고되어 출고를 기다리는 택배 코드와 코드정보에 관한 자료이다. 이에 대한 설명으로 옳지 않은 것은?

상자 식별 코드

CA-CD-01-0001	CB-CD-02-0203	CB-CB-10-0025
CB-CD-03-0032	CB-CC-03-0123	CE-CD-02-0068
CD-CC-02-0314	CD-CD-02-0109	CA-CA-01-0020
CD-CA-03-0330	CE-CC-01-0320	CE-CA-02-0340
CA-CE-05-0130	CE-CA-10-0111	CE-CC-10-0031
CE-CA-03-0035	CA-CD-02-0010	CA-CD-03-0033
CA-CA-01-0302	CC-CD-04-0102	CC-CB-04-0026
CB-CE-03-0200	CA-CD-02-0178	CB-CC-01-0157
CA-CC-02-0089	CB-CE-01-0257	CD-CB-03-0367
CC-CD-03-0200	CB-CA-02-0054	CD-CA-02-0085

※ 코드는 [출발지] - [목적지] - [제품분류] - [입고순서]의 순서로 부여된다.

코드정보

지역코드	지역	제품분류	제품군
CA	경기도	01	전자제품
CB	강원도	02	의류/잡화
CC	충청도	03	가정용품
CD	전라도	04	스포츠용품
CE	경상도	05	화장품
		10	깨지기 쉬운 용품

① 입고된 상자 중 1개의 화장품 상품이 있다.
② 전라도로 배송되는 상품은 10개이다.
③ 충청도에서 출발한 상품이 제일 적다.
④ 경기도로 배송되는 상품은 의류/잡화가 제일 많다.
⑤ 경상도에서 경기도로 배송되는 상품은 4개가 있다.

[32~33] 다음 자료를 보고 이어지는 물음에 답하시오.

최근 가창력이 뛰어난 가수들이 매주 공연을 한 뒤, 청중 투표를 통해 탈락자를 결정하는 프로그램이 인기를 얻고 있다. 이 프로그램은 100명의 청중평가단이 가수 4명의 공연을 본 후 본인이 가장 마음에 드는 가수 1명에게 투표를 하고 그 결과를 토대로 득표수가 가장 적은 사람이 탈락하는 방식이다. 그러나 기존 투표 방식에 문제가 있다는 지적이 계속되자, 제작진은 가수 4명의 공연이 끝난 뒤 청중평가단에게 선호도에 따라 1위부터 4위까지의 순위를 매겨 제출하도록 하였다. 그 결과는 다음 표와 같다.

선호도 조사결과

(단위 : 명)

가수 \ 선호순위	1	2	3	4
A	10	50	30	10
B	20	30	20	30
C	30	10	20	40
D	40	10	30	20

※ 위 표의 청중평가단 선호순위는 어떤 투표방식하에서도 동일하며, 청중평가단은 그 선호순위에 따라 투표한다.

32 가장 선호하는 가수 두 명의 이름을 우선순위 없이 적어서 제출하는 방식으로 투표한다고 할 때, 최고득표자와 최저득표자를 올바르게 짝지은 것은?

① A, B　　　　　　　　　② A, C
③ C, B　　　　　　　　　④ D, B
⑤ D, C

33 가장 선호하는 가수 한 명에게만 투표하는 기존의 방식을 그대로 적용할 때의 탈락자와 가장 선호하지 않는 가수 한 명에게 투표해 가장 많은 득표를 받은 가수를 탈락시킬 때의 탈락자를 올바르게 짝지은 것은?

① A, B　　　　　　　　　② A, C
③ C, D　　　　　　　　　④ D, B
⑤ D, C

[34~35] 다음은 C지역 지역문화센터의 프로그램 신청 절차에 대한 자료이다. 이를 보고 이어지는 물음에 답하시오.

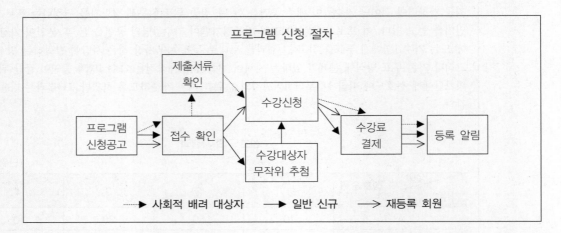

신청 단계별 처리비용	
절차	1건당 처리비용
접수 확인	200원
제출서류 확인	2,500원
무작위 추첨	1,000원
수강신청	800원
수강료 결제	500원
등록 알림	200원

2020 상반기 신청자 현황	
사회적 배려 대상자	10명
일반 신규	35명
재등록 회원	15명

34 2020년 상반기 강좌 등록의 최대 인원이 50명이라고 할 때, 프로그램 신청 절차에 드는 최대 비용은?

① 122,000원
② 130,000원
③ 147,000원
④ 174,500원
⑤ 199,500원

35 C지역에서는 지역문화 발전과 복지정책의 일환으로 지역문화센터의 사회적 배려 대상자와 재등록 수강자의 합계 인원이 정원의 90% 이상인 경우, 일반 신규 등록인원의 유치를 위해 추가로 필요한 강의실과 예산을 지원하고 있다. C지역에서 바라보는 일반 신규 등록인원의 적정비율은 전체의 35% 수준이라고 한다. 다음 표에서 2021년 상반기에 일반 신규 등록자의 인원이 적정 비율을 만족할 때, 일반 신규 등록자의 수강신청과 수강료 결제과정에서 사용되는 비용의 합은?

구분	2020년 하반기	2021년 상반기
사회적 배려 대상자	15명	22명
일반 신규	5명	
재등록 회원	40명	30명
정원	60명	

① 14,000원
② 22,400원
③ 36,400원
④ 45,500원
⑤ 67,600원

[36~38] 다음은 ○○공사 H팀의 성과상여금 지급기준이다. 이를 보고 이어지는 물음에 답하시오.

3월 성과상여금 지급기준

1. 지급원칙
   • 성과상여금은 적용대상 사원에 대하여 성과(근무성적, 업무 난이도, 조직 기여도의 평점 합) 순위에 따라 지급한다.
   • 적용대상 사원에는 계약직을 포함한 4급 이하 모든 사원이 포함된다.

2. 상여금의 배분
   성과상여금은 아래의 지급기준액을 기준으로 한다.

5급 이상	6급~7급	8급~9급	계약직
500만 원	400만 원	200만 원	200만 원

3. 지급등급 및 지급률
   • 5급 이상

지급등급	S등급	A등급	B등급	C등급
성과 순위	1위	2위	3위	4위 이하
지급률	180%	150%	120%	80%

   • 6급 이하 및 계약직

지급등급	S등급	A등급	B등급
성과 순위	1위~2위	3위~4위	5위 이하
지급률	150%	130%	100%

4. 지급액 등
   • 개인별 성과상여금 지급액은 지급기준액에 해당등급의 지급률을 곱하여 산정한다.
   • 계약직의 경우 3월 기준 A등급 이상인 경우 4월 1일자로 정규직 7급으로 전환한다.

3월 ○○공사 H팀 성과 및 직급

사원	평점			직급
	근무성적	업무 난이도	조직 기여도	
가	8	5	7	계약직
나	9	10	8	7급
다	10	6	9	계약직
라	8	8	6	4급
마	5	5	8	5급
바	9	9	10	6급
사	8	9	6	3급

36 적용대상 사원 중 성과상여금을 가장 많이 받는 사원과 가장 적게 받는 사원의 금액 차이로 알맞은 것은?

① 140만 원

② 200만 원

③ 240만 원

④ 300만 원

⑤ 400만 원

37 적용대상 사원 중 5급 이상 직위의 직원들의 성과상여금 수령액 합과 나머지 직원들의 수령액의 합의 차이는 얼마인가?

① 460만 원

② 600만 원

③ 660만 원

④ 860만 원

⑤ 900만 원

38 4월 기준 H팀 정규직 직원들 중에서 6급 이하의 비율은 얼마인가?

① $\frac{1}{7}$

② $\frac{1}{3}$

③ $\frac{1}{2}$

④ $\frac{2}{5}$

⑤ $\frac{3}{5}$

[39~41] 다음 그래프는 주요국 종주도시지수 및 각국 수위도시 A, B, C, D, E, F, G의 국제적 기능성을 나타낸 것이다. 이를 보고 이어지는 물음에 답하시오.

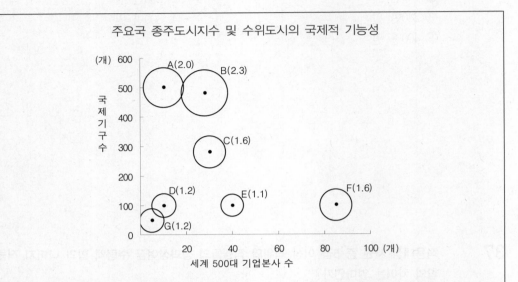

주요국 종주도시지수 및 수위도시의 국제적 기능성

1. 수위도시는 각국에서 실제인구가 가장 많은 도시이고, 도시순위는 실제인구가 많은 순임
2. 괄호 안의 숫자는 종주도시지수를 나타내고, 원의 면적은 종주도시지수에 비례함

$$종주도시지수 = \frac{수위도시\ 실제인구}{2위\ 도시\ 실제인구}$$

3. 수위도시를 제외한 도시의 도시순위를 이용한 추정인구는 다음 식을 따름

$$도시의\ 추정인구 = \frac{수위도시\ 실제인구}{해당도시\ 순위}$$

4. 원의 중심의 좌표는 해당 수위도시에 소재한 세계 500대 기업본사 수와 국제기구 수를 의미함

39 세계 500대 기업본사 수와 국제기구 수 모두 C보다 적은 수위도시는 몇 개인가?

① 0개

② 1개

③ 2개

④ 3개

⑤ 4개

40 E의 실제인구가 100만 명일 때, E가 속한 국가의 3위 도시의 추정인구는 몇 명인가? (단, 천의 자리에서 반올림한다.)

① 30만 명

② 33만 명

③ 34만 명

④ 50만 명

⑤ 67만 명

41 D의 실제인구가 80만 명이라면, D가 속한 국가의 2위 도시 실제인구는 몇 명인가? (단, 천의 자리에서 반올림한다.)

① 40만 명

② 66만 명

③ 67만 명

④ 70만 명

⑤ 72만 명

[42~44] 다음 표는 H공사에 근무 중인 사원 V, W, X, Y, Z의 해외 출장 현황 및 출장 국가별 여비 지급 기준액과 출장 여비 지급 기준 조건을 나타낸 자료이다. 이를 보고 이어지는 물음에 답하시오.

H공사 사원 해외 출장 현황

출장자	출장 국가	출장 기간	1박 실지출 비용 ($/박)	출장 시 개인 마일리지 사용 여부
V	A	3박 4일	145	미사용
W	A	3박 4일	130	사용
X	B	3박 5일	110	사용
Y	C	4박 6일	75	미사용
Z	D	5박 6일	75	사용

※ 각 출장자의 출장 기간 중 매박 실지출 비용은 변동 없음

출장 국가별 1인당 여비 지급 기준액

출장국가＼구분	1일 숙박비 상한액($/박)	1일 식비($/일)
A	170	72
B	140	60
C	100	45
D	85	35

출장 여비 지급 기준 조건

1. 출장 여비($) = 숙박비 + 식비
2. 숙박비는 숙박 실지출 비용을 지급하는 실비지급 유형과 출장국가 숙박비 상한액의 80%를 지급하는 정액지급 유형으로 구분
   - 실비지급 숙박비($) = (1박 실지출 비용) × ('박' 수)
   - 정액지급 숙박비($) = (출장국가 1일 숙박비 상한액) × ('박' 수) × 0.8
3. 식비는 출장 시 개인 마일리지 사용 여부에 따라 출장 중 식비의 20% 추가지급
   - 개인 마일리지 미사용 시 지급 식비($) = (출장국가 1일 식비) × ('일' 수)
   - 개인 마일리지 사용 시 지급 식비($) = (출장국가 1일 식비) × ('일' 수) × 1.2

42　숙박비 지급방식이 실비지급일 때, 출장 여비를 두 번째로 많이 지급받는 출장자의 출장여비와 가장 적게 지급받는 출장자의 출장여비를 순서대로 바르게 나열한 것은?

① 735.6$, 585$

② 723$, 570$

③ 723$, 585$

④ 690$, 627$

⑤ 690$, 585$

43　숙박비 지급방식이 정액지급일 때, 출장 여비를 가장 많이 지급받는 출장자는?

① V

② W

③ X

④ Y

⑤ Z

44　다른 조건과 상황은 그대로이고, 숙박비 지급 유형이 다음과 같이 적용된다면, 지급받는 출장여비가 세 번째로 많은 출장자는?

출장자	숙박비 지급 유형
V	정액지급
W	실비지급
X	실비지급
Y	정액지급
Z	실비지급

① V

② W

③ X

④ Y

⑤ Z

[45~47] 다음 표는 탄소포인트제 가입자 A, B, C, D의 에너지 사용량 감축률 현황과 탄소포인트 지급 기준을 나타낸 자료이다. 이를 보고 이어지는 물음에 답하시오.

가입자 A~D의 에너지 사용량 감축률 현황

(단위: %)

에너지 사용유형 \ 가입자	A	B	C	D
전기	2.9	15.0	14.3	6.3
수도	16.0	15.0	5.7	21.1
가스	28.6	26.1	11.1	5.9

탄소포인트 지급 기준

(단위: 포인트)

에너지 사용유형 \ 에너지 사용량 감축률	5% 미만	5% 이상~10% 미만	10% 이상
전기	0	5,000	10,000
수도	0	1,250	2,500
가스	0	2,500	5,000

※ 가입자가 지급받는 탄소포인트 = 전기 탄소포인트 + 수도 탄소포인트 + 가스 탄소포인트

45 위 지급 기준에 따라 가입자 A, B, C, D가 탄소포인트를 지급받을 때, 탄소포인트를 가장 많이 지급받는 가입자와 탄소포인트를 알맞게 짝지은 것은?

① A － 25,000 ② B － 17,500
③ B － 20,000 ④ C － 16,250
⑤ C － 17,500

46 전기를 제외하고 수도 포인트와 가스 포인트만 합산해서 탄소포인트를 구할 때, 탄소포인트를 가장 적게 지급받는 가입자와 탄소포인트를 알맞게 짝지은 것은?

① B － 12,500 ② B － 7,500
③ C － 6,250 ④ D － 7,500
⑤ D － 5,000

47 다른 조건과 상황은 그대로이고 탄소포인트 지급 기준만 다음과 같이 달라진다면, 탄소포인트를 세 번째로 많이 받는 사람의 탄소포인트는 얼마인가?

(단위 : 포인트)

에너지 사용유형 \ 에너지 사용량 감축률	5% 미만	5% 이상~10% 미만	10% 이상
전기	500	2,500	5,000
수도	500	1,250	5,000
가스	500	5,000	10,000

① 20,000

② 17,500

③ 16,250

④ 15,500

⑤ 10,000

정답 및 해설. 37p

[48~50] 다음은 소비자의 책임으로 계약을 해제할 때 적용되는 공정거래위원회의 표준약관상 숙박업소의 환불규정이다. 이를 보고 이어지는 물음에 답하시오.

숙박업소 환불규정			
구분	환불신청 날짜	주중	주말
비수기	2일 전	전액 환불	전액 환불
	1일 전	90% 환불	80% 환불
	당일·불참	80% 환불	70% 환불
성수기	10일 전	전액 환불	전액 환불
	7일 전	90% 환불	80% 환불
	5일 전	70% 환불	60% 환불
	3일 전	50% 환불	40% 환불
	당일·1일 전	20% 환불	10% 환불

□ 성수기 기준
• 여름: 7월 15일~8월 24일
• 겨울: 12월 20일~2월 20일

□ 주중/주말 기준
• 주중: 일요일~목요일, 공휴일 당일
• 주말: 금요일, 토요일, 공휴일 전일

48 T보증기금의 어느 부서의 직원들은 새해를 맞아 부서원들의 단합을 위해 1월 9일에 1박을 할 수 있는 여수의 펜션을 예약했다. 그런데 회사에 사정이 생겨 갈 수 없게 되어 12월 31일 화요일에 예약을 취소했다. 14만 원짜리 객실 6개를 선불로 예약했다면, 환불받을 수 있는 금액은 얼마인가?

① 504,000원
② 588,000원
③ 672,000원
④ 756,000원
⑤ 840,000원

49 노력 끝에 원하던 공공기관에 입사하게 된 Y씨는 친한 친구들과 8월 11일부터 13일까지 삼척으로 여행을 가기로 하고 숙소를 예약했다. 그런데 갑작스러운 일정이 생긴 친구가 있어 예약을 취소하려고 한다. 8월 8일 수요일에 취소 신청을 했고 미리 지불한 숙박료가 25만 원이라면 얼마를 환급받을 수 있겠는가? (단, 여행기간 한 숙소에서 숙박을 하고, 주말 숙박료는 주중 숙박료보다 50% 비싸다.)

① 100,000원 ② 110,000원
③ 125,000원 ④ 150,000원
⑤ 160,000원

50 C보증기금 대전지사에 근무하는 L사원은 7월 14일 금요일에 대구로 출장을 갈 예정인데, 업무를 마치고 포항으로 이동해 숙박하고, 해안선을 따라 남쪽으로 이동해 부산에서 하루 더 숙박한 후 대전으로 돌아올 예정이다. 그런데 출장을 가기 하루 전날 갑자기 출장이 취소되어 L사원은 숙소 예약을 취소하기로 했다. L사원이 환불받는 금액은 얼마인가? (단, 포항 숙소의 숙박료는 8만 원, 부산 숙소의 숙박료는 14만 원이다.)

① 78,000원 ② 80,000원
③ 82,000원 ④ 84,000원
⑤ 92,000원

정답 및 해설. 39p

01 K정당의 당대표 선출을 위한 경선에 A, B, C, D, E 5명의 후보가 출마하였다. 다음 표는 경선 후보별 지지율을 나타낸 것이다. 〈보기〉의 선출방식에 따라 선출되는 후보자를 바르게 짝지은 것은?

K정당 경선 후보별 지지율

(단위 : %)

구분	당원투표	선거인단 경선	1차 여론조사	2차 여론조사
A	30	20	20	15
B	25	25	20	20
C	17	20	20	25
D	15	15	15	12
E	10	15	5	23
무응답 · 기권	3	5	20	5
합계	100	100	100	100

┤ 보기 ├

방식 1. 당원투표와 선거인단 경선의 지지율을 합산한 수치가 가장 높은 후보를 선출한다.
방식 2. '당원투표 : 선거인단 경선 : 2차 여론조사'의 비중을 '3 : 4 : 5'로 하여 지지율을 합산한 수치가 가장 높은 후보를 선출한다.
방식 3. '당원투표 : 선거인단 경선 : 1차 여론조사 : 2차 여론조사'의 비중을 '2 : 2 : 1 : 1'로 하여 지지율을 합산한 수치가 가장 높은 후보를 선출한다.

※ 단, 합산 결과가 동점이면 어떤 후보도 선출되지 않고 전년도 당선자 F가 자동 선출되는 것으로 함

① 방식 1 − A
② 방식 1 − B
③ 방식 2 − A
④ 방식 3 − B
⑤ 방식 3 − C

02 A, B, C, D 국가의 대표가 1명씩 참석하는 4개국 회의가 개최 중이다. 다음 경제 현황을 나타낸 표와 〈보기〉의 각 국가별 대표의 발언을 참고할 때, 각국 대표와 국가 그리고 경상수지 흑자·적자 여부를 바르게 짝지은 것은?

경제 현황

구분	A국	B국	C국	D국
1인당 GDP($)	45,000	3,000	40,000	20,000
경제성장률(%)	2	10	0	4
실업률(%)	9	4	5	3.5
금리(%)	3	5	2	2
물가상승률(%)	1	7	0	3
A국에 대한 수출(백만$)	—	220	100	40
B국에 대한 수출(백만$)	80	—	130	90
C국에 대한 수출(백만$)	50	100	—	20
D국에 대한 수출(백만$)	30	60	50	—
총수출(백만$)	1,100	1,200	600	360
총수입(백만$)	1,600	1,000	550	330

| 보기 |

가 : 우리나라는 본 회의 참가국들로부터의 수입 총액이 가장 적습니다.

나 : B국이 외환시장에 지속적으로 개입하여 자국 화폐의 가치를 상대적으로 낮게 유지하는 바람에 우리나라의 경상수지에 적자가 발생하고 있습니다.

다 : 우리나라는 회의에 참가한 국가 중 고통지수가 가장 낮습니다.

라 : A국의 경상수지 적자는 A국에 내재된 문제 때문입니다. 우리나라의 환율은 경제상황을 정확하게 반영하고 있을 뿐입니다.

※ 경상수지 = 수출 − 수입
※ 고통지수 = 물가상승률 + 실업률

	대표	국가	경상수지 흑자·적자 여부
①	가	D	적자
②	나	A	흑자
③	나	C	흑자
④	다	C	흑자
⑤	라	A	적자

[03~04] 다음은 K전자의 제품보상기준의 일부분이다. 이를 보고 이어지는 물음에 답하시오.

1. 정상적인 사용상태에서 자연 발생한 성능, 기능상의 고장 발생 시 보상내역

소비자 피해 유형	보상내역	
	보증기간 이내	보증기간 경과 후
구입 10일 이내에 중요한 수리를 요하는 경우	제품교환 또는 구입가 환불	유상수리
구입 1개월 이내에 중요 부품에 수리를 요하는 경우	제품교환 또한 무상수리	
교환한 제품이 1개월 이내에 중요한 수리를 요하는 경우	구입가 환불	
교환 불가능 시		
하자 발생 시	무상수리	
동일 하자에 대하여 수리했으나 고장이 재발(3회째)	제품교환 또는 구입가 환불	
여러 부위의 고장으로 총 4회 수리받았으나 고장이 재발(5회째)		
수리 불가능 시		
소비자가 수리 의뢰한 제품을 사업자가 분실한 경우 또는 1개월 이상 미인도 시		정액 감가상각한 금액에 10%를 가산하여 환불
수리용 부품을 보유하고 있지 않아 수리가 불가능한 경우		정액 감가상각한 금액에 5% 가산하여 환불

2. 소비자의 고의, 과실에 의한 성능, 기능상의 고장 발생 시 보상내역

소비자 피해 유형	보상내역	
	보증기간 이내	보증기간 경과 후
수리가 가능한 경우	유상수리	유상수리
수리가 불가능한 경우	유상수리에 해당하는 금액 징수 후 제품교환	

3. 아래의 경우 모두 유상수리로 처리된다.
- 천재지변(화재, 염해, 가스, 지진, 풍수해 등)에 의해 고장이 발생하였을 경우
- 사용상 정상 마모되는 소모성 부품을 교환하는 경우
- 사용전원의 이상 및 접속기기의 불량으로 인하여 고장이 발생하였을 경우
- 기타 제품 자체의 하자가 아닌 외부 원인으로 인한 경우
- 대리점이나 서비스센터의 수리기사가 아닌 사람이 수리 또는 개조하여 고장이 발생하였을 경우
- 제품 기능 사용설명 및 분해하지 않고 처리하는 간단한 조정 시(1회 무료, 2회부터 유료)
※ 고장이 아닌 경우 서비스를 요청하면 요금을 받게 되므로 반드시 사용설명서를 읽어주세요.

4. 부품 보유·보증기간
- 주요 부품 보유기간
  TV, 냉장고 : 8년 / 전자레인지, 에어컨, 청소기, 정수기 : 7년 / 세탁기, 가스레인지 : 6년 / 선풍기,
  홈시어터, 안마의자 : 5년 / 핸드폰, PC 및 주변기기, 노트북, MP3플레이어 : 4년
  ※ 상기 제품의 보증기간은 2년. 상기 이외 제품은 품질 보증기간 1년, 부품 보유기간 5년
- 핵심 부품 보증기간
  에어컨의 콤프레서 : 4년 / 냉장고의 콤프레서, 세탁기의 모터 : 3년

03 K전자의 가스레인지를 구매한 고객 A는 오늘 유상수리를 받았다. 이 상황과 관련된 설명으로 옳지 않은 것은?

① 화재에 의해 가스레인지가 고장 났을 가능성이 있다.
② A의 고의, 과실에 의한 성능, 기능상의 고장으로 수리를 받았을 가능성이 있다.
③ 분해하지 않고 처리하는 간단한 조정으로 수리했다면 오늘의 수리는 첫 번째였을 것이다.
④ 정상적인 사용 상태에서 자연 발생한 기능상의 고장으로 동일 하자에 대하여 2번 수리했으나 고장이 재발하여 유상수리를 받은 것이라면 고객 A가 가스레인지를 구매한 지 2년이 넘었을 것이다.
⑤ K전자 대리점이나 서비스센터의 수리기사가 아닌 사람이 개조하여 고장이 발생하였을 경우 보증기간에 관계없이 유상수리를 받아야만 했을 것이다.

04 위 자료를 참고할 때, 소비자 피해 유형에 따른 보상내역이 바르게 짝지어진 것은?

① 6개월 전 구매한 노트북에 자연 발생한 기능상 고장이 발생해 수리를 맡겼으나 사업자가 그 후 1개월 이상 미인도한 경우 – 정액 감가상각한 금액에 10%를 가산하여 환불
② 7년 전 구매한 TV가 지진에 의해 고장이 난 경우 – 유상수리에 해당하는 금액징수 후 제품 교환
③ 3년 전 구매한 세탁기가 정상적인 사용 상태에서 자연 발생한 성능상의 고장이 발생했으나 수리가 불가능한 경우 – 제품교환 또는 구입가 환불
④ 2년 전 구매한 MP3플레이어의 사용상 정상 마모되는 소모성 부품을 교환하는 경우 – 유상수리
⑤ 구입한 지 3주 된 냉장고가 중요 부품 수리를 요하는 경우 – 구입가 환불

[05~06] P공사는 본사 이전 공사를 위해 입찰시스템에 등록하고자 하는 A, B, C, D, E업체 중 하나를 선택하여 계약을 맺으려 한다. 다음 자료를 보고 이어지는 물음에 답하시오.

업체 계약 조건

1. 입찰시스템에 등록되지 않은 업체와는 계약할 수 없다.
2. 순편익이 가장 높은 업체를 선택하며, 이때 순편익은 본사이전 편익에서 공사비용을 뺀 값이다.
3. 사전평가점수 총점이 60점 이상인 업체만을 입찰시스템에 등록시키고, 평가항목 중 하나에서라도 분류배점의 40% 미만이 나올 경우에는 등록 자체가 불가하다.
4. 공사 착공일은 3월 1일이며, 같은 해 7월 10일까지는 공사가 완공되어야 한다.

업체별 정보

구분	A업체	B업체	C업체	D업체	E업체
공사소요기간(일)	120	100	140	125	130
공사비용(억 원)	16	10	18	13	11
본사이전 편익(억 원)	18	12	25	17	16
안전성	上	上	中	中	下

업체별 사전평가점수

평가 항목	분류배점	A업체	B업체	C업체	D업체	E업체
가격	30	18	26	17	18	25
품질	20	17	16	15	13	12
수요기관 만족도	20	14	7	15	13	11
서비스	30	22	27	18	15	27

---

05 P공사와 계약을 맺게 될 업체는?

① A업체　　　　　　　　　② B업체
③ C업체　　　　　　　　　④ D업체
⑤ E업체

06 위 계약 조건의 조건 3과 4가 다음과 같이 변경되고, 안전성이 '上'일 경우 2억 원의 본사이전 편익이 추가로 발생한다면 P공사는 어떤 업체와 계약을 맺게 되는가?

---

3. 사전평가점수 총점이 70점 이상인 업체만을 입찰시스템에 등록시키고, 평가항목 중 하나에서라도 분류배점의 30% 미만이 나올 경우에는 등록 자체가 불가하다.
4. 공사 착공일은 3월 1일이며, 같은 해 8월 10일까지 공사가 완공되어야 한다.

---

① A업체　　　　　　　　　② B업체
③ C업체　　　　　　　　　④ D업체
⑤ E업체

[07~08] L공사 인사관리부서는 사용연한이 지난 사무실 책상을 교체하기로 결정하고 부서 직원들에게 설문조사를 실시해 새로 들여올 책상에 꼭 필요하다고 생각하는 기능을 알아보았다. 다음의 설문조사 내용과 제조사별 책상의 사양을 참고하여 이어지는 물음에 답하시오.

기능별 선호도 설문조사 결과

- 현재보다 큰 책상: 7명(현재 크기 110cm×100cm)
- 많은 수납공간(서랍 수 최소 4개 이상): 6명
- 스탠딩 기능: 8명
- 세련된 디자인: 5명
- 재질 선호도(철제: 3명, 목제: 4명, 상관없음: 3명)

설문조사는 사무실 직원 10명을 대상으로 실시했으며, 설문조사 결과 많은 사람이 선호하는 기능을 우선 고려한다. 선택을 많이 받은 3개의 기능을 가진 책상을 구매하며, 조건을 만족하는 책상이 여러 개일 경우 가장 저렴한 책상을 구매한다.

구매할 수 있는 책상 사양

제조사	재질	크기(cm) 가로	크기(cm) 세로	서랍 수	디자인 평점	스탠딩	가격
A	목제	150	100	3	6	무	55만 원
B	목제	140	120	5	4	유	65만 원
C	철제	110	90	4	8	무	75만 원
D	목제	150	120	2	6	무	60만 원
E	철제	130	100	4	9	유	80만 원
F	철제	90	70	5	7	무	55만 원
G	철제	120	90	3	5	유	85만 원
H	목제	140	110	3	6	무	40만 원
I	철제	110	100	4	8	유	75만 원

---

07 인사관리부서는 어떤 책상을 구매하겠는가?

① B ② C
③ E ④ G
⑤ I

08 책상을 구매하는 기준이 다음과 같이 바뀐다면 어떤 책상을 구매하겠는가?

- 비용 문제로 스탠딩 기능이 없는 책상을 선택함
- 사무실 공간 문제로 가로 길이가 130cm 이하여야 함
- 위의 두 조건을 만족하는 책상 중 디자인 평점이 높은 책상을 구매함

① A ② C
③ D ④ E
⑤ F

[09~10] H공단은 입사 3년차인 직원 45명을 대상으로 애사심을 높이고, 이들을 격려하기 위한 행사를 진행하기로 했다. 다음 자료를 보고 이어지는 물음에 답하시오.

□ 행사 개요
  • 일시 : 2020년 3월 24일 09:00
  • 대상 : 사장 1명, 임원 2명, 행사 진행 5명, 입사 3년차 직원 45명
  • 주요 행사 내용 : 회사 비전 강의, 오찬 겸 간담회, 관광지 답사 등
  ※ 오찬 시 행사 진행을 돕는 직원들도 식사를 함께 함

□ 이용 가능한 식당

구분	수용인원	테이블	대형 룸	영상장비	마이크	예약
A	최대 60명	원형	○	○	○	2일 전까지
B	최대 40명	사각	×	○	×	1일 전까지
C	최대 65명	사각	○	×	×	3일 전까지
D	최대 50명	원형	×	○	○	2일 전까지

09 행사를 기획하는 S대리는 주어진 조건을 고려해 오찬 겸 간담회를 진행할 식당을 예약하려고 한다. 다음 중 식당을 결정하는 과정에 대한 설명으로 옳지 않은 것은?

① 인원을 고려할 경우 2개 식당을 대상에서 제외해야 한다.
② 기존에 예약한 식당이 있는데 사정이 생겨 3월 23일에 위 4개의 식당 중 하나를 예약해야 하는 상황이라면 B식당을 예약해야 한다.
③ 행사 진행을 위해 마이크가 반드시 필요하다면 이용할 수 있는 식당은 1개이다.
④ 원형테이블을 갖춘 대형 룸이 필요하다면 늦어도 3월 22일까지는 예약을 해야 한다.
⑤ 행사 진행을 돕는 직원들이 미리 식사를 하고 간담회 진행에만 참여한다면 3개의 식당을 이용할 수 있다.

10 식당을 예약하기 전 부장으로부터 다음과 같은 지시를 받게 되었다고 할 때, S대리가 취할 행동으로 옳지 않은 것은?

S대리, 이번 오찬 행사 때 사장님께서 못 가신다고 합니다. 대신에 3년차 사원들을 응원하는 메시지를 담은 영상을 제작해서 오찬 때 그 영상으로 인사를 대신하고 싶다고 하시니 여기에 맞춰 준비 좀 해 주세요. 그리고 사장님께서 간담회 내용에 대해서는 문서로 보고를 받는 것보다 직접 영상을 보고 확인하겠다고 하시니 당일 간담회 촬영 준비도 좀 하고요.

① A식당을 예약했다면 예약을 변경하지 않고 행사를 그대로 진행해도 된다.
② 홍보실에 연락해 사장의 응원 메시지를 담은 영상을 촬영해 달라고 업무협조를 구한다.
③ 간담회 내용을 정리한 자료를 작성해 사장에게 보고해야 하므로 간담회가 끝난 후 문서를 작성해 보고를 준비한다.
④ 홍보실에서 간담회 촬영을 위한 장비를 지원받는다.
⑤ C를 예약한 상태에서 위와 같은 지시를 받았다면 식당을 변경해야 한다.

11 다음은 K전력공사의 징계 관련 규정의 일부이다. 규정을 참고할 때, 다음 중 징계가 말소되는 시점이 가장 늦은 직원은 누구인가?

제4절 징계의 말소

제110조【징계의 말소】 ① 징계권자는 징계를 받은 직원이 다음 각 호의 어느 하나에 해당하는 때에는 징계대장 및 인사정보 자력사항의 징계 처분기록에 말소사실을 표기하는 방법으로 말소한다.

1. 징계처분을 받은 후 징계처분 발령일을 기준하여 다음의 기간이 경과한 때. 다만, 기간 경과 전에 다른 징계처분을 받은 때에는 각각의 징계처분에 대한 해당기간을 합산한 기간이 경과되어야 한다.

　　가. 정직 : 5년

　　나. 감봉 : 3년

　　다. 견책 : 2년

② 1년을 초과하는 징계말소기간에 대하여 징계유형별로 사회봉사 10시간당 1개월씩 징계말소기간을 단축하고 연간 100시간 이상 사회봉사를 한 경우에는 100시간당 1년씩 잔여 징계말소기간을 단축할 수 있다. 다만, 금품·향응수수, 업무상 횡령·배임, 공금유용, 성폭력, 성희롱, 성매매, 음주운전으로 징계처분을 받은 자는 징계말소기간 단축 대상에서 제외한다.

---

① A는 2012년 5월 21일에 견책 처분을 발령받았다.

② B는 2011년 4월 30일에 2개월 감봉 처분을 발령받았다.

③ C는 2006년 6월 8일에 1개월 정직 처분을 발령받고 2010년 3월에 3개월 감봉 처분을 발령받았다.

④ D는 음주운전을 이유로 2009년 12월 5일에 3개월 정직 처분을 발령받고 200시간의 사회봉사를 했다.

⑤ E는 회사의 명예를 실추시켰다는 이유로 2013년 9월 10일에 견책 처분을 발령받고 90시간의 사회봉사를 했다.

12 다음은 태양광발전소 설치를 위한 자료이다. 이를 참고할 때, A, B, C, D, E 지역 중 선정되는 지역은?

태양광발전소 입지 선정 기준

태양광 발전소는 정남향, 경사도 10° 이내, 일사량 변동이 적은 곳, 적운 및 적설이 적은 곳, 기온편차가 작은 곳, 일조시간이 3.5시간 이상이고 평균 기온이 25℃인 곳에 건설하는 것이 적절하다. 공해 영향이 적고 한전 선로를 이용할 수 있으면 더 좋다. 이 중 5가지 조건을 골라 점수를 매겨 입지를 선정하려고 한다.

평가 기준

방향	경사도	일조시간	공해	한전 선로
• 정남향 : 3점 • 남동 · 남서향 : 2점 • 기타 방향 : 1점	• 5° 미만 : 2점 • 5° 이상~8° 미만 : 4점 • 8° 이상~11° 미만 : 3점 • 11° 이상 : 1점	• 3.5시간 미만 : 1점 • 3.5시간~4시간 미만 : 2점 • 4시간~4.5시간 미만 : 3점 • 4.5시간~5시간 미만 : 4점 • 5시간 이상 : 5점	• 좋음 : 3점 • 보통 : 2점 • 나쁨 : 1점	• 가능 : 3점 • 불가능 : 0점

※ 평가 기준별로 해당하는 점수를 모두 더해 합산점수가 가장 높은 지역을 선정한다.

입지 후보지

구분	방향	경사도	일조시간	공해	한전 선로
A	남서향	5°	3시간	나쁨	가능
B	정남향	9°	5.5시간	보통	가능
C	정동향	13°	4.2시간	나쁨	불가능
D	남동향	2°	4.8시간	좋음	불가능
E	정남향	6°	3.4시간	좋음	가능

① A   ② B

③ C   ④ D

⑤ E

[13~14] 다음은 공공기관의 정보공개와 관련한 업무처리 절차도이다. 이를 보고 이어지는 물음에 답하시오.

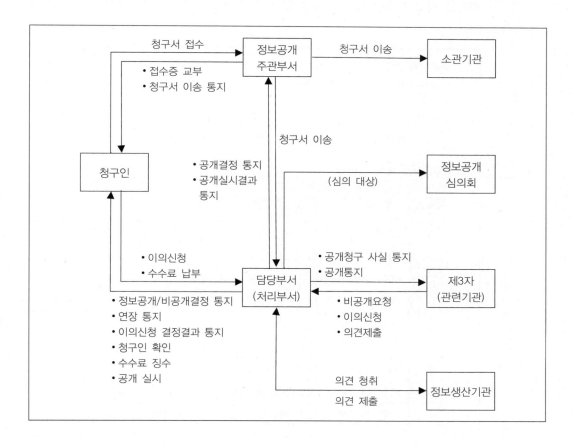

13 다음은 청구인의 공개청구와 관련해 담당부서의 A과장과 B대리가 나눈 대화의 일부이다. 대화를 하는 시점 직후에 어떤 일이 일어날 수 있는가?

> A과장: 이번에 김갑수 씨가 정보공개신청을 했던데, 특별히 문제되는 점이 있나요?
> B대리: 네. 청구인이 신청한 자료 자체는 별로 문제될 것이 없는데, 자료에 기관 외부사람의 민감한 개인정보가 일부 포함되어 있습니다. 심의 결과 공개결정이 나서 그 외부인들에게도 공개를 하게 됐다는 사실을 통지했는데, 당사자들이 반발해 문제가 좀 생길 것 같습니다.

① 공개결정 통지　　　　　　　② 의견 청취
③ 제3자의 이의신청　　　　　　④ 수수료 징수
⑤ 청구인의 이의신청

14 청구인 박을무 씨의 정보공개청구에 대해 정보공개심의회에서 심의를 하는데 심의 기간이 길어져 청구인에게 공개 여부를 통보해야 할 기간을 넘기게 되었다. 기간을 연장하여 심의한 결과를 공개 하기로 결정하고 청구인에게 이를 통지한 후 정보공개를 실시했다. 이 과정에서 담당부서는 총 몇 번의 통지를 하게 되는가?

① 4번　　　　　　　　　　　② 5번
③ 6번　　　　　　　　　　　④ 7번
⑤ 8번

[15~16] L공단 강원지사는 직원들의 체력증진과 친목도모를 위해 도내 실내 체육관에서 체육대회를 개최하기로 하고 적절한 장소를 찾고 있다. 다음 자료를 보고 이어지는 물음에 답하시오.

□ 체육대회 계획(가안)
  • 일시 : 2020년 4월 21일 09:00
  • 장소 : 미정
  • 참가 인원 : 지사 직원 67명
  • 종목 : 배구, 탁구, 배드민턴, 농구, 테니스, 풋살 중 선택 예정

□ 대여 가능 체육관 현황

체육관	대여료	경기가능 종목	수용 인원	회사와의 거리	주차 구역
A	50만 원	배구, 배드민턴, 농구, 테니스, 풋살	80명	10km	15면
B	30만 원	배구, 탁구, 배드민턴, 농구	50명	8km	17면
C	60만 원	배구, 탁구, 배드민턴, 농구, 테니스, 풋살	100명	15km	24면
D	40만 원	탁구, 배드민턴, 농구, 테니스, 풋살	70명	9km	21면
E	45만 원	배구, 농구, 테니스	80명	4km	15면
F	35만 원	탁구, 배드민턴, 농구, 테니스	60명	7km	20면
G	55만 원	배구, 농구, 풋살	75명	20km	27면
H	65만 원	탁구, 배드민턴, 테니스, 풋살	70명	17km	18면
I	70만 원	배구, 탁구, 배드민턴, 농구, 테니스, 풋살	90명	11km	25면

15 이번 체육대회에서 최소 4개의 종목을 진행하고, 가급적 회사와 가까운 거리에 있는 체육관을 대여하려고 한다. 위의 조건을 충족하는 3개의 체육관을 후보지로 선정할 때, 후보가 되는 체육관은 어느 곳인가?

① A, D, H   ② B, C, D
③ B, E, F   ④ A, D, I
⑤ C, H, I

16 직원들은 체육대회 당일에 자신들의 자동차를 카풀로 이용해 체육관으로 이동할 계획이다. 회사와의 거리에 관계없이 최소 4개의 종목을 진행할 수 있고 주차공간이 충분한 체육관을 대여하려고 한다면 어느 체육관을 예약해야 하는가? (단, 최소 3명이 1대의 자동차를 이용하며, 조건이 같을 경우 경기가능 종목이 많은 곳, 경기가능 종목 수가 같으면 대여료가 저렴한 곳을 예약한다.)

① A   ② B
③ C   ④ G
⑤ I

17 여행사에 새로 입사한 A씨는 기존에 있던 20인 기준 제주도 관광 상품에서 관광 동선을 이유로 숙박시설을 변경하려고 한다. 다음 자료와 〈보기〉의 숙박시설 선정 조건을 참고할 때, 변경한 숙박시설로 옳은 것은?

제주도 관광 상품 일정

시간	장소	관람시간	위치
08:00	호텔	–	제주시
09:00	카멜리아 힐	1시간 30분	서귀포시 안덕면
11:00	섭지코지	1시간	서귀포시 성산읍
12:30	중식	1시간	자유
14:00	정방폭포	1시간	서귀포시
15:30	중문 관광단지	2시간	서귀포시 중문동
18:00	석식	1시간	자유
19:30	호텔	–	제주시

숙박시설별 정보

장소	위치	단체식당 유무	가격(원)		
			조식 여부 (금액)	숙박비 (비성수기)	숙박비 (성수기)
T호텔	서귀포시 중문동	○	○(8,500)	80,000	200,000
C리조트	서귀포시 성산읍	○	○(7,700)	50,000	120,000
E펜션	서귀포시 중문동	×	×	45,000	100,000
O호텔	서귀포시 중문동	×	○(8,600)	70,000	180,000
Q펜션	서귀포시 안덕면	○	○(6,500)	65,000	160,000

※ 숙박비·조식비는 1인당 1박 기준임

┌ 보기 ┐
- 서귀포시 내에 위치할 것
- 단체 식당 필요
- 조식 제공
- 성수기 포함 1박 기준 최대 3,300,000원 이내(조식 포함)
└　　　┘

① T호텔　　　　　② C리조트
③ E펜션　　　　　④ O호텔
⑤ Q펜션

18 다음은 B회사 인사팀의 팀 내 규정과 8월 일정이다. 다음 일정에서 29~30일에 워크숍 일정이 추가되었다고 할 때, 이에 대한 설명으로 옳지 않은 것은?

팀 내 규정

- 팀원은 C과장, U과장, T대리, S대리, P사원 총 다섯 명이다.
- 휴일은 연차에 포함되지 않는다.
- 팀원 중 3명 이상 동시에 연차를 사용할 수 없다.
- C과장과 U과장은 연차를 같은 날 사용할 수 없으며, 둘 중 한 명은 사무실에서 업무를 진행해야 한다.
- 팀원의 최소 60%는 사무실에서 근무해야 한다.
- 야유회 및 워크숍에는 전원 참석한다.
- 창립기념일은 휴일이다.

인사팀 8월 일정

Sun	Mon	Tue	Wed	Thu	Fri	Sat
	1 대리급 교육 (~2)	2	3	4	5 연차 C과장(~9) T대리	6
7	8 창립기념일	9	10	11 연차-S대리	12 출장-C과장 (~18)	13
14	15	16 연차-U과장	17	18 세미나참석- T대리	19 신입사원 면접-U과장, T대리	20
21	22 야유회 (~23)	23	24	25 대학강연- C과장	26 연차-P사원, S대리(~29)	27
28	29	30	31			

① C과장은 연차를 2일 사용한다.
② S대리는 연차를 옮겨 사용해야 한다.
③ 8월 1일에는 팀 내에서 2명이 결근한다.
④ P사원은 8월 18일에 연차를 사용할 수 있다.
⑤ U과장은 연차를 옮겨 사용해야 한다.

[19~20] 다음은 ○○협회에서 주최하는 세미나의 프로그램을 소개한 것이다. 이를 보고 이어지는 물음에 답하시오.

프로그램 소개

기조연설		All in One, IoT!			
1일 차	A Course	1	2	3	
		스마트기기의 미래	4차 산업혁명	(A)	
	B Course	1	2	3	4
		Internet in Your Life	Smart World	IoT와 스마트기기	IoT와 빅데이터
2일 차	A Course	1	2	3	
		드론— 무인배송의 시작	홈. 스마트 홈	3D 프린팅 활용법	
	B Course	1	2	3	4
		머신러닝과 스마트기기	(B)	IoT를 이용한 자산관리	인공지능의 발달 —Siri를 넘어서

19 T전자회사에 다니는 C과장은 스마트폰과 관련한 동향을 파악하기 위해 프로그램을 들으려고 한다. 다음 중 C과장이 듣지 않아도 되는 프로그램은?

① 스마트기기의 미래
② 머신러닝과 스마트기기
③ 인공지능의 발달 – Siri를 넘어서
④ IoT와 스마트기기
⑤ 3D 프린팅 활용법

20 1일 차의 주제는 IT 신기술 소개, 2일 차의 주제는 신기술의 구현일 때, (A)와 (B)에 들어갈 주제를 바르게 짝지은 것은?

	(A)	(B)
①	머신러닝의 발전사	빅데이터란 무엇인가?
②	빅데이터란 무엇인가?	인공신경망의 발전방향
③	내 손으로 만드는 인공지능	머신러닝의 발전사
④	빅데이터와 머신러닝 소개	드론을 이용한 액션캠 만들기
⑤	새로운 보안방법, 스마트 보안	1인 1로봇 시대를 위한 준비방법

21 다음은 국내 게임 산업과 관련된 자료이다. 이를 보고 도출할 수 있는 결론을 〈보기〉에서 모두 고르면?

종류별 국내 게임 산업 매출액

(단위 : 100억 원)

종류	2012년	2013년	2014년
온라인게임	300	320	350
PC게임	190	205	180
모바일게임	180	235	340
아케이드게임	150	120	80
비디오게임	85	86	85
총액	905	966	1,035

게임 관련 사업장 종사자 규모별·연도별 매출액

(단위 : 100억 원)

연도	1~4인	5~9인	10~49인	50~99인	100인 이상	합계
2012년	142	61	46	67	652	968
2013년	160	143	43	86	759	1,191
2014년	180	210	35	88	850	1,323

| 보기 |

㉠ 국내 게임 산업은 전반적으로 성장하고 있다.
㉡ 50~99인 규모 사업장의 매출액 상승이 두드러진다.
㉢ 모바일게임 매출액은 증가 추세, 아케이드게임 매출액은 감소 추세이다.
㉣ 모바일게임 산업은 연 평균 40% 이상의 매출액 성장을 기록하고 있다.

① ㉠
② ㉠, ㉢
③ ㉠, ㉣
④ ㉠, ㉢, ㉣
⑤ ㉠, ㉡, ㉢, ㉣

[22~23] 여행자 카페의 운영자인 A씨는 최근 쪽지를 하나 받았다. 다음 쪽지의 내용과 자료를 보고 여행자에게 경로를 추천해 주려고 한다. 이를 보고 이어지는 물음에 답하시오.

> 안녕하세요. 다음 달 3박 4일 가족여행 일정을 잡고 있는 B라고 합니다. 경상도 쪽을 4명이 여행할 예정입니다. 서울에서 목요일 오후에 출발해 안동, 부산, 경주를 하루씩 둘러보고 서울로 올라올 예정입니다. 그런데 교통편을 찾는 게 어려워서 쪽지 드립니다. 최대한 경로가 꼬이지 않게 추천해 주시겠어요?

운임표

버스운임

기차운임										버스운임
서울	1,800	3,800			15,300		22,500			29,800
2,000	양평									
4,000	2,300	원주								
6,500	4,200	2,300	제천		9,800					
12,000	8,200	6,100	3,300	영주	2,700					
16,200	13,300	10,200	6,000	3,300	안동		8,300			14,700
19,000	16,000	13,600	11,700	6,000	3,300	영천				
							경주			6,500
28,300	27,500	23,600	20,300	15,200	12,500	10,300	4,300	울산		
31,000	29,300	25,800	22,100	17,900	14,900	13,000	6,700	3,000	부산	

※ 주말에는 4인 이상 구매 시 기차운임 20% 할인

22 다음 중 가장 적은 금액으로 여행할 수 있는 경로는?

① 안동 – 경주 – 부산 　　　② 안동 – 부산 – 경주
③ 경주 – 안동 – 부산 　　　④ 부산 – 안동 – 경주
⑤ 부산 – 경주 – 안동

23 B의 가족은 일정을 하루 더 늘려 위 일정에서 돌아오는 길에 원주에 하루 들르기로 하였다. 이때 최소 교통비는 얼마인가?

① 220,300원 　　　② 217,200원
③ 215,200원 　　　④ 214,800원
⑤ 213,600원

24 평소 자기계발에 몰두하는 김정모 사원은 〈시간관리 매트릭스로 하루를 이틀처럼!〉이라는 자기계발서를 읽고 업무에 적용해 보기로 했다. 다음 자료와 상황을 참고해 김정모 사원이 시간관리 매트릭스를 채울 때 알맞은 것은?

시간관리 매트릭스

구분	급한 일	급하지 않은 일
중요한 일	A (긴급하게 발생하는 위기상황, 마감시간이 임박한 프로젝트 등)	B (자신이 주도적으로 처리하고 있는 업무, 영향력 있는 목표달성을 위한 업무 등)
중요하지 않은 일	C (불필요한 보고 및 회의, 중요하지 않은 서류 업무 등)	D (사소한 일, 소일거리 활동 등)

L전자 마케팅 부서에 근무하는 김정모 사원은 입사 5개월 차로 매일 바쁜 하루를 보내고 있다. 김 사원은 현재 ⊙ S전자의 휴대폰 출시에 대항한 이번 시즌 신제품 마케팅 방안을 구상 중이다. 머릿속에 구상한 내용들을 문서로 정리하고 있던 중 갑자기 내선전화가 울린다. 옆 팀 이 대리님의 호출이다. 이 대리님은 오늘 중요한 보고서 발표가 있어 밖에 나가기 힘들다며 ⓒ 점심시간 전까지 샌드위치와 담배 한 갑을 사다줄 것을 요청했다. 지금 시각은 오전 11시 50분이고 점심시간은 12시부터 시작된다. 하루가 멀다 하고 전화를 해서 잔심부름을 시키는 이 대리에게 짜증이 났지만, 그보다 김 사원의 머릿속을 떠나지 않는 것이 있었으니 바로 주식이다. 얼마 전 경쟁사 S전자의 주식을 매수한 김 사원은 ⓒ 오늘의 주식 가격을 확인해봐야겠다고 생각한다. 만약 오늘도 가격이 하락세일 경우 얼른 매도할 생각이다. 그러던 중 갑자기 부장이 팀원 모두를 긴급 호출했다. 오늘 오후 사장이 마케팅 부서를 격려차 방문하신다고 한다. 부장은 이번 기회에 그동안 준비했던 팀 프로젝트 결과를 발표해 다음 시즌을 위한 팀 예산을 올릴 작정이다. 부장은 왕년에 프레젠테이션 경진대회에서 대상을 받은 김 사원에게 ② PPT작업을 맡겼다. 1시간 내로 완성해야 한다. 김 사원의 하루는 오늘도 바쁘다.

①
구분	급한 일	급하지 않은 일
중요한 일	②	
중요하지 않은 일	ⓒ	⊙, ⓒ

②
구분	급한 일	급하지 않은 일
중요한 일	②	⊙
중요하지 않은 일	ⓒ	ⓒ

③
구분	급한 일	급하지 않은 일
중요한 일	②, ⓒ	⊙
중요하지 않은 일	ⓒ	

④
구분	급한 일	급하지 않은 일
중요한 일	②	⊙
중요하지 않은 일	ⓒ	ⓒ

⑤
구분	급한 일	급하지 않은 일
중요한 일	②	⊙, ⓒ
중요하지 않은 일	ⓒ	

25 자원관리공단 제주지부에 근무하고 있는 A씨는 원주에 있는 본부에 업무 차 방문하기 위해 교통편을 알아보고 있는 중이다. A씨는 수요일 오전 업무를 마치고 정오에 출발이 가능하며 당일 오후 5시까지 원주본부에 도착해야 한다. 제시된 자료를 참고할 때 다음 중 가장 빨리 도착하는 방법은?

- 제주지부에서 제주공항까지의 소요시간 : 20분
- 김포공항 → 원주본부, 원주공항 → 원주본부의 두 가지 경로가 모두 가능하다.
- 제주 − 김포, 제주 − 원주 항공편 출발시간

김포행(소요시간 : 1시간)	원주행(소요시간 : 1시간 20분)
12:30	12:50
12:40	
12:50	13:30
13:00	

※ 공항에는 항공편 출발 20분 전에 도착해야 한다.

- 공항에서 본부까지의 소요시간

출발 \ 교통편	공항버스	택시	시외버스	렌터카
김포공항	2시간 10분	1시간 30분	3시간	1시간 20분
원주공항	30분	20분	1시간	15분

① 김포행 항공편(12:30 출발) − 공항버스
② 김포행 항공편(12:50 출발) − 시외버스
③ 김포행 항공편(13:00 출발) − 택시
④ 원주행 항공편(12:50 출발) − 시외버스
⑤ 원주행 항공편(13:30 출발) − 렌터카

26 다음은 어느 팀의 직급별 스케줄을 정리한 표이다. 이를 바탕으로 40분간 진행될 팀의 일일 회의 시간을 잡으려 한다. 일일회의 종료시각으로 적절한 것은?

시간	직급				
	부장	차장	과장	대리	사원
9:00~9:30	부장급 회의				
9:30~10:00			시장조사		
10:00~10:30					
10:30~11:00		차장급 회의		협력사 미팅	
11:00~11:30					비품정리
11:30~12:00					
12:00~13:30			점심시간		
13:30~14:00					
14:00~14:30			멘토링 참여 (~14:20)		멘토링 참여 (~14:20)
14:30~15:00					
15:00~15:30	전략기획			보고서 준비	
15:30~16:00					보고서 작성
16:00~16:30		시장조사			
16:30~17:00					자료정리
17:00~17:30	보고서 검수		영업사 방문		
17:30~18:00					

① 12:00
② 14:00
③ 15:00
④ 16:30
⑤ 18:00

27 A씨는 어느 공공기관의 시설물 관리 담당자이다. A씨가 재직 중인 기관에서는 대강당을 다양한 행사를 위해 타 기관과 시민들에게 개방하고 있다. 다음 예약 안내문을 참고했을 때, 상담문의에 대한 답변으로 가장 적절한 것은?

• 5월 대강당 예약 일정

월	화	수	목	금	토
1 김하늘 (15~18시)	2 ○○공단 (12~14시)	3	4 이보미 (9~13시)	5 □□중학교 (9~12시)	6 ▲▲고등학교 (14~18시)
8	9	10 내부행사 (9~18시)	11 최나래 (9~13시)	12	13 박민경 (9~12시)

※ 예약 : 예약자(시간)

• 대강당 개방시간 : 월~토요일, 9~18시
• 대강당 최대 수용인원 : 350명
• 최소 200명 이상이 모이는 행사에만 대여한다.
• 외부행사의 경우 최소 이용시간은 1시간, 최대 이용시간은 4시간이다.

상담문의 : ♧♧고등학교 총동문회에서는 가정의 달을 맞아 5월 초에 부부동반 행사를 개최하려고 합니다. 그래서 대강당을 대여하고 싶은데 예약 가능한지 확인해 주십시오. 인원은 300명이고 상황에 따라 40명이 더 오거나 덜 올 수 있습니다. 가장 원하는 요일은 토요일인데, 토요일이 안 될 경우 금요일도 괜찮습니다. 시간은 오후 3시부터 저녁 7시까지 쓰길 원합니다. 하지만 그 시간이 안 될 경우 종료시각 변경도 가능합니다. 다만 행사 시작은 꼭 오후 3시로 하고 싶습니다.

---

① 5월 첫째 주에는 예약이 꽉 차서 ♧♧고등학교 총동문회 예약은 받을 수 없습니다.

② 6일에는 ▲▲고의 예약이 잡혀 있어 사용이 불가능하니 13일 토요일로 예약하시면 됩니다. 시간은 조정하실 필요 없습니다.

③ 금요일도 가능하시니 12일 금요일로 예약하시면 됩니다. 시간은 조정하실 필요 없습니다.

④ 가정의 달 행사이니 아이들까지 모두 참여할 수 있게 어린이 날인 5일 금요일로 예약을 잡으시는 건 어떠신가요? 강당은 오후 3시부터 6시까지 사용하시면 됩니다.

⑤ 6일 토요일에는 이미 예약이 잡혀 있어 예약이 불가능합니다. 13일 토요일 오후 3시부터 6시까지는 사용 가능합니다.

28 어느 라디오 방송국에서는 5월 징검다리 연휴를 맞아 당직자를 정하려고 한다. 다음 자료를 토대로 당직 순서를 정할 때, 옳은 것은?

- 당직 규정
  1. 하루 당직인원은 2명이다.
  2. 팀 내 최고령 직원과 임신한 직원은 야간근무를 할 수 없다.
  3. 3일 연속 당직은 불가능하다.
  4. 팀장은 당직을 서지 않는다.
  ※ 야간근무는 22시 이후의 근무를 말한다.

- 직원 정보

이름	박 부장	김 차장	신 과장	이 대리	김 사원	고 사원	이 사원
직급	부장 (팀장)	차장	과장	대리	사원	사원	사원
나이	46	47	50	36	34	28	28
특이사항					임신 중		

①

	5/1(월)	5/2(화)	5/3(수)	5/4(목)	5/5(금)	5/6(토)	5/7(일)
아침(6~15시)	고 사원	신 과장	이 사원	이 사원	이 대리	이 대리	김 차장
저녁(15~24시)	이 사원	이 대리	김 차장	신 과장	김 차장	고 사원	고 사원

②

	5/1(월)	5/2(화)	5/3(수)	5/4(목)	5/5(금)	5/6(토)	5/7(일)
아침(6~16시)	신 과장	신 과장	김 사원	이 사원	박 부장	김 차장	김 차장
저녁(16~24시)	이 사원	고 사원	이 대리	이 대리	이 사원	고 사원	고 사원

③

	5/1(월)	5/2(화)	5/3(수)	5/4(목)	5/5(금)	5/6(토)	5/7(일)
아침(6~16시)	신 과장	신 과장	김 사원	이 사원	신 과장	김 차장	김 차장
저녁(16~24시)	이 사원	고 사원	이 대리	이 대리	이 사원	고 사원	고 사원

④

	5/1(월)	5/2(화)	5/3(수)	5/4(목)	5/5(금)	5/6(토)	5/7(일)
아침(6~15시)	고 사원	신 과장	이 사원	이 사원	이 대리	이 대리	김 차장
저녁(15~24시)	이 사원	이 대리	김 차장	김 사원	김 차장	고 사원	고 사원

⑤

	5/1(월)	5/2(화)	5/3(수)	5/4(목)	5/5(금)	5/6(토)	5/7(일)
아침(6~15시)	고 사원	신 과장	이 사원	이 사원	이 대리	이 대리	김 차장
저녁(15~24시)	이 사원	이 대리	김 차장	김 사원	이 사원	고 사원	고 사원

29 다음은 A~I 지점 간의 경로 및 거리를 나타낸 것이다. A에서 I 지점까지 최단경로로 이동할 때, 산출거리는?

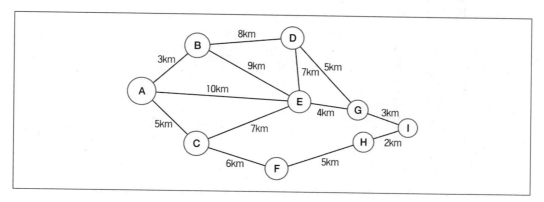

① 16km
② 17km
③ 18km
④ 19km
⑤ 20km

30 X기업이 생산한 제품 A, B를 모두 판매하여 얻을 수 있는 최대 금액은?

- X기업은 특수구리합금 제품 A와 B를 생산 및 판매한다.
- 특수구리합금 제품 A, B는 10kg 단위로만 생산된다.
- 제품 A의 1kg당 가격은 300원이고, 제품 B의 1kg당 가격은 200원이다.
- X기업은 보유하고 있던 구리 710kg, 철 15kg, 주석 33kg, 아연 155kg, 망간 30kg 중 일부를 활용하여 아래 표의 질량 배합 비율에 따라 제품 A를 300kg 생산한 상태이다. 이후, 남은 금속을 최대한 활용해 제품 B를 생산하려 한다. (단, 개별 금속의 추가구입은 불가능하다.)
- 합금 제품별 질량 배합 비율은 아래와 같으며 배합비율을 만족하는 경우에만 제품을 판매할 수 있다.

(단위 : %)

구분	구리	철	주석	아연	망간
A	60	5	0	25	10
B	80	0	5	15	0

※ 배합된 개별 금속의 질량의 합은 생산된 합금 제품의 질량과 같다.

① 195,000원
② 196,000원
③ 197,000원
④ 198,000원
⑤ 199,000원

31 다음은 날씨 예측 점수에 관한 설명 및 자료이다. 이를 근거로 판단할 때, 2월 8일과 2월 16일의 실제 날씨로 가능한 것을 옳게 짝지은 것은?

• 날씨 예측 점수는 매일 다음과 같이 부여한다.

실제 \ 예측	맑음	흐림	눈, 비
맑음	10점	6점	0점
흐림	4점	10점	6점
눈, 비	0점	2점	10점

• 한 주의 주중(월~금요일) 날씨 예측 점수의 평균은 매주 5점 이상이다.

• 2월 1일부터 19일까지 요일별 날씨 예측 점수의 평균은 다음과 같다.

요일	월요일	화요일	수요일	목요일	금요일
날씨 예측 점수 평균	7점 이하	5점 이상	7점 이하	5점 이상	7점 이하

2월 날씨

	월	화	수	목	금	토	일
날짜			1	2	3	4	5
예측			맑음	흐림	맑음	눈, 비	흐림
날씨			맑음	맑음	흐림	흐림	맑음
날짜	6	7	8	9	10	11	12
예측	맑음	흐림	맑음	맑음	맑음	흐림	흐림
날씨	흐림	흐림	?	맑음	흐림	눈, 비	흐림
날짜	13	14	15	16	17	18	19
예측	눈, 비	눈, 비	맑음	눈, 비	눈, 비	흐림	흐림
날씨	맑음	맑음	맑음	?	눈, 비	흐림	눈, 비

※ 위 달력의 같은 줄을 한 주로 한다.

　　2월 8일　　2월 16일

① 맑음　　　　흐림

② 눈, 비　　　흐림

③ 맑음　　　　눈, 비

④ 눈, 비　　　맑음

⑤ 흐림　　　　흐림

[32~33] 다음은 네트워크의 중심성에 관한 설명이다. 이를 보고 이어지는 물음에 답하시오.

> 사회 네트워크란 '사람들이 연결되어 있는 관계망'을 의미한다. '중심성'은 한 행위자가 전체 네트워크에서 중심에 위치하는 정도를 표현하는 지표이다. 중심성을 측정하는 방법 중 대표적으로 '연결정도 중심성'과 '근접 중심성'이 있다.
>
> '연결정도 중심성'은 사회 네트워크 내의 행위자와 직접적으로 연결되는 다른 행위자 수의 합으로 얻어진다. 예를 들어 아래 31번 문항의 그림에서 행위자 A의 연결정도 중심성은 A와 직접 연결된 행위자의 숫자인 4가 된다.
>
> '근접 중심성'은 사회 네트워크에서의 두 행위자 간의 거리를 강조한다. 연결정도 중심성과는 달리 근접 중심성은 네트워크 내에서 직·간접적으로 연결되는 모든 행위자들과의 최단거리의 합의 역수로 정의된다. 이때 직접 연결된 두 점의 거리는 1이다. 예를 들어 아래 31번 문항의 그림에서 A의 근접 중심성은 $\frac{1}{6}$이 된다.

32 다음 그림에서 E의 연결정도 중심성과 근접 중심성을 곱한 값은 얼마인가?

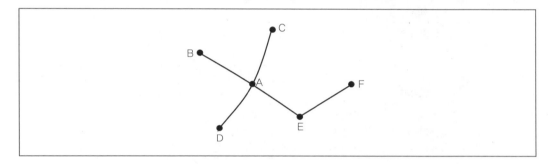

① $\frac{1}{6}$　　　　② $\frac{1}{5}$　　　　③ $\frac{1}{2}$

④ $\frac{1}{3}$　　　　⑤ $\frac{1}{4}$

33 다음 그림에 대한 설명으로 옳지 않은 것은?

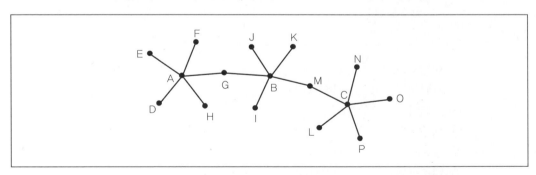

① 행위자 A의 연결정도 중심성과 행위자 K의 연결정도 중심성의 합은 6이다.

② 행위자 A의 근접 중심성은 행위자 B의 근접 중심성과 동일하다.

③ 행위자 G의 근접 중심성은 $\frac{1}{37}$이다.

④ 행위자 G의 연결정도 중심성은 행위자 M의 연결정도 중심성과 동일하다.

⑤ 행위자 G의 근접 중심성은 행위자 M의 근접 중심성과 동일하다.

34 다음 자료를 참고할 때, X공사에 근무 중인 A팀이 최종적으로 선택하게 될 이동수단의 종류와 그 비용을 바르게 짝지은 것은?

> 4명으로 구성된 X공사의 A팀은 지방출장을 계획하고 있다. A팀은 출장지에서의 이동수단 한 가지를 결정하려 한다. 이때 A팀은 경제성, 용이성, 안전성의 총 3가지 요소를 고려하여 최종점수가 가장 높은 이동수단을 선택한다.
> • 각 고려요소의 평가결과 '상' 등급을 받으면 3점을, '중' 등급을 받으면 2점을, '하' 등급을 받으면 1점을 부여한다. 단, 안전성을 중시하여 안전성 점수는 2배로 계산한다. (예 안전성 '하' 등급은 2점 부여)
> • 경제성은 각 이동수단별 최소비용이 적은 것부터 상, 중, 하로 평가한다.
> • 각 고려요소의 평가점수를 합하여 최종점수를 구한다.

출장 일정

이동수단	경제성	용이성	안전성
렌터카	?	상	하
택시	?	중	중
대중교통	?	하	중

이동수단별 비용계산식

이동수단	비용계산식
렌터카	(렌트비 + 유류비) × 이용일수 • 렌트비 = 50,000원/1일 (4인승 차량) • 유류비 = 10,000원/1일 (4인승 차량)
택시	거리당 가격(1,000원/km) × 이동거리(km)
대중교통	대중교통패스 3일권(40,000원/1인) × 인원수

출장 일정

출장 일정	이동거리(km)
5월 1일	100
5월 2일	50
5월 3일	50

	이동수단	비용
①	렌터카	180,000원
②	택시	200,000원
③	대중교통	160,000원
④	택시	150,000원
⑤	대중교통	140,000원

[35~36] X공사는 새로운 도로건설 계획에 따라 A, B, C의 세 가지 노선을 제시했다. 각 노선의 총 길이는 터널구간 길이와 교량구간 길이 그리고 일반구간 길이로 구성된다. 건설비용은 터널구간, 교량구간, 일반구간 각각 1km당 1,000억 원, 200억 원, 100억 원이 소요된다. 다음 표의 자료를 참고할 때 이어지는 물음에 답하시오.

노선별 길이 및 환경손실비용

노선	터널구간 길이	교량구간 길이	총 길이	환경손실비용
A	1.2km	0.5km	10km	15억 원 / 년
B	0	0	20km	5억 원 / 년
C	0.8km	1.5km	15km	10억 원 / 년

35 건설비용이 두 번째로 많이 드는 노선의 건설비용은 얼마인가?

① 2,580억 원
② 2,370억 원
③ 2,320억 원
④ 2,130억 원
⑤ 2,000억 원

36 도로 완공 후 연간 평균 자동차 통행량은 2백만 대로 추산되며, 자동차 운행에 따른 사회적 손실비용은 차량 한 대가 10km를 운행할 경우 1,000원이라고 할 때, 다음 중 옳지 않은 것은?

① B노선이 제일 길지만 건설비와 환경손실비용은 제일 적다.
② 건설비와 환경손실비용, 사회적 손실비용을 모두 고려할 경우 도로가 15년 동안 유지된다면 A노선과 B노선이 치르는 비용의 차이는 20억 원이다.
③ 환경손실비용과 사회적 손실비용을 합한 손실비용은 C노선이 제일 많다.
④ 건설비용만을 고려할 경우 B노선이 최적노선이다.
⑤ 사회적 손실비용은 B노선이 제일 많다.

37 다음 인사 파견 지침을 참고하여 A공사의 2020년 3월 인사 파견에 선발되는 직원을 모두 고르면?

인사 파견 지침

1. 인사 파견은 지원자 중 3명을 선발하여 1년간 이루어지고 파견 기간은 변경되지 않는다.

2. 선발 조건은 다음과 같다.
   • 과장을 선발하는 경우 동일 팀에 근무하는 직원을 1명 이상 함께 선발한다.
   • 동일 팀에 근무하는 2명 이상의 팀장을 선발할 수 없다.
   • 기술팀 직원을 1명 이상 선발한다.
   • 근무 평정이 70점 이상인 직원만을 선발한다.
   • 어학 능력이 '하'인 직원을 선발한다면 어학 능력이 '상'인 직원도 선발한다.
   • 직전 인사 파견 기간이 종료된 이후 2년 이상 경과하지 않은 직원을 선발할 수 없다.

3. 2020년 3월 인사 파견의 지원자 현황은 다음과 같다.

직원	직위	근무팀	근무 평정	어학 능력	직전 인사 파견 시작시점
A	과장	기술팀	65	중	2016년 1월
B	과장	행정팀	70	하	2017년 1월
C	팀장	기술팀	90	중	2017년 7월
D	팀장	인사팀	70	상	2016년 7월
E	팀장	인사팀	75	중	2017년 1월
F	—	기술팀	75	중	2017년 1월
G	—	행정팀	80	하	2016년 7월

※ 인사 파견 기간은 매년 동일하다.

① A, D, F
② B, D, G
③ B, E, F
④ C, D, G
⑤ D, F, G

38　X기업 구내식당에서는 칼국수와 만둣국 두 종류의 음식만 판매하고 있다. 다음 조건에 따를 때 이 구내식당의 이익을 극대화하기 위해 가능한 칼국수와 만둣국의 최적 판매 조합은?

1. 음식을 만드는 데는 재료준비와 조리의 두 가지 과정을 거침. 한 그릇당 만드는 데 걸리는 시간은 아래와 같음
   - 칼국수: 재료준비 4분, 조리 8분
   - 만둣국: 재료준비 8분, 조리 6분
2. 투입 가능한 최대시간: 재료준비 4,000분, 조리 5,000분
3. 판매이익
   - 칼국수 한 그릇당 판매이익: 500원
   - 만둣국 한 그릇당 판매이익: 800원
   ※ 만들어진 칼국수와 만둣국은 모두 판매함

① 칼국수 200그릇, 만둣국 300그릇
② 칼국수 300그릇, 만둣국 300그릇
③ 칼국수 300그릇, 만둣국 400그릇
④ 칼국수 400그릇, 만둣국 300그릇
⑤ 칼국수 500그릇, 만둣국 400그릇

39　다음 X공사 건물의 주차장에 관한 상황과 조건을 보고 X공사 주차장의 주차배열로 가능한 것을 고르면?

상황

주차장 (가), (나), (다)에는 각각 3대, 3대, 4대의 자동차를 주차할 수 있다. 이 주차장에는 현재 흰색 자동차 A, B, C, 빨간색 자동차 D, E, F, 검은색 자동차 G, H, I가 주차되어 있다.

조건

조건 1: 주차장 (가)에는 흰색 자동차가 2대 주차되어 있다.
조건 2: 자동차 B와 자동차 C는 서로 다른 주차장에 주차되어 있다.
조건 3: 주차장 (다)에는 검은색 자동차 2대가 주차되어 있다.
조건 4: 자동차 A와 자동차 I는 같은 주차장에 주차되어 있다.

	주차장 (가)	주차장 (나)	주차장 (다)
①	A, B, E	D, G	C, F, H, I
②	A, B, I	C, D, G	E, F, H
③	A, C, I	D, E	B, F, G, H
④	B, C, H	D, E	A, F, G, I
⑤	B, C, H	D, E, F	A, G, I

[40~41]   ○○공사의 신입사원인 A는 오전 9시까지 출근하기 위해 대중교통을 이용하여 총 10km를 이동해야 한다. 다음 조건을 보고 이어지는 물음에 답하시오.

(1) 회사에 지각해서는 안 되며, 오전 8시 40분에 대중교통을 이용하기 시작한다.
(2) 오전 9시 이전에 회사에 도착하여 대기하는 시간을 비용으로 환산하면 1분당 200원이다.
(3) 이용 가능한 대중교통은 버스, 지하철, 택시만 있고, 출발지에서 목적지까지는 모두 직선노선이다.
(4) 택시의 기본요금은 2,000원이고 2km마다 100원씩 증가하며, 2km를 1분에 간다.
(5) 택시의 기본요금으로 갈 수 있는 거리는 2km이다.
(6) 지하철은 2km를 2분에 가고 버스는 2km를 3분에 간다. 버스와 지하철은 2km마다 정거장이 있고, 동일노선을 운행한다.
(7) 버스와 지하철 요금은 1,000원이며 무료환승이 가능하다.
(8) 환승은 버스와 지하철, 버스와 택시 간에만 가능하고, 환승할 경우 소요시간은 2분이며 이때 반드시 버스로 4정거장을 가야만 환승이 가능하다.
(9) 환승할 때 느끼는 번거로움을 비용으로 환산하면 1분당 450원이다.

40 위의 조건을 고려했을 때, 버스만 이용하여 이동할 때의 비용과 버스와 택시를 환승하여 이동할 때의 비용의 차액은 얼마인가? (단, 환승 시 버스를 먼저 이용한다.)

① 1,000원
② 1,900원
③ 2,000원
④ 2,400원
⑤ 2,900원

41 위의 조건을 고려했을 때, 다음 중 비용이 두 번째로 많이 드는 방법은?

① 택시만 이용해서 이동한다.
② 버스만 이용해서 이동한다.
③ 지하철만 이용해서 이동한다.
④ 버스와 택시를 환승하여 이동한다.(버스 먼저 이용)
⑤ 버스와 지하철을 환승하여 이동한다.(버스 먼저 이용)

42 X기업은 기업 산하 연구소의 발전을 위하여 사내 연구모임을 장려하고 지원금을 지급한다. 다음 자료를 참고할 때, 연구모임 A, B, C, D, E 중 세 번째로 많은 지원금을 받는 모임은?

지원금 지급 조건

- 지원을 받기 위해서는 한 모임당 6명 이상 9명 이하로 구성되어야 한다.
- 기본지원금

  한 모임당 1,500,000원을 기본으로 지원한다. 단, 상품 개발을 위한 모임의 경우는 2,000,000원을 지원한다.
- 추가지원금

  연구 계획 사전평가결과에 따라,

  '상' 등급을 받은 모임에는 구성원 1인당 120,000원,

  '중' 등급을 받은 모임에는 구성원 1인당 100,000원,

  '하' 등급을 받은 모임에는 구성원 1인당 70,000원을 추가로 지원한다.
- 협업 장려를 위해 협업이 인정되는 모임에는 위의 두 지원금을 합한 금액의 30%를 별도로 지원한다.

연구모임 현황 및 평가결과

모임	상품개발 여부	구성원 수	연구 계획 사전평가결과	협업 인정 여부
A	○	5	상	○
B	×	6	중	×
C	×	8	상	○
D	○	7	중	×
E	×	9	하	×

① A
② B
③ C
④ D
⑤ E

43 ○○공사 신입사원인 A는 도시락을 싸서 출근한다. A가 다음과 같이 도시락을 만들고, 도시락 재료의 열량과 재료비 등이 아래 표와 같을 때, A가 만들 수 있는 도시락은?

- A는 아래 표의 탄수화물, 단백질, 채소를 한 개 품목 이상을 포함시켜 도시락을 만든다.
- 열량은 500kcal 이하, 재료비는 3,000원 이하로 한다. (단, 양념은 집에 있는 것을 사용하여 추가 재료비가 들지 않는다.)
- 도시락 반찬은 다음의 재료를 사용하여 만든다.
  - 두부구이 : 두부 100g, 올리브유 10ml, 간장 10ml
  - 닭불고기 : 닭가슴살 100g, 양파 1개, 올리브유 10ml, 고추장 15g, 설탕 5g
  - 돼지불고기 : 돼지고기 100g, 양파 1개, 올리브유 10ml, 간장 15ml, 설탕 10g
- 도시락 반찬의 열량은 재료 열량의 합이다.

종류	품목	양	가격(원)	열량(kcal)
탄수화물	현미밥	100g	600	150
	통밀빵	100g	850	100
	고구마	1개	500	128
단백질	돼지고기	100g	800	223
	닭가슴살	100g	1,500	109
	두부	100g	1,600	100
	우유	100ml	450	50
채소	어린잎	100g	2,000	25
	상추	100g	700	11
	토마토	1개	700	14
	양파	1개	500	20
양념	올리브유	10ml	—	80
	고추장	15g	—	30
	간장	30ml	—	15
	설탕	5g	—	20

① 통밀빵 100g, 돼지불고기

② 돼지불고기, 상추 150g

③ 현미밥 300g, 두부구이

④ 현미밥 200g, 닭불고기

⑤ 고구마 2개, 우유 200ml, 토마토 2개

44 다음 자료와 〈보기〉에서 제시된 A의 상황을 참고할 때, A가 X공사에서 지원받을 수 있는 주택보수비용의 최대 액수는?

- X공사는 주택을 소유하고 해당 주택에 거주하는 가구를 대상으로 주택 노후도 평가를 실시하여 그 결과에 따라 아래와 같이 주택보수비용을 지원함

구분	경보수	중보수	대보수
보수항목	도배 혹은 장판	수도시설 혹은 난방시설	지붕 혹은 기둥
주택당 보수비용 지원한도액	350만 원	650만 원	950만 원

- 소득인정액에 따라 위 보수비용 지원한도액의 80~100%를 차등지원

구분	중위소득	중위소득 25% 이상~35% 미만	중위소득 35% 이상~43% 미만
지원율	100%	90%	80%

┌ 보기 ┐

A는 현재 거주하고 있는 주택 B의 소유자이며, 소득인정액이 중위소득 33%에 해당한다. 주택 B의 노후도 평가 결과, 지붕의 수선이 필요한 주택보수비용 지원대상에 선정되었다.

① 520만 원
② 755만 원
③ 760만 원
④ 855만 원
⑤ 950만 원

45　L사는 300명의 주요 고객들에게 등기우편 발송을 하려고 한다. 수기로 작성한 300개의 문서를 발송하기 위해 각 부서에서 인원을 지원받아 우편물 발송 작업을 하기로 하였다. 부서별 지원 가능 인원과 우편물 발송 작업에 대한 정보가 다음과 같을 때, 등기우편으로 발송할 수 있는 우편물의 양은?

부서별 지원 가능 인원

부서명	지원 가능 인원
홍보부	4명
기획실	1명
인사부	1명
총무부	2명
기타 부서	2명

우편물 발송 작업 정보

- 직원 한 명이 우편물 1개를 작성하는 데 5분이 소요된다.
- 우편물이 모두 준비되지 못할 경우 나머지는 다음 날 퀵서비스를 이용해 전달한다.
- 50분 동안 작업을 하고 10분을 쉬는 것으로 한다.
- 총무부는 오후 5시에 회의가 있어 그 전까지만 작업이 가능하다.
- 우편작업은 오후 3시에 시작하며, 우체국의 마감 시간은 오후 6시이다.
- 우체국은 사무실에서 10분 거리에 있으며 오후 6시까지 도착하면 우편물 발송이 가능한 것으로 간주한다.

① 260개　　　　　　　　　　② 270개
③ 280개　　　　　　　　　　④ 290개
⑤ 300개

46 다음 표는 부서별로 역량가치 중요도를 평가한 정리테이블과 가, 나, 다, 라, 마 직원의 역량평가 점수를 나타낸 것이다. 이를 바탕으로 가, 라를 각 부서의 부서장으로 배치하려고 할 때, 가장 합리적인 배치는? (단, 숫자가 클수록 중요한 역량임을 의미한다.)

부서별 역량가치 중요도

구분	리더십	책임감	근속연수	판단력	윤리성
기획부	5	2	2	5	4
인사부	5	5	2	5	5
홍보부	5	3	5	3	3

직원별 역량평가점수

구분	리더십	책임감	근속연수	판단력	윤리성
가	5	1	3	3	4
나	4	3	3	2	3
다	2	5	3	3	4
라	5	3	5	3	2
마	5	3	4	5	5

     <u>가</u>   <u>라</u>

① 인사부   기획부

② 인사부   홍보부

③ 기획부   인사부

④ 기획부   홍보부

⑤ 홍보부   기획부

[47~48] 다음은 어느 회사의 휴가 관련 지침이다. 이를 보고 이어지는 물음에 답하시오.

휴가 지침

- 1년에 15일은 자유롭게 휴가 사용이 가능하며, 해당 연도에 사용하지 못한 연차휴가는 익년도 3월까지 유효하다.
- 휴일 및 야간에 업무를 하면, 당일 시급의 1.5배를 지급한다.
- 근속연수 5년 이상인 경우 1일의 가산휴가를 제공한다.
- 직급에 관계없이 탄력근무제를 적용하여 조기출근 및 조기퇴근이 가능하다.
- 회사의 발전에 공로를 세운 직원에게는 5일까지 휴가를 추가로 지급할 수 있다.

---

47 이 회사의 휴가제도에 관한 설명으로 옳지 않은 것은?

① 정규시간을 벗어난 근무에는 그에 응당한 보수를 지급한다.

② 직원의 개인 사정에 맞추어 근무시간을 앞당길 수 있다.

③ 근속을 한 직원에 대한 적절한 보상이 이루어진다.

④ 회사에 손해를 입힌 직원에게는 휴가에 패널티가 부여된다.

⑤ 미처 사용하지 못한 휴가에 대해 다시 사용할 수 있는 기회를 부여한다.

48 다음 B과장의 상황을 참고할 때, B과장이 신청할 수 있는 휴가일수는 현재 시점을 기준으로 며칠인가?

- B과장은 9년째 같은 회사에서 근무하고 있다.
- 작년에 휴가 3일을 사용하지 못했다.
- 올해 2월에 작년도 이월 분 휴가를 이틀 사용했다.
- 현재 날짜는 4월 1일이다.

---

① 15일   ② 16일

③ 17일   ④ 18일

⑤ 19일

[49~50] 다음은 유관기관 가~아의 상호 보완적 관계에 따른 효과를 수치화한 표이다. 예를 들어 '가'는 '사'로부터 5, '사'는 '가'로부터 10의 도움을 얻을 수 있다. 이를 보고 이어지는 물음에 답하시오.

To \ From	가	나	다	라	마	바	사	아
가		11	10	11	9	10	5	8
나	9		9	10	11	8	4	2
다	7	10		8	8	4	8	5
라	4	9	8		6	11	2	10
마	2	7	11	4		2	9	4
바	8	4	2	6	10		11	9
사	10	2	4	2	4	2		11
아	11	8	2	9	2	5	10	

49 마 기관이 가장 큰 도움을 줄 수 있는 유관기관은 어느 곳인가?

① 가 ② 나
③ 다 ④ 라
⑤ 사

50 바 기관이 업종을 변경하여 기존 사업을 철수한다면, 가장 큰 영향을 받게 되는 기관은 어느 곳인가?

① 가 ② 나
③ 다 ④ 라
⑤ 사

실전모의고사 **3회**

정답 및 해설. 47p

01 N사원은 다음 주부터 순차적으로 A, B, C지역으로 해외출장을 떠난다. 각 지역에서 18시간씩 체류한다고 할 때, ㉠, ㉡에 들어갈 내용을 바르게 짝지은 것은? (단, 비행시간 10시간 이상인 경우 1회 경유하고 경유시간은 1시간 30분이며, 출발시간과 도착시간은 현지시간으로 나타낸다.)

지역	출발시간	도착시간	시차	비행시간
출발 → A지역	2017. 07. 09. 14:30	2017. 07. 10. 14:00	+7시간	15시간
A지역 → B지역	㉠		+2시간	4시간
B지역 → C지역		㉡	-9시간	12시간

※ 시차가 '+'인 경우 출발지역보다 도착지역의 시간이 더 빠른 것을, '-'인 경우 출발지역보다 도착지역의 시간이 더 느린 것을 의미함

	㉠	㉡
①	2017. 07. 11. 08:00	2017. 07. 11. 14:30
②	2017. 07. 11. 14:00	2017. 07. 12. 08:00
③	2017. 07. 11. 08:00	2017. 07. 12. 08:00
④	2017. 07. 11. 14:00	2017. 07. 12. 12:00
⑤	2017. 07. 11. 08:00	2017. 07. 12. 12:30

02 다음은 연차 수당에 대한 정보와 K씨의 근무기록 및 임금 정보이다. K씨의 출근율이 80% 이상일 때, 2020년 5월 10일을 기준으로 받을 수 있는 연차 수당은? (단, 소수점 이하는 버림한다.)

◎ **연차 수당 규정**

1. 연차 계산
   - 연차 휴일의 계산: 1년 동안 80% 이상 출근한 근로자에게 15일의 유급휴가 지급
   - 근로기간 1년 미만: 매월 만근 시 1일의 연차휴가 발생, 연차휴가 사용 시 다음 해 차감
   - 근로기간 3년 이상: 3년차에 1일 추가, 다음 매 2년마다 1일의 연차휴가 추가, 최대 25일까지 가능
   - 연차 휴가를 한 해 동안 모두 사용하지 못한 경우에는 연차 수당 지급

2. 연차 수당 계산
   - 연차 수당 = 미사용 연차 × 1일 통상임금
   - 1일 통상임금 = 통상시급 × 1일 근로시간
   - 통상시급 = 월 통상임금 총액(수당 포함) ÷ 월 근로시간
   - ※ 월 근로시간: 주 40시간 사업장 기준 209시간

◎ **K씨의 근무기록 및 임금 정보**
   - 입사일자: 2015. 08. 31
   - 사용한 연차 수: 2일
   - 월 통상임금: 300만 원
   - 월 수당: 50만 원
   - 주당 근무일수: 5일
   - 하루 근무시간: 8시간

---

① 1,607,648원
② 1,837,312원
③ 1,875,552원
④ 2,009,520원
⑤ 2,143,488원

[03~04] L씨의 부서는 단합을 위해 문화회식으로 뮤지컬 '기타와 집시'를 관람하려고 한다. 다음 뮤지컬 예매 정보를 참고할 때, 이어지는 물음에 답하시오.

뮤지컬 '기타와 집시'

• 공연일자

월, 수, 금	1회 14:00, 2회 19:00	
화, 목	1회 15:00, 2회 20:00	2, 4번째 월요일은 공연 없음
토, 일	1회 12:00, 2회 16:00, 3회 20:00	

• 좌석별 기본가격 및 좌석 수

좌석 구분	기본가격	좌석 수
VIP석	140,000원	120석
R석	120,000원	450석
S석	80,000원	400석
A석	60,000원	350석
B석	50,000원	280석

• 할인정보

조기 예매	전 등급	20% 할인
평일 낮 공연	VIP석, R석, S석	20% 할인
	A석, B석	30% 할인
문화가 있는 날	VIP석	30% 할인
	R석, S석	40% 할인
	A석, B석	50% 할인
단체할인 (20인 이상 동일 회차 관람)	VIP석, R석, S석	30% 할인
	A석, B석	40% 할인

※ 중복 적용 불가

• 기타 할인
P, C, N 카드 사용 시 전석 25% 할인(법인카드 제외)

• 예매 취소 규정

취소일	취소 수수료
예매 후~관람일 7일 전	없음
관람일 6일 전~4일 전	티켓 금액의 10%
관람일 3일 전~2일 전	티켓 금액의 20%
관람일 1일 전~당일(공연 4시간 전까지)	티켓 금액의 50%

※ 티켓 금액은 할인 적용 전 금액으로 한다.

예매 변경	
예매 후~관람일 7일 전	모든 좌석 변경 가능, 할인 적용 가능, 차액 처리 가능
관람일 6일 전~1일 전	동일 등급 좌석만 가능, 할인 등으로 인한 차액 환불 불가

- 그 밖의 문의사항은 고객센터(1234-5678)로 문의하시기 바랍니다.

03 L씨는 부서장으로부터 다음과 같은 메모를 받았다. 기존에 L씨가 조기 예매한 표가 15장이라면 뮤지컬 예약을 위해 추가로 지불해야 하는 비용은 얼마인가?

- 기획부에서 문화회식 동시참여 문의 받음. 예약자 12명 추가할 것
- 조기 예매기간은 이미 지났으므로 단체할인으로 문의해 볼 것
- 좌석은 기존 A석에서 전석 S석으로 변경하여 진행할 것
- 환불 후 재결제하지 말고 추가비용을 P법인카드로 결제한 후 영수증을 제출할 것

① 792,000원
② 960,000원
③ 1,134,000원
④ 1,512,000원
⑤ 2,160,000원

04 위 문제와 같이 예약을 하였는데, 문화회식을 진행하기 전날 회사에 급한 일이 발생하여 부득이하게 문화회식을 진행하기로 한 날을 문화가 있는 날인 수요일로 변경하기로 하였다. 이로 인해 기획부는 예매 취소를 하고, L씨의 부서는 예매 변경을 진행하기로 결정했다. 예매 취소로 인해 돌려받는 금액과 예매 변경으로 인해 돌려받을 수 없는 차액의 합은 얼마인가?

① 120,000원
② 192,000원
③ 224,000원
④ 312,000원
⑤ 480,000원

05 다음은 H기업 상반기 공개채용의 부서별 가중치 기준과 구조화면접 채점 결과를 나타낸 표이다. 부서별 가중치를 적용하여 총점이 가장 높은 지원자를 각 부서에 1명씩 배치시킨다고 할 때, 지원자와 배치되는 부서가 올바르게 연결된 것은? (단, 최고점자가 2명 이상일 경우, 가중치 1 항목의 원점수가 높은 사람이 배치된다.)

구조화면접 부서별 가중치 기준

구분	기획부	영업부	인사부
가중치 1	발표면접	경험면접	상황면접
가중치 2	상황면접	발표면접	경험면접

※ 4점 이상이면, 가중치1에 +3점, 가중치2에 +1점을 부여한다.

구조화면접 종합 채점 결과

구분	김고양	나호랑	박나비	이기린	황낙타
경험면접	4	3	3	5	4 + 1
상황면접	3 + 2	5	4	2	5
발표면접	4	4	4	4 + 1	3
토론면접	4	2 + 1	4 + 1	5	4

※ 모든 면접은 5점 만점에 면접관 재량 +2점까지 추가점수가 가능하다.

① 김고양 – 인사부 ② 나호랑 – 기획부
③ 박나비 – 영업부 ④ 이기린 – 영업부
⑤ 황낙타 – 기획부

06 A팀장은 B, C, D, E 4명의 팀원들과 함께 팀 회식 날짜를 다음 주 중으로 정하려고 한다. 다음 내용을 고려했을 때 가장 적당한 회식날짜와 시간은?

대화 내용

A팀장: 자, 다음 주 중으로 우리 팀 회식 한번 하려는데 다들 언제가 좋겠어?

B사원: 저는 아무 때나 상관없습니다만, 화요일 저녁 5시에는 병원 진료 예약이 잡혀 있어 그날은 조금 늦게 참여 가능합니다.

C과장: 저는 수요일부터 3일간 휴가를 갈 예정입니다.

D과장: 저는 다음 주 월요일 1박으로 대구지사에 출장을 갑니다.

A팀장: E차장은 다음 주 일정 없다고 아까 이야기했으니까 가능한 날이 하루뿐이네.
　　　 가능하면 B사원이 병원 다녀오는 시간에 맞춰서 식당 예약해 놓도록 하자고.

E차장: 생각해보니 화요일 오후에 세미나 참석이 잡혀 있습니다. 종료되는 대로 식당으로 바로 가도록 하겠습니다.

A팀장: 좋아, 그럼 우리 늘 가던 곳으로 가는 게 좋겠네. 그날 다들 시간 비워놔.

추가 정보

• 회식장소로 늘 이용하던 식당은 B사원을 제외하고 모두 가본 곳이다.
• E차장이 참석할 세미나 장소에서 식당까지는 택시로 30분이 소요된다.
• B사원은 초행길이라 다른 팀원들보다 식당에 도착하는 시간이 15분 더 걸린다.
• E차장의 세미나 종료 예정시간은 5시 30분이며, 조기 종료 없이 해당시간에 끝나는 것으로 간주한다.
• B사원이 다니는 병원부터 식당까지는 도보로 15분 거리이고, 병원은 무조건 6시에 문을 닫는다.
　(치료에 소요되는 시간은 약 1시간이며, 이후 도보로만 이동한다.)
• 5시부터는 퇴근시간대에 해당하며 평소보다 차량 이동 시간에 20분이 더 소요된다.

---

① 월요일, 오후 6시
② 월요일, 오후 6시 30분
③ 화요일, 오후 6시 10분
④ 화요일, ·오후 6시 30분
⑤ 수요일, 오후 6시 20분

07 다음 표와 그림은 연필 생산 공장의 입지 결정을 위한 자료이다. 이 자료를 이용하여 총 운송비를 최소로 할 수 있는 연필공장의 입지 지점을 고르면?

연필 생산을 위한 원재료량과 공급에 필요한 운송비

구분	나무	흑연	연필
연필 1톤 생산에 필요한 양(톤)	3	2	–
1톤당 운송비(천원/km·톤)	2	5	2

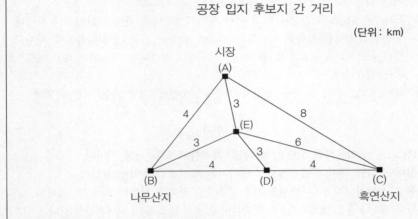

공장 입지 후보지 간 거리

(단위 : km)

※ 연필을 만드는 데는 나무와 흑연이 모두 필요함
※ 원재료 운송비는 산지에서 공장으로 공급하는 운송비만을 고려함
※ 최종제품인 연필의 운송비는 공장에서 시장으로 공급하는 운송비만을 고려함
※ 총 운송비 = 원재료 운송비 + 연필 운송비

① A   ② B
③ C   ④ D
⑤ E

08 대한전자에 근무하는 직원 A, B, C는 연금저축에 가입하려고 한다. 다음 자료를 참고할 때, 예상할 수 있는 결과로 옳은 것은?

연금저축 세액공제

• 연금저축은 최소 5년 이상 납입하고 만 55세 이후에 10년 이상 연금 형태로 수령할 경우 최대 400만 원까지 세액공제 혜택을 받을 수 있다.
• 세액공제율은 근로소득 기준으로 5,500만 원 초과인 경우에는 13.2%, 5,500만 원 이하인 경우에는 16.5%이다.

근로소득 및 연금저축 납입액

직원	근로소득	연금저축 납입액
A	4,000만 원	400만 원
B	6,000만 원	400만 원
C	8,000만 원	200만 원

① A가 받게 되는 세액공제액은 52만 8천 원이다.
② A, B, C 중에서 가장 많은 금액을 돌려받는 사람은 B이다.
③ C가 200만 원을 추가로 납입하면 A, B, C 중 가장 많은 금액을 돌려받을 수 있다.
④ A가 받게 되는 세액공제액은 B가 받게 되는 금액보다 13만 2천 원 더 많다.
⑤ C가 받게 되는 세액공제액이 A가 받게 되는 세액공제액보다 많다.

[09~11] △△공사 사업기획처는 사무실에서 사용하기 위해 S사의 키보드와 마우스를 구매하려고 한다.
다음 자료를 보고 이어지는 물음에 답하시오.

키보드 제품코드

제조사	생산연도	재질		유형		색상	
S	두 자리 숫자	01	플라스틱	11	멤브레인	BL	검정색
						WH	흰색
				12	펜타그래프	BL	검정색
						WH	흰색
						SB	하늘색
		02	금속	13	기계식	BL	검정색
						WH	흰색
						SI	은색

※ 제품코드는 제조사－생산연도－재질－유형－색상을 순서대로 나열한다.
  예 S140212WH는 S사에서 2014년에 생산된 금속제 펜타그래프 키보드이고 색상은 흰색이다.
※ 키보드 가격은 플라스틱제 멤브레인 키보드(24,000원)를 기준으로 하며, 다음과 같이 추가요금이
  발생한다.
  금속제 : +12,500원 / 펜타그래프 : +20,000원 / 기계식 : +27,000원

마우스 제품코드

제조사	유/무선		DPI		색상		생산연도
S	W	유선	12	1,200	B	검정색	두 자리 숫자
	NW	무선	16	1,600	W	흰색	
	BT	블루투스	20	2,000	G	회색	

※ 제품코드는 제조사－유/무선－DPI－색상－생산연도를 순서대로 나열한다.
  예 SNW16G11은 S사에서 2011년에 생산된 회색 무선마우스이고 1,600DPI이다.
※ 마우스 가격은 1,200DPI 유선 마우스(15,000원)를 기준으로 하며, 다음과 같이 추가요금이 발생한다.
  무선 : +1,000원 / 블루투스 : +2,000원 / 1,600DPI : +1,500원 / 2,000DPI : +3,500원

09 물품구매 업무를 맡은 P사원이 다른 사원들에게 원하는 사양에 대해 조사해 보니, 키보드는 플라
스틱제 기계식, 마우스는 무선에 중간 정도의 DPI를 가진 제품을 선호하는 것으로 나타났다. 색상은
키보드는 흰색, 마우스는 검정색을 선호한다고 할 때, P사원이 주문해야 할 물품의 코드 조합으로
가능한 것은?

① 키보드 S140212BL, 마우스 SW20W16
② 키보드 S150111WH, 마우스 SNW12B11
③ 키보드 S160113WH, 마우스 SNW16B15
④ 키보드 S130211BL, 마우스 SBT20G14
⑤ 키보드 S140213SI, 마우스 SW12W16

10　위 문제에서 선정된 품목으로 키보드는 35개, 마우스는 20개를 주문하려고 한다. 배송비 등 다른 비용이 발생하지 않는다고 할 때, 총비용은 얼마인가?

① 1,140,000원

② 1,160,000원

③ 2,085,000원

④ 2,115,000원

⑤ 2,135,000원

11　위 문제에서 주문한 물품을 수령해 보니 키보드는 20%, 마우스는 10%가 불량품이었다. 판매자에게 연락해 불량품을 새 제품으로 교환받기로 하고, 여유분을 비축해 두기 위해 키보드는 기존 주문량의 20%, 마우스는 30%만큼 추가로 주문했다. 다음 안내 사항으로 보아 이때의 청구금액은 총 얼마인가?

구매 관련 안내 사항

• 구매한 물품의 10% 이상이 불량품일 경우 불량품은 새 제품으로 무료 교환하고, 총 구매금액의 2%를 환급해 드립니다.
• 추가구매 시 구매금액이 50만 원 이상이면 5% 할인해 드립니다.
• 추가구매 시 환급금액이 있는 경우 추가구매 금액에서 환급금액을 뺀 만큼을 대금으로 청구합니다.

---

① 396,200원

② 419,300원

③ 462,000원

④ 481,600원

⑤ 504,700원

[12~13] ○○공사 광주전남지역본부는 사원들을 대상으로 외부 교육기관에 위탁하여 외국어 강좌를 개설하려고 한다. 다음은 모집 안내문과 보상업무부서 직원들이 수강을 희망하는 외국어를 나타낸 자료이다. 이를 보고 이어지는 물음에 답하시오.

사내 외국어 교육 희망자 모집 안내

• 4개 국어의 강좌를 다음과 같이 개설할 예정이니 많은 신청 바랍니다.
(언어와 과정의 숫자를 합쳐 네 자리의 강좌코드를 생성함)

언어		과정		정원	교육기간	비고
11	영어	01	기초반	25명	4주	매월 1일 개강
		02	회화반	15명	6주	매 홀수 달 1일 개강
		03	TOEIC반	35명	8주	매 짝수 달 1일 개강 *시험 집중 대비반
12	중국어	01	기초반	30명	4주	매월 1일 개강
		02	회화반	25명	5주	매 홀수 달 1일 개강
		03	HSK반	25명	7주	매 짝수 달 1일 개강 *시험 집중 대비반
13	일본어	01	기초반	20명	3주	매월 1일 개강
		02	회화반	20명	3주	매월 1일 개강
		03	JPT반	25명	5주	매 홀수 달 1일 개강 *시험 집중 대비반
14	스페인어	01	기초반	30명	5주	매 홀수 달 1일 개강
		02	회화반	30명	3주	매월 1일 개강
		03	DELE반	20명	3주	매 짝수 달 1일 개강 *시험 집중 대비반

• 개설기간 : 2017년 5월~2018년 4월
• 5월 1일(월) 첫 강좌가 개설됩니다. (단, 짝수 달 개강 강좌는 6월 1일 개설)
• 강좌는 매일 19:00~20:30까지 진행됩니다.
• 1번에 1개의 강좌만 신청할 수 있습니다.

보상업무부서 수강희망 외국어

구분	신청 희망 과정	비고
김갑동	중국어 회화, 스페인어 회화	7월 2째 주 세미나 참석
이을수	TOEIC, JPT	6월 3, 4주 야근
박병수	중국어 기초, 스페인어 기초	9월 1달 동안 해외 출장
최정훈	영어 회화, 일본어 회화	7월 3일~5일 휴가
오무상	HSK, 중국어 회화	10~11월 퇴근 후 자격증 학원 (매일 20:00 강의 시작)

※ 직원들은 결석을 한 번도 하지 않을 수 있을 때에만 강좌를 신청함

12 다음 중 보상업무부서 직원들이 희망하는 강좌코드와 신청 날짜를 바르게 나타낸 것은?

	희망과목 1		희망과목 2	
	과목코드	신청일	과목코드	신청일
① 김갑동	1202	5월 1일	1402	6월 1일
② 이을수	1103	6월 1일	1303	9월 1일
③ 박병수	1201	7월 1일	1402	11월 1일
④ 최정훈	1102	5월 1일	1302	8월 1일
⑤ 오무상	1103	10월 1일	1202	9월 1일

13 위 안내문에 대한 설명으로 옳지 않은 것은?

① 교육기간이 가장 긴 강좌는 정원도 가장 많다.

② 기초반을 수강한 사람만 회화반을 수강할 수 있다면, 영어 회화반은 총 6번 개설된다.

③ 보상업무부서에서는 중국어 강좌를 수강하려는 사람이 가장 많다.

④ 각 언어별로 회화반 정원은 기초반 정원보다 많지 않다.

⑤ 기초반을 수강한 사람만 시험 집중 대비반을 수강할 수 있다면, DELE반은 총 5번 개설된다.

14 K공사 대전지역본부 구매담당부서는 2개 사무실에 새로 설치할 파티션을 구매하려고 한다. 제품별 사양 및 가격을 나타낸 표와 구매담당부서의 구매결정 방식을 참고할 때, 제품 선택 과정에 대한 설명으로 옳은 것은?

제품별 사양 및 가격		
구분	A	B
소재	PVC	스틸
두께	두꺼움	얇음
무게	무거움	가벼움
공간 활용성	낮음	높음
내구성	보통	높음
개당 가격	30,000원	50,000원
배송비	개당 7,000원	없음
설치 편의	쉬움	보통

구매담당부서의 구매결정 방식은 다음과 같다.
- 무게 – 총비용 – 내구성 – 설치 편의 – 공간 활용성 – 두께 순으로 검토한다.
- 3가지 항목을 먼저 만족시키는 제품을 선택한다.
- 무게는 가벼울수록, 총비용(가격 + 배송비)은 적을수록, 내구성과 공간 활용성은 높을수록, 설치 편의는 쉬울수록, 두께는 얇을수록 선호한다.

① 가벼운 A를 선택한다.
② 3가지 항목을 비교하여 제품을 선택하게 된다.
③ 4가지 항목을 만족해야 한다면 선택된 제품이 바뀔 수 있다.
④ 설치하기 쉬운 A를 선택한다.
⑤ 모든 항목을 비교하지 않아도 제품을 선택할 수 있다.

15　○○공단에 근무하는 M차장의 주간 주요 일정은 다음과 같다. 교통수단별 소요시간을 참고할 때, 4월 11일과 13일에 M차장은 각각 어떤 교통수단을 이용해 출근해야 하는가?

주간 주요 일정					
	10일(월)	11일(화)	12일(수)	13일(목)	14일(금)
주요 일정	주간 회의	• 업무보고 • 출장준비	출장	출장 결과보고	• 월간 회의 • 시청 방문

- 출장 전날 18시 30분에 동대구역에서 기차를 이용해 출발하고, 출장 다음 날 오전 12시 20분에 동대구역에 도착해 귀가한다.
- 출장 전날 업무보고를 마치면 17시 20분이고, 업무보고를 마치는 대로 동대구역으로 이동한다.
- 출장 다음 날은 보고서 작성을 위해 오전 6시 30분까지 출근해야 한다.

교통수단별 소요시간

회사 ↔ 동대구역				
교통수단	이동시간	상차 시간	운행시간	비고
자가용	26분	4분	해당 없음	회사와 동대구역은 24시 이후 주차 금지
택시	22분	5분	해당 없음	기본요금 2,800원
버스	43분	10분	06:12~23:20	
지하철	53분	8분	05:33~23:26	

집 ↔ 회사				
교통수단	이동시간	상차 시간	운행시간	비고
자가용	18분	6분	해당 없음	승용차 요일제 참여 중(목요일)
택시	20분	4분	해당 없음	
버스	33분	5분	06:12~23:20	기본요금 1,250원
지하철	25분	10분	05:33~23:26	기본요금 1,300원

- 상차 시간은 각 교통수단을 탈 때까지 걸리는 시간을 말하며, 각 교통수단에서 하차해 동대구역 또는 회사로 이동할 때에는 상차 시간의 1.5배가 걸린다고 가정한다.
- 자가용을 이용할 수 없는 경우 시간 내에 도착할 수 있는 가장 저렴한 교통수단을 이용한다.

① 11일 - 자가용, 13일 - 지하철　　② 11일 - 택시, 13일 - 자가용
③ 11일 - 버스, 13일 - 지하철　　④ 11일 - 자가용, 13일 - 택시
⑤ 11일 - 택시, 13일 - 버스

16

S공사 예산관리부서는 경영 효율을 위해 불필요한 예산 집행을 줄여야 한다고 생각해 이와 관련한 회의를 열었다. 다음은 물품 A, B, C를 구매하는 데 드는 비용과 회의 내용을 나타낸 자료이다. 이를 참고할 때, 회의에서 제기된 문제점들을 개선하기 위한 방안으로 적절하지 않은 것은?

물품별 구매 비용

구분	A	B	C
단가	4,000원	5,000원	6,000원
운송비(1단위당)	800원	500원	200원
기타경비(1단위당)	1,400원	500원	500원
총비용(1단위당)	6,200원	6,000원	6,700원

회의 내용
현수 : 지난 1년간 구매 비용을 분석해 보니, 운송비나 지연비용 등을 고려하지 않고 단순히 물품의 단가가 저렴한 제품을 구입해왔더군요. 예를 들면 총비용은 B가 더 저렴한데도 단가가 싸다는 이유로 A를 구매하고 있는 것이지요. 윤호 : 부서마다 제각기 물품을 구매하는 것도 문제인 것 같습니다. 똑같은 물품을 어떤 부서는 다른 부서보다 많게는 30%까지 비싸게 구매하더군요. 기현 : 과다구매로 인해 재고가 많이 쌓이는 것도 문제인 것 같습니다. 각 부서마다 필요량이 다르다는 것은 이해하지만, 나중을 대비한다는 핑계로 필요한 양보다 많은 양을 구매하고 있는 실정입니다. 상호 : 10년도 더 된 기존의 구매 방식을 그대로 답습하는 것도 문제입니다. 이제 요즘 실정에 맞게 비용을 줄일 수 있는 구매 방식이 필요하다고 생각합니다.

① 유사한 물품은 회사의 구매 담당 부서가 신청을 받아 일괄 구매한다.

② 회사에서 모든 물품을 구매해 각 부서에 똑같은 양을 분배함으로써 불필요한 구매를 막는다.

③ 물품 구매에 드는 비용을 다양한 각도에서 분석해 총비용을 낮추도록 한다.

④ 비용절감에 대해 아이디어를 공모해 채택된 사원에게 포상을 한다.

⑤ 과다한 물품 구매로 재고를 일정 기준 이상 쌓이게 하는 부서에게 성과상 불이익 등 제재를 가한다.

17 다음은 K대리의 이번 주(4월 넷째 주)의 주간 업무 계획표이다. K대리의 주간 일정에 대한 설명으로 옳은 것은? (단, K대리의 정규 업무시간은 9:00~18:00이다.)

구분	월	화	수	목	금
09:00~10:00					주간회의 자료작성
10:00~11:00	5월 부서업무계획 작성	기획안 관련자 회의	반일 휴가 (개인일정)		
11:00~12:00					
12:00~13:00	점심시간				
13:00~14:00	거래처 방문	지사장 업무보고	서울지사 출장		
14:00~15:00					
15:00~16:00					
16:00~17:00		구청 방문		시장조사	
17:00~18:00					

주간 업무 계획

※ 매주 고정업무
- 월, 목요일 오전 9시 30분부터 1시간 동안 부서 회의(부서원 전원 참석)
- 금요일 오후 4시부터 1시간 30분 동안 부서 주간 업무 회의 참석
- 매월 넷째 주 금요일 오후 2시에 1시간 30분 동안 진행되는 회사 월간 업무회의에 참석

※ 회사 외부에서 업무가 17시 이후에 끝날 경우 방문지에서 바로 퇴근할 수 있다.

※ 월요일 회의시간에 부장이 K대리에게 1/4분기 결산자료 초안을 작성할 것을 지시했다. 초안 작성에 2시간 30분이 소요되며, 쉬는 시간 없이 연속해서 작성한다.

※ 점심시간과 정규 업무시간 외에는 업무를 하지 않는다.

① 월요일 오전 회의가 1시간 연장되면 5월 부서업무계획 작성 업무는 반드시 다른 날에 해야 한다.
② 이번 주 중 오전에 1시간 동안 거래처(20분 거리)에 방문하고 점심시간이 시작되기 전에 돌아와야 한다면 목요일에 거래처에 방문해야 한다.
③ 개인일정을 취소할 수 없다면, 1/4분기 결산자료 초안은 월요일에 작성해야 한다.
④ 이번 주에 K대리가 외부가 아닌 회사에서 퇴근하는 날은 이틀이다.
⑤ 서울지사 출장이 금요일로 변경되어도 K대리의 일주일 동안 해야 하는 업무의 개수는 변하지 않는다.

[18~19] 다음은 공공기관 임원 인사제도의 문제점과 그에 따른 단기적 개선방안에 대한 자료이다. 이를 보고 이어지는 물음에 답하시오.

문제점	단기적 개선방안
(가) 비효율적인 운영으로 실질적인 추천 기능 부족 • 모집정원의 최대 5배수까지 추천을 함으로써 비효율성 야기	A. 임원추천위원회의 구성과정에 기관 대표자의 확대 반영
(나) 각 기관의 임원추천위원회별로 심사방식, 평가기준 등이 상이하여 표준화의 필요성이 제기됨 • 기본적인 운영규정이 존재하나 세부사항은 기관별 임원추천위원회가 규정	B. 이사회의 평가를 전제로 한 비상임이사의 보수규정 마련
(다) 임원추천위원회가 기관의 입장보다 임명권자인 정부의 입장을 반영하는 경우가 많음 • 주무부처의 임원선임권에 대한 영향력이 상당함 • 임명권자의 의견이 후보추천 단계부터 작용할 경우 추천 제도가 무의미해짐 • 이사회의 유명무실화 우려	C. 임원추천위원회의 심의 강화를 위해 추천 규모 축소
(라) 비상임이사의 전문성 부족 • 일반적인 전문성은 높지만 기관에 맞는 전문성이 부족함	D. 임원추천위원회의 운영의 표준화
(마) 비상임이사의 책임성 부족 • 별도의 보수가 없는 명예직으로 인식하는 경우가 많아 책임성이 부족함	E. 비상임이사에 대한 교육훈련 강화

18 다음 중 위 공공기관 임원 인사제도의 문제점과 개선방안을 바르게 짝지은 것은?

① (가) – A
② (나) – E
③ (다) – D
④ (라) – C
⑤ (마) – B

19 위 자료를 보고 나눈 대화로 적절하지 않은 것은?

① A부장 : 지난 번 우리 회사 임원을 새로 선발하는데 원래 주무부서 장관이 내정한 사람이 있다고 해서 논란이 많았어.

② B부장 : 한 달 전 새로 선임된 비상임이사 말이야. 한국대학교 교수라고 하니 그 분야 전문가이긴 하겠지만, 실무 경험이 없어서 일을 잘할 수 있을까 걱정이 돼.

③ C차장 : 올 하반기에 임원 2명을 새로 선임한다고 하던데, 다양한 인재풀에서 선발하기 위해 적어도 10명은 추천을 받아야겠어요.

④ D차장 : 임원추천위원회 준비를 맡은 적이 있었는데, 규정이 두루뭉술해서 그냥 참고만 하고 평가기준 같은 것은 알아서 마련해야 했습니다.

⑤ E부장 : 작년까지 있던 비상임이사는 도대체 무슨 일을 하는지 모르겠더군. 아무리 무보수라고 해도 직책에 맞게 책임감을 가져야지.

20 부산의 도시공사에서 근무하는 H씨는 서울의 도시공사로 출장을 가야 한다. 출장일 아침 10시에 부산의 도시공사에서 출발해 오후 1시까지 서울의 도시공사에 도착해야 한다. 왕복교통비로 12만 원이 주어지고 교통수단별 정보가 다음과 같을 때, H씨가 이용하는 교통수단의 조합으로 옳은 것은? (단, 부산 시내-시외 이동-서울 시내의 순서로 나타낸다.)

교통수단별 이동거리 및 소요시간						
최초 출발	↔	부산 출발	교통수단 및 소요시간	서울 도착	↔	최종 도착
부산 도시공사	7km	부산터미널	고속버스(4시간 20분)	서울터미널	9km	서울 도시공사
	6km	부산역	KTX(2시간 15분)	서울역	20km	
		부산역	SRT(2시간 12분)	수서역	3km	
	10km	김해공항	비행기(55분)	김포공항	30km	

교통수단별 요금			
시외		시내	
고속버스	22,800원	일반버스	1,200원
KTX(서울역)	57,200원	급행버스	1,700원
SRT(수서역)	50,200원	지하철	1,250원
비행기	77,200원	택시	기본요금 3,000원(2km 초과 시 200m마다 100원 부과)

시내 교통수단의 1km당 평균 이동시간			
일반버스	급행버스	지하철	택시
2분 30초	2분 10초	2분	1분 30초

※ 서울과 부산의 시내 교통수단 요금과 평균 이동시간은 동일하다고 본다.
※ 급행버스는 부산에서만 이용하고, 각 교통수단별로 갈아타는 데 걸리는 시간은 무시한다.
※ 서울로 갈 때 이용했던 교통수단을 부산으로 돌아올 때 그대로 이용한다.
※ 시간 내에 도착할 수 있다면 예산에 관계없이 가장 저렴한 교통수단을 이용한다.

① 택시 − KTX − 지하철
② 택시 − 고속버스 − 택시
③ 급행버스 − 항공기 − 지하철
④ 급행버스 − KTX − 택시
⑤ 일반버스 − SRT − 일반버스

[21~22] 다음은 태양광발전소 설치를 위한 입지조건 중 일조시간에 관한 자료이다. 이를 참고하여 이어
지는 물음에 답하시오.

각 지역의 계절별 일조시간

(단위 : 시간)

지역	봄	여름	가을	겨울
대관령	629.1	420.4	501.4	567.1
춘천	615.1	495.1	483.9	482.7
강릉	599.0	450.0	519.8	542.8
서울	581.6	428.3	514.2	471.4
인천	649.0	533.7	572.5	532.6
원주	573.6	439.5	482.2	457.5
수원	619.7	477.0	540.1	502.8
서산	640.3	500.0	539.9	460.9
청주	644.8	497.7	530.4	493.2
대전	638.9	501.0	535.4	498.0
추풍령	632.9	461.3	537.2	516.9
안동	632.4	493.8	498.4	556.1
포항	624.6	515.5	539.7	559.8
대구	647.7	479.9	543.0	571.5
전주	610.2	453.8	523.3	458.5
광주	615.4	462.4	543.6	478.5
부산	609.2	522.8	567.6	580.1
목포	607.9	522.0	562.4	447.0
흑산도	579.2	457.1	532.6	333.9
제주	557.5	545.1	466.3	261.3
고산	556.6	541.5	544.1	326.3
진주	619.6	466.3	551.0	572.1

일조시간에 따른 등급 구분

구분	◎	○	◐	●
일조시간	4.2시간 이상	3.5시간 이상	2.8시간 이상	2.8시간 미만
등급	아주 좋음	좋음	보통	미흡
설치 가능성	적합		유보	설치 불가

※ 계절별 일평균 일조시간 = (계절별 일조시간 ÷ 90일) × 0.7
 • 각 계절은 90일이라고 가정한다.
 • 0.7은 종합효율계수로 그늘, 먼지, 적운 등의 요인이 태양광의 효율을 감소시키는 양을 감안해
  계산하기 위해 적용하는 수치이다. 즉, 실제 일조시간이 500시간이라도, 다른 요인을 제거한 실
  제 일조시간은 500시간 × 0.7 = 350시간으로 보아야 한다는 뜻이다.

실전모의고사 1회 실전모의고사 2회 실전모의고사 3회

1 명제형

2 논리게임형

3 상황제시형

4 NCS형 PSAT기출70선

5 실전모의고사

21 겨울의 일평균 일조시간이 '좋음'에 해당하는 지역은 몇 군데인가?

① 9개　　　　　　　　　　　　　　② 10개
③ 11개　　　　　　　　　　　　　　④ 12개
⑤ 13개

22 올해 봄에는 구름 낀 날이 많아 첫 번째 표에 제시된 봄의 일조시간보다 100시간 감소했다고 가정하자. 이때 등급이 변하지 않는 지역을 바르게 짝지은 것은?

① 인천, 서산, 청주, 대구　　　　　② 대관령, 서산, 안동, 대구
③ 인천, 수원, 청주, 진주　　　　　④ 서산, 추풍령, 대구, 부산
⑤ 강릉, 추풍령, 광주, 고산

23 A, B, C 세 공공기관은 2박 3일 동안 일본 도쿄에서 열리는 세미나에 직원을 공동으로 파견하기로 하고, 이에 따르는 경비를 세 기관이 나누어 부담하기로 했다. 일단 A기관은 식비, B기관은 숙박비와 기타경비, C기관은 항공운임을 일괄 지출한 후 나중에 1인당 지출액이 동일하도록 정산을 한다고 할 때, 이에 대한 설명으로 옳지 않은 것은?

경비 지출 내역

구분	지출액	비고
식비	4,000엔(1인, 1식)	1일 3식, 첫날과 마지막 날은 1식
숙박비	15,000엔(1박, 2인실)	2인실 2개 예약
항공운임	540,000원(1인, 왕복기준)	일반석 기준
기타경비	20,000엔(1일)	4인 기준

※ 환율은 1엔당 10.1원이다.
※ A기관에서 1명, B기관에서 2명, C기관에서 1명이 파견된다.

① 가장 많은 경비가 필요한 항목은 항공운임이다.
② 직원 1인당 지출금액은 1,045,000원이다.
③ 정산하기 전 C기관이 가장 많은 금액을 지출했다.
④ A기관은 C기관에게 237,000원을 지불해야 한다.
⑤ B기관은 C기관에게 439,000원을 지불해야 한다.

[24~25] H휴양림과 P공사는 제휴를 맺어 P공사의 직원들이 H휴양림을 이용하였다. 다음 휴양림 제휴 요금 규정을 보고 이어지는 물음에 답하시오.

휴양림 제휴 요금 규정

□ 휴양림 입장료(1인당 1일 기준)

구분	요금(원)	입장료 면제
어른(만 19세 이상)	1,000	• 동절기(12월~3월) • 다자녀 가정(만 19세 미만의 자녀가 3인 이상 있는 가족)
청소년(만 13세 이상 19세 미만)	600	
어린이(만 13세 미만)	300	

□ 야영시설 및 숙박시설(시설당 1일 기준)

구분	객실	요금(원)		비고
		성수기 (7~8월)	비수기 (7~8월 외)	
야영시설 (10인 이내)	황토데크(개)	10,000		휴양림 입장료 별도
	캐빈(동)	30,000		
숙박시설	3인용(실)	45,000	24,000	휴양림 입장료 면제
	5인용(실)	80,000	46,000	

※ 일행 중 '장애인'이 있거나 '다자녀 가정'인 경우 비수기에 한해 야영시설 및 숙박시설 요금의 50%를 할인한다.

□ 총 요금
• 총 요금 = 휴양림 입장료 + 야영시설 또는 숙박시설 요금
• 휴양림 입장료는 머문 일수만큼, 야영시설 및 숙박시설 요금은 숙박 일수만큼 계산함
　예 2박 3일의 경우 머문 일수는 3일, 숙박 일수는 2일

---

24 사원 A(만 25세)는 어머니(만 55세, 장애인), 아버지(만 58세)를 모시고 H휴양림에서 12월 중 6박 7일간 머물렀다. 사원 A 일행이 캐빈 1동을 이용했을 때 사원 A가 지불한 총 요금은 얼마인가?

① 210,000원　　　　　　　　　　② 201,000원
③ 180,000원　　　　　　　　　　④ 111,000원
⑤ 90,000원

25 사원 B(만 45세)는 아내(만 45세), 자녀 3명(각각 만 17세, 15세, 10세)과 함께 H휴양림에 7월 중 3박 4일간 머무르며 5인용 숙박시설을 이용하였다. 또한 사원 C(만 21세)는 동갑인 친구 3명과 함께 H휴양림에서 10월 중 9박 10일 동안 머무르며 황토데크 1개를 이용하였다. 사원 B와 C가 지불한 총 요금의 차이는 얼마인가?

① 150,000원　　　　　　　　　　② 113,500원
③ 110,000원　　　　　　　　　　④ 30,000원
⑤ 10,000원

[26~27]　다음 그림과 표는 H기업의 전산장비(A~F) 연간유지비와 전산장비 가격 대비 연간유지비 비율을
나타낸 자료이다. 이를 보고 이어지는 물음에 답하시오.

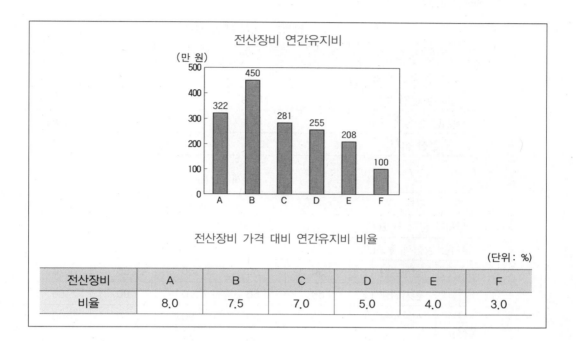

전산장비 연간유지비

전산장비 가격 대비 연간유지비 비율

(단위 : %)

전산장비	A	B	C	D	E	F
비율	8.0	7.5	7.0	5.0	4.0	3.0

26　전산장비 A의 가격은?

① 26만 원
② 40만 원
③ 2,576만 원
④ 4,000만 원
⑤ 4,025만 원

27　전산장비 B~F를 가격이 비싼 순서대로 바르게 나열한 것은?

① B>F>E>D>C
② B>E>D>C>F
③ B>F>C>D>E
④ F>B>E>D>C
⑤ E>B>D>C>F

28 다음 표는 오디션 프로그램의 단계별·심사수단별 총점반영비율과 참가자 A~F의 심사결과에 관한 자료이다. 이 자료와 아래의 정보를 활용하여 3단계에 진출할 것으로 예상되는 참가자를 바르게 묶은 것은?

단계별·심사수단별 총점반영비율

심사수단	1단계	2단계
사전 온라인 투표	0%	10%
실시간 문자 투표	30%	30%
실시간 방청객 투표	40%	30%
현장 심사	30%	30%

1단계 심사결과

구분		A	B	C	D	E	F
실시간 문자 투표(표)		2,000	1,000	3,500	500	1,500	1,500
실시간 방청객 투표(표)		50	150	100	500	150	50
현장 심사 (점)	심사위원 가	90	50	80	80	70	40
	심사위원 나	80	50	70	80	60	50
	심사위원 다	70	50	60	80	60	60
	심사위원 라	100	60	90	70	40	100
	심사위원 마	80	70	80	80	90	80

2단계 심사결과

구분		A	B	C	D	E	F
사전 온라인 투표(표)		20,000	50,000	40,000	80,000	60,000	50,000
실시간 문자 투표(표)		30,000	50,000	7,500	2,500	10,000	15,000
실시간 방청객 투표(표)		500	150	400	300	800	300
현장 심사 (점)	심사위원 가	50	80	50	90	80	70
	심사위원 나	40	90	60	80	40	60
	심사위원 다	60	100	70	70	60	50
	심사위원 라	80	80	40	80	50	100
	심사위원 마	50	100	60	70	90	80

실전모의고사
1회

실전모의고사
2회

실전모의고사
3회

1
명제형

2
논리게임형

3
상황제시형

4
NCS형 PSAT기출가이드

5
실전모의고사

정보

• 사전 온라인 투표, 실시간 문자 투표, 실시간 방청객 투표는 각각 모든 참가자가 받은 표의 합에 대한 특정 참가자가 받은 표의 비율을 100점 만점으로 환산한 후 총점반영비율을 곱하여 총점에 반영한다.
• 현장 심사위원 점수는 최고점수와 최저점수 각 1건을 제외한 3명의 점수를 산술평균한 후 총점반영비율을 곱하여 산정한다.
• 단계별로 총점이 낮은 2명이 탈락하며, 2단계에서 투표점수를 산정할 때 1단계 탈락자의 투표수는 무시한다.
• 심사위원 2명 이상에게 현장심사에서 100점을 받은 참가자는 다른 심사수단의 결과에 관계없이 무조건 다음 단계로 진출한다.

① A, B

② A, E

③ B, D

④ C, F

⑤ D, E

29 P회사의 A, B, C, D 공장은 각각 서울, 인천, 광주, 부산에 위치한다. 공장별 실제 가동시간을 나타낸 표와 지역별 공장 가동시간에 관한 정보를 참고했을 때, 공장 A와 C가 위치한 도시를 바르게 나열한 것은?

공장별 실제 가동시간 및 가능 가동시간

(단위 : 시간)

구분 \ 공장	A	B	C	D
실제 가동시간	300	150	250	300
가능 가동시간	400	200	300	500

※ 실가동률(%) = $\dfrac{\text{실제 가동시간}}{\text{가능 가동시간}} \times 100$

지역별 공장 가동시간

- 광주와 인천 공장의 가능 가동시간 합은 서울과 부산 공장의 가능 가동시간 합보다 크다.
- 부산과 광주 공장의 실제 가동시간 합은 서울과 인천 공장의 실제 가동시간 합보다 작다.
- 서울과 부산 공장의 실가동률은 같다.
- 인천 공장의 가능 가동시간이 가장 길다.

	B공장이 위치한 도시	C공장이 위치한 도시
①	서울	부산
②	서울	광주
③	부산	인천
④	부산	광주
⑤	광주	인천

[30~31] 다음 글과 사례를 보고 이어지는 물음에 답하시오.

> 감세에 따른 세수 감소 총액을 계산하는 방식은 다음과 같이 두 가지가 사용될 수 있다.
> A방식: 감세안이 시행된 해부터 매년 전년도와 비교했을 때, 발생하는 감소분을 누적으로 합계하는 방식
> B방식: 감세안이 시행된 해의 직전 연도를 기준연도로 하여 기준연도와 비교했을 때, 매년 발생하는 감소분을 누적으로 합계하는 방식

사례

X연구소는 경기활성화를 위해 감세안을 만들어 2017년부터 시행을 제안하고자 한다. 감세 효과 파악을 위해 2019년까지 감세안에 따른 세수 변화 규모를 추산했다.

연도별 세수 총액

연도	세수 총액
2016년	42조 5,000억 원
2017년	41조 8,000억 원
2018년	41조 4,000억 원
2019년	41조 3,000억 원

30 B방식에 따라 계산한 2018년까지의 세수 감소 총액은?

① 1조 1,000억 원   ② 1조 2,000억 원
③ 1조 5,000억 원   ④ 1조 6,000억 원
⑤ 1조 8,000억 원

31 A방식에 따라 계산한 2019년까지의 세수 감소 총액은?

① 7,000억 원   ② 1조 1,000억 원
③ 1조 2,000억 원   ④ 1조 8,000억 원
⑤ 3조 원

32 다음 표와 정보는 A상담센터에서 2016년에 실시한 가족상담에 관한 자료이다. 2016년 상반기 전문상담가에 의한 가족상담건수는?

2016년 상담가 유형별 가족상담건수

(단위 : 건)

상담가 유형	가족상담건수
일반상담가	120건
전문상담가	60건

※ 가족상담은 일반상담가에 의한 가족상담과 전문상담가에 의한 가족상담으로만 구분됨

정보

• 2016년 가족상담의 30%는 상반기에, 70%는 하반기에 실시되었다.
• 2016년 일반상담가에 의한 가족상담의 40%는 상반기에, 60%는 하반기에 실시되었다.

① 6건　　　　　　　　　　　　② 12건
③ 24건　　　　　　　　　　　④ 48건
⑤ 54건

33 다음 4대 보험료 산정 방법을 보고, 연소득 총액이 3,285만 원인 직장인 L씨가 작성한 내용 중 적절하지 못한 것을 고르면?

4대 보험료 산정 방법

- 기준소득월액을 기준으로 산출
- 기준소득월액 : 가입자가 신고한 소득월액에서 천 원 미만을 절삭한 금액
- 소득월액의 범위는 20만 원 이상, 512만 원 이하이다.
  (20만 원보다 소득월액이 적은 경우 20만 원을 기준소득월액으로 설정하여 계산하고, 512만 원보다 소득월액이 많은 경우 512만 원을 기준소득월액으로 설정하여 계산)
- 소득월액 $= \dfrac{\text{연소득 총액}}{365} \times 30$
- 급여항목 : 기본급, 교통비, 기본상여금, 분기별 상여금, 도서지원비, 시간 외 수당, 기타 각종 고정 수입

구분	산정 방법
건강보험	• 건강보험료 = 기준소득월액×5.34%(천 원 미만 절삭) • 장기요양보험료 = 건강보험료×5% ※ 사업장 가입자의 경우 근로자와 사용자(회사)가 각각 절반씩 부담
고용보험	• 고용보험료 = 기준소득월액×고용보험요율(%)(천 원 미만 절삭) ※ L씨의 경우, 고용보험요율은 0.7%이다.
국민연금보험	• 국민연금보험료 = 기준소득월액×7%(천 원 미만 절삭) ※ 사업장 가입자의 경우 근로자와 사용자(회사)가 각각 절반씩 부담
산재보험	• 산재보험료 = 기준소득월액×산재보험요율(%)(천 원 미만 절삭) ※ 사용자(회사)가 전액 부담

	항목	금액
①	기준소득월액	2,700,000원
②	건강보험	72,000원
③	고용보험	18,000원
④	국민연금보험	94,000원
⑤	장기요양보험	7,200원

34 ○○식품회사에서는 새롭게 런칭한 제품의 판촉을 위한 아이디어 공모전을 열어 소비자들의 참여를 유도하고자 한다. 다음 안내 직원의 말을 참고할 때, A~E 중 참가서를 제출할 홍보부서의 위치로 알맞은 장소는?

> 안내 직원: 홍보부서 위치를 알려드릴 테니, 서류를 직접 제출하시면 됩니다. 계단을 통해 2층으로 올라가시면 계단 앞에 바로 제품개발부서가 있을 거예요. 제품개발부서로 들어가기 전에 오른쪽에 있는 복도를 따라 가면, 복도 맨 끝 오른쪽에 홍보부서가 있어요. 바로 옆에 영업부서가 있으니, 서류를 잘못 제출하지 않도록 주의하세요.

	정문		B	화장실	D
A					
계단				C	E

① A ② B
③ C ④ D
⑤ E

35 다음은 어떤 회사에 근무하는 인턴의 2주간 출퇴근일지와 수당지급기준이다. 이 직원이 기본급 외에 추가로 받게 되는 수당은 총 얼마인가?

출퇴근일지						
월	화	수	목	금	토	일
--:-- 18:00	--:-- 23:30	--:-- 19:30	--:-- 18:30	--:-- 20:00	·	12:00 18:00
--:-- 18:30	--:-- 18:00	--:-- 21:00	--:-- 18:00	--:-- 23:00	12:00 18:00	12:00 18:00

※ 정규 근무 시간: 월~금 10:00~18:00
※ 평일 10:00 이전에 출근한 경우 --:--로 표시

수당지급기준

- 시급: 10,000원
- 야간 근무 수당: 시급의 120% 시간당 지급
- 휴일 근무 수당: 시급의 140% 시간당 지급
- 교통비: 22:30 이후 퇴근했을 경우 12,000원 지급
※ 야간 근무 수당은 정규 근무 시간 초과분을 일괄 계산하여 지급

① 384,000원 ② 492,000원
③ 516,000원 ④ 545,000원
⑤ 602,000원

36 가 부서 1명과 나 부서 2명, 다 부서 1명과 라 부서 2명으로 구성된 한 팀이 출장을 가려고 한다. 다음 교통비 관련 자료를 참고했을 때, 좌석을 적절하게 예약한 것은? (단, 같은 부서 직원들은 같은 열차 칸에 탑승하며, 예산 범위 내에서 예산을 최대한 남김 없이 사용하려고 한다.)

※ 교통비 예산 : 350,000원(왕복)

열차 번호	교통비(왕복)	예약 가능한 좌석 수
A	40,000	2
B	50,000	3
C	70,000	1
D	80,000	2
E	60,000	2

	A	B	C	D	E
①	0	1	1	2	2
②	1	2	0	1	2
③	2	0	1	1	2
④	1	3	1	0	1
⑤	2	2	0	1	1

37 ○○기업은 전반기 소비자 간담회 일정을 다음과 같이 계획하고 있다. 참가 신청 인원을 고려하여 간담회가 진행될 시설을 최소 금액으로 예약하려고 할 때, 지불해야 하는 시설 이용료는? (단, 시설 이용료는 행사 진행 시간만큼 지불한다.)

---

1. 행사 개요
   - 일시 : 2017년 5월 12일~13일 10:00~12:00(오전), 18:00~21:00(오후)
   - 장소 : ○○역 L타워

2. 회차별 참여 인원

구분	행사 일시	참가 신청 인원
1차	2017년 5월 12일(금) 오전	28명
	2017년 5월 12일(금) 오후	42명
2차	2017년 5월 13일(토) 오전	25명
	2017년 5월 13일(토) 오후	54명

3. 시설 이용료

장소	수용인원	이용료(시간당)
미디어홀	80명	60,000원
대강당	50명	40,000원
소강당	30명	30,000원
회의실	20명	20,000원

---

① 30만 원
② 36만 원
③ 40만 원
④ 42만 원
⑤ 58만 원

[38~39] 다음은 어떤 부서의 월간 계획표와, 직원(A~E)별 현장 근무 일정이다. 이번 달 내로 1박 2일 출장을 갈 사람이 2명 필요하여 〈보기〉의 규칙에 따라 출장 근무자 두 명을 선택하려고 한다. 이를 보고 이어지는 물음에 답하시오.

직원별 현장 근무 일정

A : 1~4일
B : 5일, 8~9일
C : 10~12일
D : 15~17일
E : 18~19일, 25일

월간 계획표

일	월	화	수	목	금	토
	1 D사원 휴가	2 D사원 휴가	3 제품개발 회의	4	5	6
7	8 개발팀 미팅	9	10	11 E사원 휴가	12 E사원 휴가	13
14	15	16	17 부서 회의	18 A사원 휴가	19 A사원 휴가	20
21	22 신입사원 교육	23 신입사원 교육	24 신입사원 교육	25	26	27
28	29 월말평가	30	31			

┃ 보기 ┃
• 출장을 가게 되는 주에 현장 근무 일정이 없는 사람을 출장 근무자로 선택한다.
• 출장을 가게 되는 주에 휴가를 내지 않은 사람을 출장 근무자로 선택한다.
• 휴가를 낸 사원이 있는 당일에는 근무 인원이 부족할 수 있으므로 출장 일정을 잡지 않는다.
• 월간 계획표상 회의, 미팅, 교육이 있는 날에는 출장을 갈 수 없다.
• 매주 금요일에 주간 결과 보고가 있으므로, 출장 일정에 금요일이 포함되지 않도록 한다.
• 월말 평가 이전에는 출장을 완료해야 한다.
• 입사한 지 얼마 되지 않은 B사원과 C사원이 동시에 출장 근무자로 선택될 수 없다.

38   다음 중 출장 일정과 출장 근무자가 모두 적절하게 짝지어진 것은?

출장 일정	출장 근무자
① 4~5일	C, E
② 9~10일	A, D
③ 15~16일	B, C
④ 25~26일	A, E
⑤ 30~31일	B, D

39   개발팀과 미팅을 한 후 2주 이내에 당일 출장 근무자를 급하게 한 명 더 선정하려고 한다. 선정 기준은 출장 근무자 선정 조건과 동일하며, 입사 경력과 무관하게 선택하려고 한다. 위의 출장 일정과 겹치지 않게 일정을 잡고 위 문제에서 선택된 출장 근무자는 선택하지 않으려고 할 때, 출장 근무자로 가능한 사람은?

① A, B   ② B, C

③ B, C, E   ④ C, D, E

⑤ D, E

[40~41] 다음은 A, B, C, D, E, F 물류센터 간의 거리를 나타낸 모식도이다. 이를 보고 이어지는 물음에 답하시오.

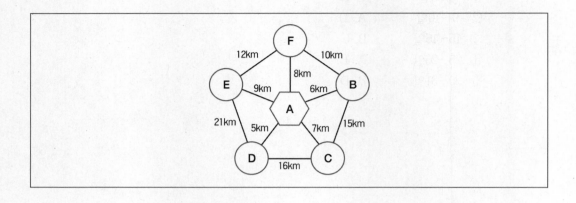

40 김 대리는 A물류센터에서 출발하여 C, D, F 세 곳의 물류센터에 들렀다가 다시 A로 돌아오려고 한다. 최단 거리로 이동한다고 할 때, 김 대리가 이동하는 데 걸리는 시간은 몇 분인가? (단, 들르는 순서는 상관이 없으며, 김 대리는 시속 80km의 속도로 이동한다.)

① 30분 ② 33분
③ 36분 ④ 40분
⑤ 48분

41 김 대리는 A물류센터에서 출발하여 물류센터 B~F 중 네 곳을 거쳐야 한다. 가능한 경로 중 가장 최단 거리로 이동하려고 한다면, 김 대리가 이동해야 하는 거리는 몇 km인가? (단, 한 번 지나간 곳은 다시 지나가지 않으며, 네 곳을 모두 들른 후 다시 A로 돌아오지 않는다.)

① 28km ② 34km
③ 44km ④ 54km
⑤ 60km

42 A회사 총무팀 최 사원은 다음 분기에 구매해야 할 물품 목록을 정리해 둔 파일을 실수로 삭제해버렸다. 다행히 없어진 파일 내용 중 일부가 최 사원의 업무수첩에 적혀 있어, 이 내용과 지난 분기 지출내역을 바탕으로 구매 목록을 다시 작성할 수 있었다. 최 사원이 작성한 구매 물품 목록으로 가장 알맞은 것은?

최 사원의 업무수첩 내용

- 다음 분기 구매해야 할 물품들
  - 지난 분기에 구매했던 간식류 재구매(단, 과자는 제외)
  - 믹스커피 재구매
  - 운동회 비품 구입(지난 분기와 동일하게)
  - 직원들이 원하는 비품 구비(회의 때 다수결 투표실시. 최종 2위 물품까지 구입)
- 주간 회의내용
  - 부장님 지시사항 : 상무님 취향에 맞춰 믹스커피 브랜드 바꿀 것(P → N브랜드)
  - 비품 투표 결과 : 방석 2표, 손전등 1표, 머그잔 4표, 옷걸이 7표
  - 다음 분기 물품은 꼭 필요한 것만 구입할 것

지난 분기 지출내역

분류	물품명	수량	단가(원)
간식	하루땅콩(견과류)	50봉지	15,030
사무용품	잘 써지는 볼펜	1box(20개입)	10,350
기타	스탠드	1개	47,580
간식	양파땡(과자)	10봉지	7,000
음료	건강두유	1box(30개입)	24,020
음료	P브랜드 믹스커피	1box(70개입)	27,800
운동회 비품	등산용 방석	10개	2,000
운동회 비품	햇빛 가리개	10개	1,000

① 〈구매 물품 목록〉
하루땅콩
양파땡
믹스커피(P브랜드)
등산용 방석
햇빛 가리개

② 〈구매 물품 목록〉
하루땅콩
믹스커피(N브랜드)
등산용 방석
햇빛 가리개
옷걸이

③ 〈구매 물품 목록〉
하루땅콩
믹스커피(N브랜드)
등산용 방석
옷걸이
머그잔

④ 〈구매 물품 목록〉
하루땅콩
믹스커피(N브랜드)
등산용 방석
햇빛 가리개
옷걸이
머그잔
건강두유
잘 써지는 볼펜

⑤ 〈구매 물품 목록〉
하루땅콩
믹스커피(N브랜드)
등산용 방석
햇빛 가리개
옷걸이
머그잔

43 B그룹에서는 신입사원 교육 실시를 위해 인재개발원 강당에 신입사원을 집결시켰다. 좌석 배치도와 착석 상황을 참고할 때, 신입사원 교육에 참가한 신입사원 수는?

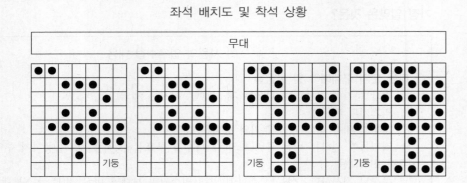

좌석 배치도 및 착석 상황

무대

※ 좌석은 총 4분단으로 나뉘어져 있다.
※ ●는 착석한 사람을 뜻한다.

- 패션 계열사 신입사원 7명은 무대 뒤에서 장기자랑을 준비하고 있다.
- 신입사원 2명은 갑작스런 장염 증세로 화장실에 갔다.
- 착석한 인원 중 10명은 신입사원 교육을 진행하기 위해 온 인사팀 기존 직원들이다.

① 95명   ② 97명
③ 99명   ④ 101명
⑤ 103명

44 다음은 어느 회사 홍보팀 이 대리의 일정표다. 만약 귀하가 이 대리의 업무를 돕는 인턴 직원이라고 가정했을 때 할 수 있는 생각으로 적절하지 않은 것은?

구분	월	화	수	목	금
업무	9:00 주간회의	11:00 마케팅팀 미팅	11:00 보고자료 준비	17:00 신입인턴 대상 교육	13:00 VIP의전
	13:00 협력사 미팅	15:00 대행사 미팅	16:00 조기퇴근		
당직 여부	○			○	

① 월요일 9시에 주간회의가 있으니, 회의에 늦지 않도록 8시 40분까지 출근해야겠어.
② 수요일 보고 때 쓰일 자료 준비에 도와드릴 건 없는지 여쭤봐야겠어.
③ 금요일에는 VIP 방문이 있구나. 회사 방문 시 이동 동선은 어떻게 되는지 체크해봐야겠다.
④ 목요일 신입인턴 교육 때 배부할 유인물이 있다면 목요일 오전에 미리 준비해 놓아야지.
⑤ 이 대리님이 목요일 당직이라 힘드시니까 신입인턴들에게 교육 후 질문하지 말라고 귀띔해야겠다.

45 다음 글은 K기업 제휴 항공사의 기내식 제공 순서에 관한 정보이다. 다음 글을 근거로 판단할 때, A~G에게 기내식을 제공하는 순서로 옳은 것은?

기내식 종류별 제공 순서

1. 어린이식사를 가장 먼저 제공한다.
   ※ 어린이식사는 미리 주문한 사람에 한하여 제공하며, 어린이와 동승한 승객의 식사도 함께 제공한다.
2. 특별식을 두 번째로 제공한다.
   ※ 특별식에는 채식, 저칼로리식, 저탄수화물식, 저염식이 있으며, 미리 주문한 승객에 한하여 제공한다.
3. 일반식을 마지막으로 제공한다. 순서는 다음과 같다. 기체의 가장 앞쪽과 가장 뒤쪽부터 중간쪽 방향으로 제공한다. 단, 같은 열에서는 창가에서 내측 방향으로 제공한다.

탑승자 정보

A: 어린이와 동승했으며 어린이식사를 미리 주문하였다.
B: 특별식을 주문하지 않았으며, 동승한 친구는 자신이 먹을 채식을 미리 주문하였다.
C: 혼자 탑승하였으며 특별식을 주문하지 않았다.
D: 어린이와 동승하였으나 어린이식사를 주문하지 않았다.
E: 혼자 탑승하였으며 저칼로리식을 미리 주문하였다.
F: 성인인 친구와 동승하였으며 특별식을 주문하지 않았다.
G: 혼자 탑승하였으며 특별식을 주문하지 않았다.

탑승자의 좌석 배치도

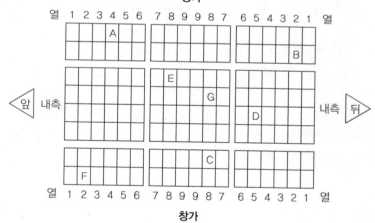

① A − B − E − F − D − C − G
② A − E − B − F − D − C − G
③ A − E − F − B − D − C − G
④ B − F − A − D − G − C − E
⑤ B − F − A − D − E − G − C

46 광화문에 있는 공공기관에 근무하는 김야구 씨는 저녁 6시 퇴근 후 7시에 시작하는 프로야구 경기 관람을 위해 최대한 빠른 방법으로 고척스카이돔 경기장에 가려고 한다. 다음 자료를 참고할 때 김야구 씨가 선택할 교통수단과 이동시간이 바르게 짝지어진 것은? (단, 환승을 하는 데 걸리는 시간은 없다.)

교통수단별 이동시간

• 지하철

출발＼도착	종로3가역	구일역
경복궁역	4분	–
종로3가역	–	30분
시청역	–	25분

• 버스

출발＼도착	시청역 버스정류장	구일역 버스정류장
광화문 버스정류장	5분	57분

• 도보

출발＼도착	경복궁역	시청역	광화문 버스정류장	고척 스카이돔
회사	6분	–	7분	–
구일역&구일역 버스정류장	–	–	–	10분
시청역 버스정류장	–	2분	12분	–

① 버스, 50분   ② 지하철, 49분
③ 버스 + 지하철, 50분   ④ 버스 + 지하철, 49분
⑤ 버스 + 지하철, 60분

47 한 공공기관 사내방송 프로듀서 나태호 피디는 하루치 방송을 준비하는 데 다음과 같은 과정을 거친다. 나 피디가 방송 준비 과정을 개선해 준비 시간을 30% 절감했을 때, ㉮와 ㉯에 들어갈 시간의 합은?

방송 준비 과정

1단계	2단계	3단계	4단계	5단계
기획	큐시트 작업	촬영	편집	방송 송출

단계별 투입 시간

단계	투입 시간	
	근무 효율성 개선 전	근무 효율성 개선 후
1단계-기획	1시간	42분
2단계-큐시트 작업	40분	㉮
3단계-촬영	1시간	42분
4단계-편집	1시간 30분	㉯
5단계-방송 송출	50분	35분

① 1시간 29분
② 1시간 30분
③ 1시간 31분
④ 1시간 32분
⑤ 1시간 33분

48 D패션 마케팅부에 근무하는 김 대리는 홍보 대행사에 직접 방문해 미팅을 하려고 한다. 다음 대화를 참고할 때, 김 대리가 찾아가야 할 사무실은?

김 대리	: 안녕하세요. D패션 마케팅부 김센스 대리입니다. 오늘 홍보3팀과 미팅이 있어서 왔는데요.
안내데스크	: 네. 이 방문증을 지참하시고 본관 3층으로 올라가시면 됩니다.
김 대리	: 혹시 화장실은 어디인가요?
안내데스크	: 외부인이 이용할 수 있는 화장실은 1층 로비 왼편과 2층에 있습니다.
김 대리	: 그럼 지금 다녀와야겠군요. 잠시만요.

(잠시 후)

김 대리	: 아까 본관 어디로 가면 된다고 하셨죠?
안내데스크	: 죄송합니다. 착오가 있었네요. 본관 3층이 아니라 별관 3층입니다. 별관은 본관 3층을 통해 이동하실 수 있고요, 별관에 입장하신 후 입구에서 왼쪽 세 번째 방으로 들어가시면 됩니다.
김 대리	: 네. 감사합니다.

별관 3층　　　　　　　　　　　본관 3층

②　　　　　④　　　입구

①　　　　　③　　　　　　　⑤

49 가나다 물산에서는 직원들의 외국어 능력 향상을 위해 사내 영어스피치 대회를 열었다. 다음 표는 사내 영어스피치 대회의 시상 내용과 심사 결과를 나타낸 자료이다. 4가지 평가 항목의 점수의 총합이 높은 순서대로 으뜸상, 버금상, 성실상, 가능성상을 수상할 때, 버금상을 받는 사람은 누구인가? (단, 동점이 나올 경우 직급이 낮은 사람이 수상한다.)

시상 내용

수상명	수상 인원
으뜸상(1등)	1명
버금상(2등)	1명
성실상(3등)	1명
가능성상(4등)	1명

심사 결과

항목	도봉순 인턴	공비서 대리	오돌병 팀장	나경심 사원	황진이 상무
전달력	23	20	18	22	25
원고 내용	20	21	24	20	20
독창성	23	24	23	23	20
관객반응	25	20	17	20	23

※ 직급은 상무 > 팀장 > 대리 > 사원 > 인턴 순으로 높다.

① 도봉순 인턴   ② 공비서 대리
③ 오돌병 팀장   ④ 나경심 사원
⑤ 황진이 상무

50 다음 공고문을 참고할 때, 국비유학생으로 선발되는 2인은?

2017년 국비유학생 모집 공고

1. 원서접수 기간 : 2017. 5. 1(월)~2017. 5. 10(수)
2. 모집인원 : 2명
3. 지원 자격
   1) 남성의 경우 군필자 혹은 면제자
   2) 지원국가의 언어 기준 점수를 충족하는 자

영어	중국어	일본어
토플 100점 이상	HSK 3급 이상 ※ 급수 높은 사람 우대	JPT 900점 이상

   3) 전공하고자 하는 분야의 경력이 만 3년 이상인 자
      • 경력 인정 범위
        − 관련 분야에서 연구직으로 근무한 경력
        − 관련 직무로 정부 산하기관 또는 공공기관에 근무한 경력
※ 위 조건을 모두 충족한 자만 지원가능

이름	추남호(남)	이재준(남)	원기옥(남)	빙희진(여)	서상태(남)
지원 국가	미국	영국	일본	중국	미국
지원 전공	물리학	사회학	통신공학	미생물학	영문학
특징	• 군필 • 토플 110점 • HSK 3급 • 한국물리학 연구소 연구원 (2년 8개월)	• 군 면제 • 토플 95점 • JPT 990점 • 네이웃 컴퍼니 사회트렌드 조사팀 5년 근무	• 군필 • JPT 910점 • 한국대학교 통신공학 연구팀 인턴연구원 1년 근무 • SL텔레콤 통신서비스 연구팀 연구원 2년 3개월 근무	• HSK 5급 • 연화대학교 미생물학 연구팀 2년 근무 • 국립서울병원 미생물·유전학 특별 연구팀 1년 근무	• 미필 • 토플 110점 • 서연대학교 인문학 연구소 영문학 연구 조교 4년 근무

① 추남호, 이재준
② 이재준, 빙희진
③ 원기옥, 빙희진
④ 빙희진, 서상태
⑤ 추남호, 서상태

완전정복

NCS
문제해결
자원관리능력

초판인쇄 2021년 4월 5일
초판발행 2021년 4월 9일
편 저 자 PMG적성검사연구소 [박민제]
발 행 인 박 용
발 행 처 (주)박문각출판
등   록 2015. 4. 29. 제2015-000104호
주   소 06654 서울시 서초구 효령로 283 서경빌딩
교재주문 (02)6466-7202

정가 18,000원

ISBN 979-11-6704-001-5

NCS

취업의

새로운 기준

최신기출 실전모의고사 3회 수록

완전정복

PMG적성검사연구소 [박민제]

NCS
문제해결
자원관리능력

정답 및 해설

QMG 박문각

NCS 완전정복

문제해결
자원관리능력

최신기출 실전모의고사 3회 수록

완전정복

NCS
문제해결
자원관리능력

정답 및 해설

PMG적성검사연구소 [박민제]

QMG 박문각

PART 01 명제형

본문 16~25쪽

01	②	02	①	03	⑤	04	④	05	④	06	⑤	07	②	08	④	09	④	10	③
11	③	12	⑤	13	③	14	③	15	⑤	16	①	17	④	18	①	19	④	20	②
21	②	22	②																

01 / ❷

[정답해설] 모든 변호사가 논리적 사고를 하며 독서를 좋아하는데 법대생도 변호사에 포함되므로 법대생 역시 논리적 사고를 하며 독서를 좋아한다.

02 / ❶

[정답해설] 맥주를 좋아하는 모든 사람은 치킨을 좋아하고, 치킨을 좋아하는 모든 사람은 콜라를 좋아한다고 하였으므로
맥주 ⊂ 치킨 ⊂ 콜라
맥주를 좋아하는 하진은 치킨과 콜라를 모두 좋아한다.

03 / ❺

[정답해설] 외교관은 모두 영어를 잘하고, 영어를 잘하는 어떤 사람은 중국어를 잘한다. 하지만 모든 외교관이 영어와 중국어를 잘한다고 할 수는 없다.

04 / ❹

[정답해설] 주어진 조건을 참고하여 정리하면, 아르바이트생 A, B, D가 근무하는 날에는 C, E, F가 근무하지 않는다. 따라서 ④의 'A가 근무하는 날에는 E도 함께 근무한다.'는 거짓이다.

05 / ❹

[정답해설] A → C, A → B, D → E, B → C, ~D → ~B (B → D)이므로 정리하면 A → B → C, B → D → E이다. C와 D의 관계는 반드시 참이라고는 할 수 없다.

06 / ❺

[정답해설] 피자를 좋아하는 사람은(P) 콜라도 좋아한다.(Q)
P → Q
치킨을 좋아하지 않는 사람은(~R) 햄버거를 좋아한다.(S)
~R → S
주스를 좋아하지 않는 사람은(~T) 햄버거도 좋아하지 않는다.(~S)
~T → ~S
⑤의 대우는 '피자를 좋아하는 사람은 콜라도 좋아한다.'
(P → Q)이므로 정답은 ⑤이다.

07 / ❷

[정답해설] 지성의 직업은 판사이고, 판사들은 모두 분석적 사고를 하므로 정답은 ②이다.

08 / ❹

[정답해설] 조건을 정리하면 '설명이 가능 → 개념화 가능 → 분석 가능'이므로 정답은 ④이다.

09 / ❹

[정답해설] 주어진 명제에 따르면 '수업을 듣지 않는다. → 중간고사를 잘 보기 어렵다. → 학점을 잘 받기 어렵다. → 취업을 잘하기 어렵다.'가 성립된다. 이에 따라 '수업을 듣지 않으면 취업을 잘하기 어렵다.'는 항상 참이 된다.

10 / ❸

[정답해설] '희성은 물리를 좋아한다.'는 결론을 도출하기 위해서는 수학과 물리의 관계에 대한 전제가 필요하다. 따라서 빈칸에 들어갈 명제는 '수학을 좋아하면 물리를 좋아한다.'이다.

11 / ❸

[정답해설] 주어진 전제는 '모든 여학생은 드라마를 좋아한다.' (P → Q)이며, 결론은 '모든 여학생은 영화를 좋아한다.' (P → R)이므로 필요한 전제는 '드라마를 좋아하는 사람은 영화도 좋아한다.'(Q → R)이다.

12 / ❺

[정답해설] '모든 아이는 초콜릿을 좋아한다.'(P → Q)라는 전제에서 '모든 아이는 우유를 좋아한다.'(P → R)라는 결론이 도출되므로 필요한 전제는 '초콜릿을 좋아하면 우유를 좋아한다.'(Q → R)라는 전제이다. 따라서 Q → R의 대우명제인 '우유를 좋아하지 않으면 초콜릿도 좋아하지 않는다.'(~R → ~Q)가 정답이다.

13 / ❸

[정답해설] 주어진 전제 '카페인이 들어 있지 않은 커피는 없다.'($\sim Q \rightarrow \sim P$, $P \rightarrow Q$)에서 '커피에는 피로회복 효과가 있다.'($P \rightarrow R$)라는 결론을 도출해야 하므로 필요한 전제는 '카페인'과 '피로회복'이 연결된 '모든 카페인은 피로회복 효과가 있다.'($Q \rightarrow R$)이다.

14 / ❸

[정답해설] 전제 1의 대우인 '휴대폰을 사용하는 사람은 모바일 게임을 한다.'($P \rightarrow Q$)와 전제 2인 '모바일 게임을 하는 사람은 모두 드라마를 본다.'($Q \rightarrow R$)가 참이므로 '휴대폰을 사용하는 사람은 모두 드라마를 본다.'($P \rightarrow R$)는 결론을 도출할 수 있다.

15 / ❺

[정답해설] A : 안경을 쓰는 사람은 모두 시력이 좋지 않고, 시력이 좋지 않은 어떤 사람은 렌즈를 착용한다. 하지만 안경을 쓰는 사람 중 렌즈를 사용하는 사람이 있는지는 알 수 없다.
B : 두 번째 조건의 이 관계이다. 이 관계는 항상 옳지 않으므로 알 수 없다.

16 / ❶

[정답해설] ㉠ 주어진 명제에서는 '기온이 올라간다.'와 '비가 오는 날이 많다.'의 관계를 파악할 수 없다.

[오답연구] ㉡ '기온이 올라가지 않으면 여름이 아니다.'가 참이므로 대우인 '여름이면 기온이 올라간다.'는 항상 참이 된다.
㉢ '겨울이 되면 기온이 내려간다.'($P \rightarrow Q$)와 '기온이 내려가면 눈이 오는 날이 늘어난다.'($Q \rightarrow R$)가 참이므로 '겨울이 되면 눈이 오는 날이 늘어난다.'($P \rightarrow R$)는 참이 된다.

17 / ❹

[정답해설] ㉠ '철수와 영희는 여행을 좋아한다.'($P \rightarrow Q$)와 '운동을 좋아하지 않으면 여행도 좋아하지 않는다.'($\sim R \rightarrow \sim Q$, $Q \rightarrow R$)가 참이므로 '철수와 영희는 운동을 좋아한다.'($P \rightarrow R$)는 참이다.
㉢ 두 번째 명제에서 '영희가 요리를 좋아한다.'는 참이 되며, 네 번째 명제에서 '영희가 독서를 좋아한다.'도 참이 된다.

[오답연구] ㉡ 요리를 좋아하는 사람이 독서를 좋아하므로 독서를 좋아하는 사람은 영희이다.

18 / ❶

[정답해설] ① 첫 번째 명제와 세 번째 명제의 대우를 통해 '남학생은 수학과 과학 모두 잘한다.'는 참이라는 사실을 확인할 수 있다.

[오답연구] ②, ③ 다섯 번째 명제에서 '국어를 잘하면 영어를 잘한다.'는 확인할 수 있지만 영어를 잘한다고 해서 국어를 잘하거나 못한다고 판단할 근거는 없다.
④ 여학생이 수학을 잘하는지 못하는지 확인할 수 없다.
⑤ 남학생은 국어를 잘하지 못하지만 영어를 잘하는지 못하는지는 확인할 수 없다.

19 / ❹

[정답해설] ④ 다섯 번째 명제의 대우인 '볼링을 좋아하면 등산도 좋아한다.'가 참이므로 마케팅부 직원들은 볼링과 등산을 모두 좋아한다.

[오답연구] ① 다섯 번째 명제의 대우인 '볼링을 좋아하면 등산도 좋아한다.'에 배치된다.
② 네 번째 명제의 대우인 '낚시를 좋아하면 등산을 좋아한다.'는 참이지만 역도 참이라고는 할 수 없으므로 '마케팅부 직원들은 낚시를 좋아한다.'는 항상 참이라 할 수 없다.
③ 등산을 좋아한다고 해서 볼링을 좋아한다고 판단할 근거는 없다.
⑤ 네 번째 명제에 어긋나므로 오답이다.

20 / ❷

[정답해설] ② 사과는 과일이며, 과일에 속하면 채소에 속하지 않으므로 항상 참이 된다.

[오답연구] ① '채소에 속하지 않으면 과일이다.'는 세 번째 명제의 역이므로 항상 참이라 볼 수 없다.
③ 사과는 과일에 속하고 과일을 좋아하는 사람은 채소를 좋아한다고 하였으므로 참이라 볼 수 없다.
④ 세 번째 명제의 대우는 '채소에 속하면 과일에 속하지 않는다.'이므로 참이라 볼 수 없다.
⑤ 네 번째 명제의 역에 해당하며, 명제의 역은 항상 참이라고 볼 수 없다.

21 / ❷

[정답해설] 주어진 조건을 이용하면, 어학연수에 찬성하는 학생은 A, B, D, E라는 사실을 알 수 있다.
($A \rightarrow B$, $A \rightarrow D \rightarrow E$)
어학연수에 찬성하는 학생이 4명이므로 어학연수에 반대하는 학생은 C, F이다.

22 / ❷

[정답해설] 주어진 조건과 그 대우명제를 정리하면 다음과 같다.
$A \rightarrow \sim B$, $\sim C \rightarrow \sim A$($A \rightarrow C$),
$\sim E \rightarrow \sim D$ and $\sim F$(D or $F \rightarrow E$),
$E \rightarrow \sim A$($A \rightarrow \sim E$)
A가 승진하므로 세 번째 명제의 대우에 따라 C도 승진한다. 두 번째 명제에 따라 B는 승진하지 못하고, 마지막 명제의 대우에 따라 E도 승진하지 못한다. E가 승진하지 못하면 D와 F도 승진하지 못한다.
따라서, 승진하게 되는 직원은 A와 C 2명이다.

PART 02 논리게임형

본문 32~53쪽

01	③	02	④	03	③	04	⑤	05	③	06	③	07	④	08	①	09	②	10	⑤
11	④	12	③	13	①	14	⑤	15	④	16	③	17	④	18	⑤	19	①	20	⑤
21	①	22	④	23	①	24	③	25	①	26	③	27	②	28	③	29	①	30	⑤
31	④	32	②	33	③	34	③	35	④	36	②	37	②	38	①	39	③	40	④
41	③	42	②	43	⑤	44	②												

01 / ❸

[정답해설] 조건을 하나씩 정리하면 다음과 같다.

A = D
D > B
C ≥ E
C > A
D ≥ E

첫 번째와 두 번째, 네 번째, 다섯 번째 조건을 조합하면 C > A = D > B, E이고 이 식은 세 번째 조건인 C ≥ E에도 부합하므로 직급이 가장 높은 사람은 C이다.

02 / ❹

[정답해설] 사회자인 A를 기준으로 C가 A 왼쪽에 자리하는 경우와 오른쪽에 자리하는 경우로 나눌 수 있다.

ⅰ) C가 A 왼쪽에 자리하는 경우

ⅱ) C가 A 오른쪽에 자리하는 경우

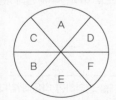

따라서 E 양옆에는 B와 F가 온다.

03 / ❸

[정답해설] 두 번째 조건에 따라 〈스포츠클릭〉은 2번 방을 쓴다. 첫 번째 조건과 세 번째 조건을 조합하면 〈라디오천국〉, 〈낭만여행〉, 〈연예톡〉이 입구에서 왼쪽 방, 〈무한질주〉, 〈코리아스타〉,

〈스포츠클릭〉이 입구에서 오른쪽 방을 쓴다는 걸 알 수 있다. 네 번째 조건을 적용하면 〈라디오천국〉은 6번 방을 쓰고, 세 번째 조건에 의해 〈낭만여행〉이 4번 방을 씀을 알 수 있다.

04 / ❺

[정답해설] 조건을 표로 정리하면 다음과 같다.

구분	수영	야구	농구	하키	축구
A	○				
B		○	○	○	
C	○				○
D	○		○	○	

05 / ❸

[정답해설] ⅰ) A가 시민인 경우
A가 하는 말이 다 참이므로, A는 시민이고 B는 마피아다.
ⅱ) A가 마피아인 경우
A가 마피아이므로, A가 하는 말이 모두 거짓이다. 그런데 이렇게 되면 '우리 중 적어도 한 명은 마피아다.'는 A의 말이 참이 되므로 모순이다.

06 / ❸

[정답해설] A와 C가 모순된 증언을 하고 있으므로 A나 C를 기준으로 경우의 수를 나눠본다.
ⅰ) A가 시민인 경우
C의 말이 거짓이 되므로 C가 범인이다. 범인은 한 명뿐이므로 B와 D는 시민이다.
ⅱ) A가 범인인 경우
B, C, D는 모두 시민이 돼야 하는데 이 경우 D의 말이 모순이 된다.
따라서 C가 범인이다.

07 / ❹

정답해설 ⅰ) A, D가 기상청에 배치되는 경우

기상청		교통상황실		공항	
A	D	B	E	C	F
		B	F	C	E

ⅱ) A, D가 교통상황실에 배치되는 경우

기상청		교통상황실		공항	
B	E	A	D	C	F
B	F			C	E

08 / ❶

정답해설 요일이 확정된 갑을 기준으로 경우의 수를 나눈다.
ⅰ) 갑이 금요일 오전 당직인 경우

구분	금	토	일
오전	갑	정	을/병
오후	무	을/병	기

구분	금	토	일
오전	갑	무	기
오후	병	정	을

ⅱ) 갑이 금요일 오후 당직인 경우

구분	금	토	일
오전	병	무	기
오후	갑	정	을

09 / ❷

정답해설 세탁 후 옷이 흰색이었다면 흰색만 세탁한 것이다. 흰색 세탁물 중 바지를 세탁할 때, 양말도 함께 세탁해야 하므로 세탁 후 옷이 검은색이 된다. 따라서 바지는 세탁물에서 제외된다.
또 긴팔과 반팔은 함께 세탁할 수 없고 한 번에 두 개 이상의 옷을 세탁해야 하므로 '반팔-셔츠' 혹은 '긴팔-셔츠'를 세탁한 것이다. ②는 '긴팔-셔츠' 세탁의 경우를 배제했으므로 항상 참이 되지 않는다.

10 / ❺

정답해설 다섯 번째 조건을 통해서 G가 일요일 새벽 순찰, H가 토요일 순찰이라는 것을 알 수 있다.
첫 번째 조건을 통해 D가 토요일 순찰, E가 일요일 순찰이라는 걸 알 수 있다. 세 번째, 여섯 번째 조건을 통해 E 바로 다음에 순찰을 도는 A와 A 이후에 순찰을 도는 B도 일요일 근무라는 것을 알 수 있다. 따라서 일요일 근무 순서는 G-E-A-B로 확정된다. B가 일요일 밤 순찰이므로 네 번째 조건에 의해 밤 순찰만 나간다는 F는 토요일 밤 근무라는 것이

도출된다. 아직 확정되지 않은 C를 가지고 경우의 수를 세워본다.
ⅰ) C가 토요일 새벽 근무인 경우

구분	토	일
새벽	C	G
오전	H	E
오후	D	A
밤	F	B

ⅱ) C가 토요일 오전 근무인 경우

구분	토	일
새벽	D	G
오전	C	E
오후	H	A
밤	F	B

ⅲ) C가 토요일 오후 근무인 경우는 없다. C 뒤에 바로 H의 근무가 이어져야 하기 때문이다.
⑤ C는 토요일 새벽에 순찰할 수도 있으므로 항상 참이라 볼 수 없다.

11 / ❹

정답해설 첫 번째, 두 번째 조건에 의해 건모-소미, 승호-유정 커플은 확정적이다. 세 번째 조건에 의해 시경과 세정, 수홍과 세정이 커플이 될 수 없다는 것을 전제한 상태에서 경우의 수를 생각하면 다음과 같다.
ⅰ) 수홍-채연 커플일 때
　지웅-세정, 시경-미나 (○)
　지웅-미나, 시경-세정 (×)
ⅱ) 수홍-미나 커플일 때
　지웅-세정, 시경-채연 (○)
　지웅-채연, 시경-세정 (×)
따라서, 수홍과 미나가 커플일 때, 시경이는 채연과 커플인 경우인 ④만 가능하다.
나머지 선택지는 위 경우 ⅰ), ⅱ)에 없어 존재할 수 없는 경우이다.

12 / ❸

정답해설 다섯 번째 조건에 의해 〈달려라 아나〉는 B가 진행한다.
두 번째 네 번째 조건을 조합하면 남자 아나운서들은 〈뉴스의 중심〉을 진행하지 못한다. 또 〈아는 언니〉, 〈달려라 아나〉에 출연하는 여자 아나운서들 역시 〈뉴스의 중심〉에 출연하지 못하고 여섯 번째 휴무 규정 때문에 여자 아나운서들은 〈그것을 파헤친다〉에도 출연하지 못한다.
여기서 경우의 수를 나눠 살펴보면 다음과 같다.

ⅰ) A가 〈뉴스의 중심〉에 출연하는 경우

출발 모닝쇼 (남자)	한끼의 밥상 (남자)	뉴스의 중심	달려라 아나	아는 언니 (여자)	그것을 파헤친다 (남자)
D or E	D or E	A	B	C	D or E

ⅱ) C가 〈뉴스의 중심〉에 출연하는 경우

출발 모닝쇼 (남자)	한끼의 밥상 (남자)	뉴스의 중심	달려라 아나	아는 언니 (여자)	그것을 파헤친다 (남자)
D or E	D or E	C	B	A	D or E

③ 2개 이상 프로그램에 출연하게 되는 아나운서는 D 또는 E로 남자이다.

13 / ❶

정답해설 홍보팀은 R&D팀보다 위층이므로 홍보팀이 5층과 6층인 경우를 나누어 살펴보자.

ⅰ) 홍보팀이 5층에 위치할 때

6층	영업
5층	홍보
4층	R&D
3층	기획
2층	마케팅
1층	총무

ⅱ) 홍보팀이 6층에 위치할 때

6층	홍보
5층	영업
4층	R&D
3층	기획
2층	마케팅
1층	총무

5층에 위치할 수 있는 팀은 홍보팀, 영업팀이다.

14 / ❺

정답해설 첫 번째─네 번째─여섯 번째─두 번째─세 번째 ─다섯 번째 조건 순으로 해결해 나가면 된다.

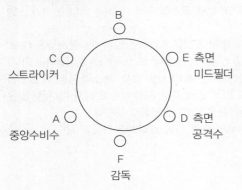

15 / ❹

정답해설 재현이와 규현이의 말이 모순되므로 둘 중 하나는 거짓말을 하고 있다.

ⅰ) 규현이가 시민일 경우
지원이의 말도 거짓이 되므로, 마피아가 한 명이라는 전제를 충족시키지 못한다.

ⅱ) 규현이가 마피아일 경우
수근, 지원의 말 모두 참이 되므로, 전제조건을 충족시킨다.

따라서 규현은 마피아, 수근, 재현, 지원은 시민이다.

16 / ❸

정답해설 지효와 채영의 말이 대립되고 있으므로 둘 중 한 명은 거짓말을 하고 있다.

ⅰ) 지효가 거짓말을 할 때
채영의 말에 의해 미나가 1등, 미나의 말에 의해 정연은 3등이다.
정연의 말에 의해 지효는 2등이고, 다현이가 채영보다 시험을 잘 봤으므로, 다현 4등, 채영 5등이다.
정리한 조건들을 조합하면
미나─지효─정연─다현─채영 순으로 시험 점수가 높다.
이 경우 2등은 지효, 4등은 다현이다.

ⅱ) 채영이 거짓말을 할 때
미나의 말에 의해 정연이는 3등이고, 다현 > 채영이다.
지효의 말에 의해 지효 > 미나,
정연에 말에 의해 지효 > 정연(3등) > 채영,
다현에 말에 의해 미나 > 다현이다.
정리한 조건들을 조합하면
지효─미나─정연─다현─채영 순으로 시험 점수가 높다.
이 경우 2등은 미나, 4등은 다현이다.

17 / ❹

정답해설 다섯 번째 조건에 의해 B와 D의 위치는 확정적이다. 첫 번째 조건에 따라 두 가지 경우의 수를 생각해 본다.

ⅰ) B 왼쪽에 E가 오는 경우

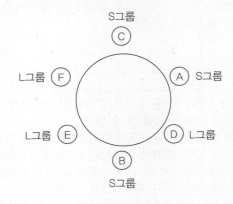

ii) B 왼쪽에 F가 오는 경우

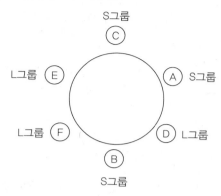

S그룹

C

N그룹 E ○ ○ A S그룹

N그룹 F ○ ○ D N그룹

B

S그룹

두 경우 모두 A 양옆에 C와 D가 앉는다.

18 / ❺

정답해설 ⑤ A-C-B-D 순으로 배열하면 A와 D 사이의 거리가 2,000m다.

오답연구 ① B가 A와 C 사이에 있을 때 D가 A보다 200m 앞에 있는 경우와 D가 A보다 1,000m 뒤에 있는 경우로 나뉜다.
② B가 A보다 뒤에 있을 때 C는 B보다 앞에 있는 경우와 뒤에 있는 경우로 나뉜다.
③ D가 B보다 앞에 있을 때, C와 D의 거리는 1,100m이거나 100m다.
④ B는 항상 A 뒤에 온다.

19 / ❸

정답해설 A와 B, E와 F는 모순되는 사실을 말하고 있다. 따라서 A와 B 중 한 명, E와 F 중 한 명이 거짓을 말하고 있다. 이에 따라 C와 D는 참을 말하고 있음을 알 수 있다. 아래와 같은 4가지 경우가 가능하다.

	경우 1	경우 2	경우 3	경우 4
A	참	거짓	참	거짓
B	거짓	참	거짓	참
C	참	참	참	참
D	참	참	참	참
E	참	거짓	거짓	참
F	거짓	참	참	거짓

20 / ❺

정답해설 다섯 번째, 여섯 번째, 일곱 번째 조건에 의해 E는 중국어를 듣지 않고, C는 중국어를 들으며, B는 프랑스어를 듣는 것을 알 수 있다.
열한 번째 조건에 의해 C는 스페인어를 듣지 않고 D와 E는 독일어를 듣지 않는다.

세 번째 조건에 의해 A는 중국어를 듣지 않는다. 중국어를 듣는 사람이 3명이므로 B와 D는 중국어를 수강하며, 열 번째 조건에 의해 B, C, D는 일본어는 수강하지 않는다. 또 B는 두 과목만 들으므로 프랑스어와 중국어만 수강한다는 사실을 알 수 있다.
열두 번째 조건에 의해 E는 프랑스어를 수강하고, C는 프랑스어를 듣지 않는다는 걸 알 수 있다.
네 번째 조건에 의해 A가 듣는 과목은 D도 들어야 하므로 A와 D는 수강인원이 한 명뿐인 독일어와 스페인어를 수강하지 못한다. 또 D는 일본어를 수강하지 않으므로 A 또한 일본어를 듣지 않는다는 걸 알 수 있다. A에게 남은 과목은 프랑스어뿐이므로 A와 D는 프랑스어를 함께 듣는다. 따라서 스페인어는 E가, 독일어는 C가 수강한다.
E는 일본어를 들을 수도 있고 안 들을 수도 있다.

구분	A	B(2)	C	D	E
중국어(3)	×	○	○	○	×
일본어	×	×	×	×	?
프랑스어	○	○	×	○	○
독일어(1)	×	×	○	×	×
스페인어(1)	×	×	×	×	○

※ 괄호 안의 숫자는 수강인원 혹은 수강과목 수이다.

21 / ❶

정답해설 조건에 의해 2번 칸에는 노란색, 7번 칸에는 파란색이 칠해진다.
빨강, 초록과 초록, 보라는 인접하므로 순서대로 빨강, 초록, 보라 혹은 보라, 초록, 빨강이 칠해지는데, 세 번째 조건에 의해 노란색 칸이 짝수 번째 칸에서 제일 많아야 하므로 6번 칸에는 노랑, 3, 4, 5번 칸에는 순서대로 빨강, 초록, 보라 혹은 보라, 초록, 빨강이 칠해진다.
또한, 파란색 칸이 두 칸이어야 하므로 첫 번째 칸에는 파란색이 칠해진다. 그러므로 빨간색은 3번 칸에 칠해진다.
따라서 기차는 파란색-노란색-빨간색-초록색-보라색-노란색-파란색 순으로 칠해진다.

22 / ❹

정답해설 조건을 통해 알 수 있는 정보는 B가 7등, A가 6등, F가 1등이라는 것과 C + D = F, E < G < F라는 것이다.
④ 이 조건이 있을 경우 C < D < E < G < F가 성립되므로 F-G-E-D-C-A-B라는 순위를 확정 지을 수 있다.

오답연구 ① 이 조건만 가지고는 C, D, E, G의 순서를 확정 지을 수 없다.
② 이 조건만 가지고는 C, D, E, G의 순서를 확정 지을 수 없다.
③ 이 조건만 가지고는 C, D, E, G의 순서를 확정 지을 수 없다.
⑤ 이 조건이 있을 경우 D < C의 순서는 알 수 있지만 C, D, E, G 사이의 순서를 확정 지을 수 없다.

23 / ❶

정답해설 수미 : 여섯 번째 조건에 의해 병이 B방을 사용할 때 정은 E방에 배치된다. 그리고 일곱 번째 조건에 의해 무, 기는 인접한 방을 사용해야 하므로 C−D 혹은 F−G방을 사용하고 갑, 을은 1인실만 사용하므로 역시 인접한 방에 배치된다.

오답연구 정은 : 무가 E방을 사용하고 기가 F방을 사용할 경우, 마주보는 병과 정은 D, G를 쓰고 갑과 을은 무조건 1인실을 쓰므로 B, C를 쓴다. 그러면 경은 2인실을 사용하게 되므로 정은의 말이 항상 맞는 건 아니다.

지혜 : 정이 C방을 사용할 때 병은 F방에 배치된다. 무와 기는 서로 인접해야 하므로 두 명은 A와 B 또는 A와 E에 배치되어야 한다. 따라서 기뿐만 아니라 무도 2인실인 A방에 배치될 수 있다.

24 / ❸

정답해설 남자와 여자의 수가 같으므로 남녀 4명씩이다. 아나운서는 모두 여자, 행정직은 모두 남자이고, 여자 PD의 수는 아나운서 수와 같으므로, 여자 PD(2명) = 아나운서(2명)이다.
남자PD의 수가 2명보다 많으므로 3명이다.(4명이면 행정직 = 0명) 행정직은 1명이다.

25 / ❶

정답해설 조건에 따라 술래가 아닌 네 명을 배열하면 다음과 같다.

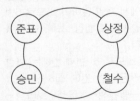

상정이의 왼쪽에 앉은 사람은 철수다.

26 / ❸

정답해설 첫 번째와 다섯 번째 조건에 따르면 B는 화요일, D는 수요일에 휴가를 쓴다.
E와 F는 같은 날, 즉 휴가 시작 요일이자 마지막 요일인 월요일에 휴가를 쓴다. 그런데 B가 E보다 휴가가 늦으므로 E가 첫날 월요일, F가 그 다음 주인 마지막 날 월요일에 휴가를 쓴다.
네 번째 조건에 따라 A는 금요일이 휴가이고 남은 C가 목요일에 휴가를 쓴다.

월	화	수	목	금
E	B	D	C	A
F				

27 / ❷

정답해설 ② 현재 9점인 유진이가 5점을 더 얻으려면 (5, 0), (0, 5), (2, 3), (3, 2)의 방법이 있다. 따라서 3점을 맞춘 적이 있을 수 있다.

오답연구 ① 재훈이가 2번 5점을 맞추고 1번은 과녁을 맞추지 못했다면 10점 획득이 가능하다.
③ 각각 두 번 더 쏘아 유진이가 (2, 3) 또는 (0, 5)로 5점을 획득하고 재훈이가 (2, 2)로 4점을 획득한다면 동점이다.
④ (5, 5)로 재훈이 10점을 더 얻고 유진이의 사격은 모두 빗나간다면 재훈의 최종점수는 20점, 유진의 최종점수는 9점으로 11점 차이이다.
⑤ 유진이가 0점을 받고 남은 한 발을 5점을 쏘아 14점인 경우 재훈이가 두 번 다 최소점 2점을 받아도 14점이므로 동점이 최대이다.

28 / ❸

정답해설 1층에 사는 남학생과 2층에 사는 여학생이라는 의미는 남녀 공용이 아닌 남학생 전용, 여학생 전용 기숙사에 사는 학생의 조합을 말하는 것이다.
첫 번째 조건에서 A와 E가 같은 건물에 산다는 것은 3동 또는 4동에 사는 것을 의미한다. 또한 H와 E가 인접한 건물에 살지 않는다는 의미는 2동에 H, 4동에 E가 사는 것을 의미한다.
네 번째 조건에서 G는 3동에 살지 않으므로 2동에 거주함을 알 수 있다. 또한, F가 3동에 거주하는 것을 알 수 있다.
두 번째와 세 번째 조건에서 C와 F는 같은 건물에 살지 않고 B는 C와 다른 건물에 사므로 C, D는 1동, B는 3동에 거주하는 것을 알 수 있다. 이를 정리하면 다음과 같다.

C or D	H or G	B	A
C or D	H or G	F	E
1동	2동	3동	4동

따라서 가능한 조합은 ③뿐이다.

29 / ❶

정답해설 조건을 통해 알 수 있는 것을 표로 나타내면 다음과 같다.

구분	모자	상의	하의
동룡	노랑		검정
정환	파랑	노랑	빨강
선우	빨강	검정	파랑
덕선	검정		노랑

동룡의 상의와 덕선의 상의가 빨강, 파랑 중 어떤 색으로 배정될 것인지는 알 수 없다. 따라서 정답은 ①이다.

30 / ❺

정답해설 ⑤ 모든 경우의 수를 생각하기보다는 반례를 생각하면 빠르게 풀 수 있다.

직전의 3번의 경기에서 한솔이가 '바위'로 3번 이긴 상태라고 가정했을 때 한솔이는 3칸 올라가 있고, 다정이는 제자리에 있는 상태이다. 규칙을 바꾼 후 연이은 두 번의 경기 모두 다정이가 '보'를 내고 이겼다면 한솔이는 2번 졌으므로 2칸 내려가 원래 위치에서 1칸 위로 이동, 다정이는 2번 '보'로 이겼으므로 6칸을 올라가게 되어 원래 위치에서 6칸 위로 이동했기 때문에 다정이가 역전할 수 있다.

따라서 2번의 게임으로도 역전이 가능하다.

오답연구 ① 세 번의 게임 모두 비긴 경우
② 둘 중 한 사람이 세 게임 모두 이긴 경우
③ 세 번 모두 다정이가 보로 이긴 경우
④ 한 사람이 보로 세 번 이긴 경우

31 / ❹

정답해설 자스민과 피터팬은 서로 모순되는 주장을 하고 있으며 거짓말을 하는 인물은 한 명이므로 둘 중 한 명이 거짓말을 하고 있음을 알 수 있다. 따라서 백설공주와 라푼젤의 진술은 참이 된다. 이에 따라 라푼젤과 자스민은 사과를 먹지 않았으며 자스민이 거짓말을 하고 있음을 알 수 있다. 자스민이 거짓말을 했으므로 피터팬도 사과를 먹지 않았고 따라서 사과를 먹은 사람은 백설공주이다.

32 / ❷

정답해설 다른 진술은 모두 'A이거나 B' 형태의 진술인 반면 B의 진술은 확정적이므로 B의 진술부터 출발한다.

B에 따라 D가 소지하고 있지 않다면 C의 진술로 인해 C가 소지하고 있지 않음을 알 수 있다. E의 진술로는 추가적인 정보를 알 수 없고 A의 진술에 따라 B가 소지하고 있음을 알 수 있다.

33 / ❸

정답해설 제시된 조건을 벤 다이어그램으로 나타나면 아래와 같다.

ⓛ 마케팅 팀원은 모두 워드를 수강하므로 PPT 강의도 수강한다.

ⓔ 여섯 번째 조건의 대우를 취하면 워드 강의를 수강하는 경우 컴퓨터 활용능력 자격증이 없다는 것을 알 수 있다. 마케팅 팀원은 모두 워드를 수강하므로 참이다.

오답연구 ⓒ 재무부에 엑셀 강의를 듣는 사원이 PPT 강의를 수강한다면 마케팅 팀원과 함께 수강하는 경우가 있을 수 있다.
ⓐ 알 수 없다.

34 / ❸

정답해설

구분	월	화	수	목	금	토	일
첫째 주	○	과제			과제	○	
둘째 주	○	과제			과제	○	경기

이틀 연속 배드민턴 연습을 하는 경우를 제외하고 최대로 경기 연습을 하기 위해서는 첫째 주 토요일과 둘째 주 월요일은 반드시 배드민턴 연습을 해야 한다. 그 외에 최대한 연습을 하기 위해 첫째 주 월요일과 둘째 주 토요일도 연습을 해야 한다. 반면 이틀 연속 연습할 수 없으므로 매주 수, 목요일은 하루를 선택하여 연습한다. 따라서 정답은 ③이다.

35 / ❹

정답해설 두 번째 조건에 의해 1번 문제의 답은 3, 3번 문제의 답은 1이다.

세 번째 조건에 의해 2번 문제의 답은 4이다.

모든 문제를 맞힐 가능성은 국진에게만 있으므로 4번 문제의 답은 5이다.

구한 정답으로 채점을 해 보면 국진-종신-규현-현동 순으로 문제를 많이 맞혔다.

36 / ❷

정답해설 우선 확정된 조건에 따라 갑을 A팀에, 무와 경을 C팀에 배치한다.

세 번째 조건에 의해 을과 기는 같은 팀이고, 여덟 번째 조건에 의해 기는 두 명의 여성사원과 같은 팀인데, 기와 같은 팀에 배치돼야 하는 을은 병이나 정과 같은 팀에 배치될 수 없으므로 을과 기는 A팀이다.

C에는 남은 자리에 여성만 올 수 있으므로 신은 B에 배치된다. 마지막 조건에 의해 신과 병이 같은 팀이 아니므로 병은 C팀, 정과 임은 B팀이다.

조건에 따라 팀을 배열하면 아래와 같다.

A팀	B팀	C팀
갑(여), 을(여), 기(남)	정(여), 신(남), 임(남)	병(여), 무(남), 경(남)

37 / ❷

정답해설 민호, 신수, 승환의 말의 말을 조합하면 E > A > C > D, A > B다.

대호에 말에 의하면 C는 2등이거나 4등인데, C 앞에는 E와 A가 있어야 하므로 2등은 될 수 없다. 따라서 C는 4등이다.

순위는 E > A > B > C > D가 되므로 3등은 B이다.

38 / ❶

정답해설 두 번째 조건에 의해 C와 F는 승진대상에서 제외된다.
세 번째 조건에 의해 A는 승진할 수 있다.
마지막 조건에 의해 B, D, E 중 평균점수가 높은 B가 승진한다.

39 / ❸

정답해설 두 번째, 여섯 번째 조건에 의해 동엽이는 시경이와 함께 기획팀이나 인사팀에 배치되어야 한다. 그런데 세 번째 조건에 의해 승호가 인사팀에 배치되고 마지막 조건에 의해 세 명 이상의 신입사원이 배치되는 곳은 없으므로 동엽이와 시경이는 기획팀에 배치된다.
첫 번째와 다섯 번째 조건에 의해 장훈이와 혜진이는 마케팅팀에 배치된다.
네 번째 조건에 의해 지웅이는 인사팀에 배치되지 않는다. 그런데 기획팀과 마케팅팀은 모두 2명이 배치되어 정원이 이미 찼으므로 지웅이는 총무팀에 배치된다.

40 / ❹

정답해설 제시된 조건을 정리해 보면 F < A < B < C < D, B < E < D다.
C와 E는 네 번째나 다섯 번째 자리에 온다는 것을 알 수 있다. 따라서, F-A-B-C-E-D와 F-A-B-E-C-D가 모두 가능하고, ④에서 말하는 C, E의 순서는 알 수 없으므로 항상 참이 아니다.

41 / ❸

정답해설 두 번째, 여섯 번째 조건에 의해 성소가 A, 유나가 F에 위치함을 알 수 있다. 그리고 첫 번째, 네 번째, 마지막 조건에 의해 유리-소진-소미-유나 순으로 선다는 것을 알 수 있다. 따라서, 센터 자리에는 유리, D에는 소진, E에는 소미가 서게 된다.
그리고 세 번째 조건에 의해 미나-혜리 순으로 무대에 서는 것을 알 수 있고 다섯 번째 조건에 의해 B에 미나, C에 혜리가 서는 것을 알 수 있다.
따라서 C자리에 서는 멤버는 혜리다.

42 / ❷

정답해설 가능한 경우는 다음과 같다.
갑-정, 갑-무(갑은 병과 함께 갈 수 없고, 을은 정하고만 간다.)
을-정
병-정(병과 무는 함께 갈 수 없다.)
정-무

43 / ❺

정답해설 신구와 여정의 말이 모순되므로 두 가지 경우의 수를 세워볼 수 있다.
ⅰ) 신구의 말이 거짓일 때
서진, 유미, 여정의 말 모두 참이 될 수 있다.
ⅱ) 여정의 말이 거짓일 때
서진, 신구, 유미의 말 모두 참이 될 수 있다.
따라서 누가 거짓말을 하는지 주어진 조건만으로는 알 수 없다.

44 / ❷

정답해설 무한질주가 이번 주 녹화할 수 있는 요일은 목요일이다. 따라서 5월 둘째 주 목요일이 며칠인지 알아야 한다. 작년 5월 1일이 일요일이었고, 올해 2월은 윤달이 아니므로 올해 5월 1일은 월요일이다. 따라서 둘째 주 목요일은 11일이다.

PART 03 상황제시형

본문 60~73쪽

01	③	02	⑤	03	③	04	①	05	③	06	③	07	④	08	⑤	09	④	10	②
11	②	12	③	13	⑤	14	③	15	⑤	16	③	17	③	18	①				

01 / ❸

정답해설 분기별로 성과평가 점수를 구하면 다음과 같다.

1/4분기	2/4분기	3/4분기	4/4분기
8.3점	7.8점	5.25점	6.7점

성과평가 점수가 8.3점으로 가장 높은 1/4분기의 성과급은 기준 성과급 지급액의 130%이므로 80만 원×1.3＝104(만 원)이고, 성과평가 점수가 5.25점으로 가장 낮은 3/4분기의 성과급은 기준 성과급 지급액인 80만 원이므로 가장 많은 성과급을 받게 되는 분기와 가장 적은 성과급을 받게 되는 분기의 성과급 차액은 104 － 80 ＝ 24(만 원)이다.

02 / ❺

정답해설 항목별 성과평가 점수가 4/4분기에 비해 2점씩 높아졌다면, 성과평가 점수는 다음과 같다.

제품성	8점
기술력	10점
시장 호응도	8점
소비자 만족도	9점
성과평가 점수	8.7점

성과평가 점수가 8.7점이므로 다음 분기에 받게 될 성과급은 90만 원×1.3＝117(만 원)이다.

Tip
전체 점수가 모두 2점씩 높아졌을 경우 전체 평균도 2점 높아지므로, 일일이 새롭게 가중평균을 구하지 않아도 된다.

03 / ❸

정답해설 주어진 조건에 따라 다섯 가지의 항목의 PASS/FAIL 평가 여부를 표로 작성하면 다음과 같다.

구분	교육 (HRD)	R&D	산학 협력	대학 특성화	지역 균형 발전
A	PASS	PASS	PASS	PASS	PASS
B	FAIL	PASS	PASS	PASS	PASS
C	PASS	FAIL	PASS	FAIL	PASS
D	PASS	FAIL	FAIL	PASS	PASS
E	PASS	FAIL	FAIL	PASS	PASS

2개 항목에서 FAIL을 받은 C, D, E가 답이 된다.

04 / ❶

정답해설 각각의 경로를 이용하였을 때 운송 비용은
A경로 : 80,000원 + (200km×400원/톤·km×3톤)
＝ 320,000(원)
B경로 : 100,000원 + (180km×300원/톤·km×3톤)
＝ 262,000(원)
C경로 : 120,000원 + (210km×200원/톤·km×3톤)
＝ 246,000(원)
따라서 C경로를 이용하였을 때 가장 비용이 적게 들고 이때의 운송 비용은 246,000원이다.

05 / ❸

정답해설 1분당 인쇄할 수 있는 페이지의 매수를 각각 구하면

A : $\frac{640}{8}$ ＝ 80(페이지/분)

B : $\frac{450}{9}$ ＝ 50(페이지/분)

C : $\frac{600}{12}$ ＝ 50(페이지/분)

D : $\frac{400}{5}$ ＝ 80(페이지/분)

E : $\frac{270}{3}$ ＝ 90(페이지/분)

360페이지의 책 1권을 인쇄하는 데 소요되는 시간을 각각 구하면

A : $\frac{360}{80}$ + 80 ＝ 84.5(분)

B : $\frac{360}{50}$ + 60 ＝ 67.2(분)

C : $\frac{360}{50}$ + 40 ＝ 47.2(분)

D : $\frac{360}{80}$ + 50 ＝ 54.5(분)

E : $\frac{360}{90}$ + 60 ＝ 64(분)

C인쇄기를 이용하여 제작했을 때 가장 시간이 적게 걸린다.

06 / ❸

[정답해설] 원금균등상환 방식으로 대출을 받았을 경우 기간별로 지불해야 할 이자를 계산하면 다음과 같다.

구분	대출잔액	상환원금	이자
1분기	1억 원	2천 5백만 원	1억 원×0.025 =2,500,000(원)
2분기	7천 5백만 원	2천 5백만 원	7천 5백만 원×0.025 =1,875,000(원)
3분기	5천만 원	2천 5백만 원	5천만 원×0.025 =1,250,000(원)
4분기	2천 5백만 원	2천 5백만 원	2천 5백만 원×0.025 =625,000(원)
합계	—	1억 원	6,250,000(원)

3분기째에 상환해야 할 총 금액은
25,000,000원 + 1,250,000원 = 26,250,000(원)이다.

07 / ❹

[정답해설] 주말여행이므로, 일정에 맞는 여행은 속초와 부산 여행이다. 그런데 동규는 야경을 보고 싶다고 했으므로, 1박 2일 여행인 부산여행을 가는 것이 적절하다. 따라서 ④가 옳은 답이다.

08 / ❺

[정답해설] 가영이는 역사 기행을 떠나고 싶어 하고 주중에 연차를 사용할 수 있는 날이 수요일이므로 수요일에 당일로 다녀올 수 있는 ⑤가 가장 적절하다.

[오답연구] ②는 1박 2일로 가영이가 가능한 수요일, 토요일에 다녀올 수 없다.

09 / ❹

[정답해설] 설비부서(91)−업무 용도(C)−20개−27,000원(C)−사내고유번호는 91 + 3 + 3 = 97(3)이므로 91C20C3이 옳다.

[오답연구] ① 12,500원이기 때문에 가격 코드는 B이다. 또한 사내고유번호는 21 + A(1) + B(2) = 24이기 때문에 1이다. 따라서 B1이 맞는 답이다.

② 박민준이 신청한 비품(키보드)은 사무용이므로 용도 코드는 A이다.

③ 총무부에서는 스테이플러를 신청했다. 또한 이 비품의 등록번호는 22A15A1이다.

⑤ 91은 설비부의 부서코드이다. 따라서 설비부서에 업무용으로 신청한 1만 원 이하의 비품 50개를 뜻한다.

10 / ❷

[정답해설] 이다솔 : 21A15B1

11 / ❷

[정답해설] 주어진 속도별로 1분에 이동할 수 있는 거리, 1km를 이동하는 데 걸리는 시간을 정리하면 다음과 같다.

속도	60km/h	30km/h	40km/h	45km/h
1분당 이동거리	1km	$\frac{1}{2}$km	$\frac{2}{3}$km	$\frac{3}{4}$km
1km당 소요시간	1분	2분	$\frac{3}{2}$=1.5분	$\frac{4}{3}$분

ⅰ) A 경유

먼저 08:20까지 20분 동안 10km를 이동한다. 08:20부터는 A지점까지 남은 6km를 이동하는 데 6km×$\frac{4}{3}$=8(분)이 걸린다. 08:28에 A에 도착해 10분간 비품을 구매하고 08:38에 출발해 18km를 이동하는 데 18km×$\frac{4}{3}$=24(분)이 걸린다. 9시까지 남은 시간이 22분이므로 9시까지 회사에 도착할 수 없다.

ⅱ) B 경유

먼저 08:20까지 20분 동안 10km를 이동한다. 08:20부터는 B지점까지 남은 3km를 이동하는 데 3km×$\frac{4}{3}$=4(분)이 걸린다. 08:24에 B에 도착해 10분간 비품을 구매하고 08:34에 출발해 15km를 이동하는 데 15km×$\frac{4}{3}$=20(분)이 걸린다.

따라서 8시 54분에 회사에 도착한다.

ⅲ) C 경유

먼저 08:20까지 20분 동안 10km를 이동한다. 08:20부터는 C지점까지 남은 15km를 이동하는 데 15km×$\frac{4}{3}$=20(분)이 걸린다. 08:40에 C에 도착해 10분간 비품을 구매하고 08:50에 출발해 6km를 이동하는 데 6km×$\frac{4}{3}$=8(분)이 걸린다.

따라서 8시 58분에 회사에 도착한다.

따라서, A를 경유하면 지각을 하게 된다.

[오답연구] ① 집−A−회사는 34km, 집−B−회사는 28km, 집−C−회사는 31km이므로 옳다.

③, ④, ⑤ B, C를 경유하면 각각 8시 54분, 8시 58분에 도착한다.

Tip
속도는 시속(km/h)으로 주어지는데 시간은 분 단위로 주어진 경우, 속도별로 1분당 이동할 수 있는 거리 또는 1km를 이동하는 데 걸리는 시간을 미리 계산해 두면 보다 쉽게 문제를 풀 수 있다.

12 / ❸

정답해설 제시된 조건을 만족시키는 방법은 아래의 두 가지이다.
3일짜리 행사들을 먼저 배치하고 날짜별 인력을 넘지 않게 나머지를 배치하면 된다.

구분	8월 21일	8월 22일	8월 23일	8월 24일	8월 25일
	135명	190명	328명	386명	419명
가	110	85	130		
나				150	
다		80	55		
라			133	145	160
마				70	180
합계	110	165	318	365	340

구분	8월 21일	8월 22일	8월 23일	8월 24일	8월 25일
	135명	190명	328명	386명	419명
가			110	85	130
나				150	
다				80	55
라	133	145	160		
마				70	180
소요인력	133	145	270	385	365

③ 다 행사는 어떤 경우든 가 행사의 둘째 날에 시작한다.

오답연구 ① 8월 21일뿐만 아니라 23일에 시작하는 것도 가능하다.
② 어떤 경우든 8월 24일에 진행한다.
④ 8월 22일에 시작하는 경우는 없다.
⑤ 그렇지 않은 경우도 있다.

Tip
반드시 모든 행사를 치러야 하므로 3일 동안 진행되는 행사를 중심으로 살펴보면 경우의 수를 줄일 수 있다. '가'와 '라' 중 '라'의 소요인력이 많으므로 '라'를 21일에 시작하는 경우, 22일에 시작하는 경우, 23일에 시작하는 경우로 나누어 접근한다.

13 / ❺

정답해설 ⑤ $6 \times 0.6 + 7 \times 0.6 = 7.8$

오답연구 ① $5 \times 0.6 + 5 = 8$
② $5 \times 0.6 + 6 = 9$
③ $7 \times 0.6 + 6 = 10.2$
④ $6 \times 0.6 + 8 \times 0.6 = 8.4$

14 / ❸

정답해설 고내포구는 16코스의 출발점이며, 모슬포항은 11코스의 출발점이다. 따라서 A와 B의 이동경로를 코스별 포인트를 이용해 나타내면 다음과 같다.

A : 16 → 15 → 14 → 14-1
B : 11 → 12 → 14-1

여기서 고내포구는 15코스의 종착점이기도 하다. 따라서 A는 15코스의 종착점에서 출발하는 것이 되므로 A의 실제 이동 코스는 15 → 14 → 14-1 코스가 된다. 또한 B의 경우 12코스 출발지점에서 13코스로 가는 길과 14-1 코스로 가는 길이 나뉘기 때문에 실제 이동 코스는 11 → 14-1 코스가 된다.
A는 오전 8시에 자전거를 타고 15코스를 완주하기에 3.6시간(3시간 36분) 뒤인 오전 11시 36분에 15코스를 완주하고 30분의 휴식을 갖는다. 30분 뒤인 오후 12시 6분에 14코스의 출발지점으로 이동을 시작하고, 4.2시간(4시간 12분) 뒤인 오후 4시 18분에 14코스의 출발점에 도착해 30분간의 휴식을 가진 후 오후 4시 48분에 14-1코스로 진입한다.
B는 오전 11시에 11코스를 걸어서 이동하므로 11코스를 완주하는 데 6시간이 걸리고, 30분의 휴식을 취하면 오후 5시 30분에 14-1코스에 진입하게 된다.
14-1코스는 자전거 통행이 불가하므로 걸어서 이동해야 한다. 따라서 둘의 이동속도는 같고, A는 B가 14-1코스에 진입하는 오후 5시 30분까지 42분을 먼저 이동한 상태이다. 42분은 0.7시간이므로 앞으로 둘이 이동해야 하는 시간은 5.3시간이 된다. 이를 이용해 $2x = 5.3(x$는 A와 B가 각각 이동해야 하는 시간)이라는 식을 구할 수 있고, $x = 2.65$가 된다. 따라서 B가 14-1코스에 진입한 시간인 5시 30분에서 2.65시간(2시간 39분)이 지난 오후 8시 9분에 둘은 만나게 된다.

15 / ❺

정답해설

코스	시간 (h)	자전거 통행 여부	이동시간 (h)	코스	시간 (h)	자전거 통행 여부	이동시간 (h)
1	5	○	3	10-1	1	×	생략
1-1	4	○	생략	11	6	×	6
2	5	×	5	12	6	○	3.6
3	6	○	3.6	13	5	○	3
4	8	○	4.8	14	7	○	4.2
5	4	○	2.4	14-1	6	×	생략
6	4	○	2.4	15	6	○	3.6
7	6	×	6	16	5	○	3
7-1	5	×	생략	17	6	○	3.6
8	7	○	4.2	18	7	○	4.2
9	2	○	1.2	18-1	7	×	생략
10	5	○	3	19	7	○	4.2
				전체 이동시간			71

즉, 10일하고 1시간이 더 필요하므로 최소 11일이 걸린다.

16 / ❸

정답해설 현재 확보된 예산은 20억 원이며, 아동체육센터 건립에 필요한 예산은 30억 원이므로 잘못된 분석이다.

17 / ❸

정답해설 A에서 F로 바로 갈 수 없으므로, 다른 곳을 거쳐 가야 한다.
ⅰ) B, C를 거쳐서 F로 가는 경우 : 10km
ⅱ) D를 거쳐서 F로 가는 경우 : 6km
ⅲ) E를 거쳐서 F로 가는 경우 : 7km
따라서 D를 거쳐 가야 한다.
F에서 B로 갈 때에도 다음과 같은 경우를 생각해 볼 수 있다.
ⅰ) F에서 B로 바로 가는 경우 : 11km
ⅱ) F에서 C를 거쳐서 B로 가는 경우 : 2 + 5 = 7(km)
ⅲ) F에서 D를 거쳐서 B로 가는 경우 : 3 + 7 = 10(km)
ⅳ) F에서 E를 거쳐서 B로 가는 경우 : 4 + 6 = 10(km)
따라서 A-D-F-C-B의 경로를 택하는 것이 최단경로이고 그때의 거리는 13km = 13,000m다.

18 / ❶

정답해설 두 가지를 동시에 생각하기 복잡하다면 다음과 같이 순차적으로 생각하여 문제에 접근한다.
도착시각이 14시이므로, 시차를 적용해 해외 지사의 시간을 한국시간으로 바꿔보면 21시가 된다.
이제 거꾸로 한국에서의 9시간 30분의 비행시간을 적용하면, 11시 30분에 출발하는 비행기를 타야 한다. 문제의 조건에서 2시간 전에 탑승수속을 완료해야 한다고 했으므로, 9시 30분까지 공항에 도착해야 한다.

PART 04 NCS형 PSAT 기출 70선

본문 78~137쪽

01	⑤	02	⑤	03	⑤	04	①	05	④	06	④	07	⑤	08	①	09	①	10	④
11	③	12	⑤	13	⑤	14	①	15	③	16	③	17	⑤	18	④	19	③	20	②
21	①	22	①	23	④	24	①	25	②	26	④	27	④	28	④	29	②	30	①
31	⑤	32	②	33	⑤	34	④	35	⑤	36	⑤	37	④	38	⑤	39	②	40	④
41	③	42	①	43	①	44	①	45	①	46	④	47	④	48	⑤	49	①	50	④
51	④	52	⑤	53	⑤	54	①	55	②	56	①	57	④	58	④	59	⑤	60	②
61	③	62	①	63	③	64	④	65	⑤	66	④	67	①	68	③	69	③	70	②

01 / ❺

정답해설 제1항에 의해 경상보조금, 제2항에 의해 매 선거마다 선거보조금을 지급해야 함을 알 수 있다. 경상보조금은 최근 실시한 임기만료에 의한 국회의원선거의 선거권자 총수에 보조금 계상단가를 곱해야 한다. 상황의 첫 번째 조건에 의해 최근 실시한 국회의원 선거는 2018년에 치러졌고 선거권자 총수는 3천만 명임을 알 수 있다. 또 보조금 계상단가는 전년 대비 30원씩 증가하고 2019년에 1,000원이었으므로 2020년에는 1,030원이다.

∴ 경상보조금 = 3천만 명 × 1,030원 = 309(억 원)

제2항에 의하면 선거보조금으로 각 선거마다 경상보조금과 같은 금액이 지급된다. 상황의 네 번째 조건에 의하면 2020년에는 두 개의 선거가 있으므로 총 618억 원이 지급된다. 따라서 경상보조금과 선거보조금을 모두 합하면,

309 + 618 = 927(억 원)

02 / ❺

정답해설 A, C의 공통적인 직접적 관계의 사람들: B, D

∴ A, C의 관계 차별성은 2(B, D의 직급이 다름) 또는 1(B, D의 직급이 같음)이다.

B, D의 공통적인 직접적 관계의 사람들: A, C, E

∴ B, D의 관계 차별성은 3(A, C, E 직급이 다 다름) 또는 2(A, C, E 중 둘은 직급이 같고 하나는 다름) 또는 1(A, C, E 셋 다 직급이 같음)이다.

이때, (A, C)의 관계 차별성과 (B, D)의 관계 차별성이 같아야 하므로 A, C, E 모두 직급이 다른 관계 차별성이 3인 경우는 제외한다. 따라서 ③, ⑤를 제외한 나머지를 지운다(소거법). ③, ⑤에서의 관계 차별성은 2이므로 A, C의 관계 차별성 역시 2다. 그러므로 B와 D의 직급은 달라야 한다. 따라서 A와 E가 사원, B와 C는 과장, D는 차장에 해당하는 조합인 ⑤가 답이다.

03 / ❺

정답해설 첫 번째 편지를 통해 〈감자 먹는 사람들〉이 1885년에, 〈장미와 해바라기가 있는 정물〉이 1886년에 완성됐다는 것을 알 수 있다.

두 번째 편지를 통해 〈씨 뿌리는 사람〉이 1888년에 완성됐다는 것을 알 수 있다.

세 번째 편지를 통해 〈수확하는 사람〉이 1889년에 완성됐다는 것을 알 수 있다.

두 번째와 네 번째 편지를 통해 〈별이 빛나는 밤〉이 1888년 6월~1889년 초 사이에 완성됐다는 것을 알 수 있다.

완성시점이 빠른 순서대로 배열하면 다음과 같다.

〈감자 먹는 사람들〉('85) − 〈장미와 해바라기가 있는 정물〉('86) − 〈씨 뿌리는 사람〉('88), 〈별이 빛나는 밤〉('88~'89) − 〈수확하는 사람〉('89)

04 / ❶

정답해설 조건으로 성씨와 직업을 연결해 보면 아래와 같다.

대장장이와 미장공은 김씨가 아니다. ⇒ 대장장이와 미장공은 박씨 또는 윤씨 (∵ 이씨는 목수)

윤씨는 대장장이가 아니다. ⇒ 대장장이는 박씨, 미장공은 윤씨

김씨가 두 명이므로 단청공과 벽돌공은 김씨이다.

이제 이름을 연결해 보자.

어인놈은 단청공이므로 김씨이고, 상득이 김씨라고 하였으므로 상득은 벽돌공 김씨이다.

정월쇠의 일당은 2전 5푼이라고 하였는데, 일당이 2전 5푼인 직업은 단청공, 벽돌공, 대장장이이므로 정월쇠는 대장장이 박씨이다.

좀쇠는 박씨도 이씨도 아니므로 윤씨 미장공이고, 마지막으로 남은 작은놈이 이씨 목수이다.

이를 표로 나타내면 다음과 같고, 품삯을 계산했을 때 가장 많이 받는 일꾼은 좀쇠이다.

이름	상득	어인놈	작은놈	정월쇠	좀쇠
성씨	김1	김2	이	박	윤
일한 날 (빠진 날)	4일	4일	3일	6일(−1)	4일(−1)
하루 급여	2.5	2.5	4.2	2.5	4.2
직업	벽돌공	단청공	목수	대장장이	미장공
품삯	10	10	12.6	13.5	13.6

05 / ❹

정답해설 ④ '예비이전후보지의 선정' 제1항을 보면 종전부지 지방자치단체의 장은 군 공항을 이전하고자 하는 경우 주민투표와 관계없이 국방부장관에게 이전을 건의할 수 있다. 단, 주민투표는 '이전부지의 선정' 제1항에 따라 '이전부지 선정과정'에서 상황에 따라 요구할 수 있다.

오답연구 ① '군 공항 이전부지 선정위원회' 제2항 제4호가 근거가 된다.
② '예비이전후보지의 선정' 제2항에 근거한다. 단, 이전후보지 선정에 있어서는 선정위원회의 심의를 거쳐야 한다.
③ '군 공항 이전부지 선정위원회' 제3항 제2호에 근거한다.
⑤ '이전후보지의 선정' 관련 사항에 의하면 '한 곳 이상의' 예비이전후보지 중 이전후보지를 선정할 때 선정위원회의 심의를 거치게 되어 있다.

06 / ❹

정답해설 ④ 24일(월)에 호박엿 만들기를 하고, 25일(화)에 독도에 다녀올 수 있는 일정이다.

오답연구 ① 17일(월)에 울릉도에서 호박엿 만들기를 하고 18일(화)에 독도에 다녀와야 하는데 최대 파고가 높아서 다녀올 수 없다(∵ 네 번째 조건).
② 일정상 금요일에만 호박엿 만들기를 할 수 있는데, 다섯 번째 조건에 의해 토요일에는 배를 탈 수 없어 포항으로 돌아올 수 없게 된다.
③ 독도는 화, 목요일에만 갈 수 있는데 목요일에 울릉도로 출발하므로 독도에 다녀올 수 없게 된다.
⑤ 호박엿 만들기를 할 수 있는 날이 없어서 제외된다.

Tip
이런 유형의 문제는 각자 고려하기 편한 조건을 우선순위 삼아서 선택지를 지워나가면 더 빠르게 풀 수 있다.

07 / ❺

정답해설 〈조건 1〉의 내려오는 구간의 트래킹 소요시간은 50% 단축되는 것을 주의해야 하며, 특히 〈조건 2〉에서 하루에 가능한 트래킹의 최대 시간은 6시간이며, 모든 트래킹 일정을 최대한 빨리 완료해야 하는 조건 때문에 트래킹은 가능한 6시간을 초과하지 않으면서 최대한 오래 걸어야 한다. 예를 들어 4시간 소요 구간과 5시간 소요 구간이 있다면 5시간 소요 구간을 선택해야 한다. 안나푸르나 베이스캠프(정상)에 도달했다고 숙박을 한다고 생각하거나 정상에서 바로 내려올 때 50% 시간 단축을 고려하지 않고 마차푸체르 베이스캠프에서 숙박한다는 실수를 범하지 않는 것이 핵심이다. 〈조건〉에 따라 하루 동안 갈 수 있는 시간을 고려하여 숙박장소를 트래킹 시간과 함께 정리하면 아래와 같다.
1일 차 → 나야풀~김체 (5H)
2일 차 → 김체~콤롱(4H)
3일 차 → 콤롱~뱀부(6H)
4일 차 → 뱀부~히말라야(5H)
5일 차 → 히말라야~데우랄리(2H) 〈2,500m 이상 전날 수면고도에 비해 600m 이상 높일 수 없는 조건〉
6일 차 → 데우랄리~안나푸르나~데우랄리(6H) 〈최대한 빠른 트래킹 일정, 내려오는 경우 50% 시간 단축 조건〉
7일 차 → 데우랄리~촘롱(5H)
8일 차 → 촘롱~나야풀(6H)
⑤ 트래킹은 총 8일 차에 완료된다.

오답연구 ① 1일 차에는 김체에서 숙박한다.
② 마차푸체르 베이스캠프에서는 숙박하지 않는다.
③ 5일 차에는 '데우랄리'에서 숙박한다.
④ 6시간을 걷는 경우는 총 3일이다.

08 / ❶

정답해설 전문가 점수와 학생 점수를 3 : 2로 반영하므로 전문가 점수에 0.6을, 학생 점수에 0.4를 곱해 계산한다.
선택지에 있는 프로그램의 점수를 표로 정리하면 다음과 같다.

분야	프로그램명	점수식	합계
음악	연주하는 교실	(34 × 0.6 + 34 × 0.4) × 1.3	44.2
진로	항공체험 캠프	(30 × 0.6 + 35 × 0.4) × 1.3	41.6
무용	스스로 창작	(37 × 0.6 + 25 × 0.4) × 1.3	41.86
연극	연출노트	(32 × 0.6 + 30 × 0.4) × 1.3	40.56
미술	창의 예술학교	(40 × 0.6 + 25 × 0.4)	34

점수가 가장 높은 '연주하는 교실'을 운영한다.

Tip
3 : 2의 점수반영 기준은 비율이므로 전문가 점수에 0.3, 학생 점수에 0.2를 곱하여 비교하면 더욱 간단하게 계산할 수 있다. 또한 모든 식을 계산하지 않고도 상대적인 숫자 크기 비교를 통해 선택지를 지워나가는 것이 문제를 빨리 풀 수 있는 방법이다. 예를 들어 선택지 ④는 전문가 점수와 학생점수 둘 다 선택지 ①에 비해 작으므로 어떠한 경우에도 답이 될 수 없다.

09 / ❶

정답해설 일자별 전달 장소와 전달 물품을 아래와 같이 정리해 볼 수 있다. 이때 특이사항을 잘 고려해야 한다. 11월 2일은 비가 오는 날이었으므로 B가 A에게 전달한 말을 A는 301호에 천 묶음 전달로 이해했을 것이다.

일자/날씨	11월 1일 종일 맑음	11월 2일 종일 비	11월 3일 종일 맑음	11월 4일 종일 맑음	11월 5일 종일 맑음	11월 6일 종일 흐림	11월 7일 종일 비
근무자	A	B	A	B	A	B	A
발신자	1101호 주인	1101호 주인	—	—	301호 주인	301호 주인	—
요청사항	천 묶음 전달	삼 묶음 전달	—	—	천백 원 봉투 전달	삼백 원 봉투 전달	—
전달 장소/ 전달물품	1101호 / 천 묶음	전달 물품 A에 전달	301호 / 천 묶음	—	301호 / 천백 원 봉투	301호 / 삼백 원 봉투	—

10 / ❹

정답해설 ⅰ) 30회를 모두 이길 경우 받는 총점은 150점이다.

ⅱ) 29회를 이길 경우

  1) 29회 승 + 1회 패 = 144(점)

  2) 29회 승 + 1회 비김 = 146(점)

  ∴ 태우와 시윤이의 점수는 나올 수 없는 점수다.

ⅲ) 28회를 이길 경우

  1) 28회 승 + 2회 패 = 138(점)

  2) 28회 승 + 1회 패 + 1회 비김 = 140(점)

  3) 28회 승 + 2회 비김 = 142(점)

  ∴ 성헌이의 점수는 나올 수 없는 점수다.

ⅳ) 27회를 이길 경우

  1) 27회 승 + 3회 패 = 132(점)

  2) 27회 승 + 2회 패 + 1회 비김 = 134(점)

  3) 27회 승 + 1회 패 + 2회 비김 = 136(점)

  4) 27회 승 + 3회 비김 = 138(점)

  ∴ 은지의 점수는 나올 수 없는 점수다.

따라서, 참말을 한 사람은 빛나이다.

Tip

시간 절약을 위해서는 28회 이길 경우까지 계산해 본 뒤, 빛나의 점수가 참임을 알았을 때 바로 답을 체크하고 넘어가는 것이 좋다.

11 / ❸

정답해설 우선, 평년과 윤년 및 그에 따른 날짜&요일 계산의 기본 개념을 알아보면 다음과 같다.

1. 평년과 윤년

  1) 평년

    • 윤년이 아닌 해를 말한다. 양력으로 2월이 28일까지 있는 해

    • 한 해의 총 날수는 365일. 한해의 시작 요일과 끝 요일이 같다. 예를 들어 그 해 1월 1일이 목요일이면 12월 31일도 목요일이다.

  2) 윤년

    • 역법을 실제 태양년에 맞추기 위해 여분의 하루 또는 월을 끼우는 해. 보통 2월 29일을 끼워넣음

    • 윤년은 보통 서기의 해가 4의 배수인 해에 해당된다. 400의 배수인 해를 제외한 100의 배수인 해는 평년으로 한다.

2. 다음해의 어느 날은 전년 동월 동일의 요일보다 한 칸 뒤다. 예를 들어, 2015년 1월 1일이 목요일이었다면, 2016년 1월 1일은 금요일이다.

3. 하지만 다음해가 윤년인 경우, 다음해 2월 29일 후부터는 전년 동월 동일의 요일보다 두 칸 뒤가 된다. 예를 들어, 2015년 3월 1일이 일요일이었다면, 2016년 3월 1일은 월요일이 아닌 화요일이다.

축제를 최장으로 개최할 수 있는 해는 10월 1일이 일요일인 해이다. 그래야 축제를 2일 연장할 수 있기 때문이다. 2015년 9월 15일은 화요일이므로 10월 1일은 목요일이다. 2016년은 윤년이므로 10월 1일은 토요일이다. 이를 반복해가며 표로 정리하면 다음과 같다.

연도별 10월 1일의 요일

연도	요일
2015	목
2016(윤년)	토
2017	일
2018	월
2019	화
2020(윤년)	목
2021	금
2022	토
2023	일

따라서 2023년에 축제를 18일 동안 개최할 수 있다.

12 / ❺

정답해설 편의상 첫 번째 규정을 제1조, 두 번째 규정을 제2조라 지칭한다.

⑤ 제1조 제3항에 규정하고 있으므로 옳은 판단이다.

오답연구 ① 제2조 제2항에 따르면, 둘 이상의 지방자치단체에 걸치는 경우 관리청이 되는 자는 인가를 받은 시장·군수·구청장이 되므로, A자치구역 구청장이 관리청이 된다.

② 제1조 제5항에 따르면, 국가의 보조를 받아 공공하수도를 설치하고자 하는 경우에는 설치에 필요한 재원의 조달 및 사용에 관해 환경부장관과 협의하여야 한다. 따라서 환경부장관의 인가를 받아야 하는 것은 아니다.
③ 제1조 제4항에 따르면, 시장·군수·구청장이 인가받은 사항을 변경하거나 폐지하는 경우 시·도지사의 인가를 받아야 하므로, 폐지할 경우에도 시·도지사의 인가를 필요로 한다.
④ 제1조 제2항에 따르면, 고시한 사항을 변경 또는 폐지하고자 하는 때에도 고시하여야 한다고 규정하고 있으므로, 변경이 가능함을 알 수 있다.

Tip
지방자치단체 구조

광역자치단체	특별시, 광역시, 도, 특별자치시, 특별자치도
기초자치단체	시, 군, 자치구

13 / ❺

정답해설 조건에 따르면, B국과 C국, C국과 F국, D국과 F국은 연합할 수 없다.
B – C (×)
C – F (×)
D – F (×)
이 상황에서 다음과 같은 경우의 수가 발생한다.
ⅰ) A-B-F가 연합하는 경우
ⅱ) A-B-D가 연합하는 경우
ⅲ) A-C-D가 연합하는 경우
E는 중립국이므로 고려하지 않고, 각 조건을 살펴보면 다음과 같다.
• A, B, F VS C, D (×) → F국과 연합한 나라는 D국을 침공할 수 없으므로, A국은 침공할 수 없게 된다.
• A, B, D VS C, F (O) → A국은 C, F국에 침공하여 합병할 수 있다(C, F는 연합할 수 없기 때문에 침공을 막을 수 없다).
• A, C, D VS B, F (×) → B, F는 연합할 경우 다른 나라의 침공을 막을 수 있으므로, 이 경우 A국은 침공할 수 없게 된다.
따라서 A국은 C와 F국을 침공하여 합병할 수 있게 된다.

14 / ❶

정답해설 ㉠ B가 전달받은 소식이 다른 사람을 거쳐서 A에게 전달될 수 있는 경우의 수를 알아보기 위해서는 A부터 거꾸로 거슬러 올라가야 한다. 이를 통해 살펴보면 B → D → A의 경우가 발생하므로, 옳지 않은 설명이다.
㉢ 제시된 표를 보면, E → A → C도 전달받을 수 있다.

오답연구 ㉡ 주어진 표 중에서 세로를 기준으로 1로 표현된 경우를 찾으면 된다. 이에 따르면 A는 2명, B는 1명, C는 2명, D는 3명, E는 1명이므로, D가 가장 많은 사람으로부터 전달받는다.
㉣ 제시된 표를 보면, E → B → C → D의 경우가 있음을 알 수 있다.
㉤ 세로를 기준으로 제시된 표를 보면, A는 D와 E에게만 1로 표시되어 있으므로, 옳은 설명이다.

다른풀이 행렬과 그래프를 이용하는 방법이 있다.

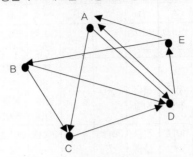

㉠ 그림을 보면 B에서 D를 거치고 A로 전달되거나, B에서 D를 거쳤다가 E를 거쳐서 A로 전달되는 등의 경우가 있다.
㉡ 그림을 보면 E에서 A, A에서 C를 통해 전달되는 경우가 존재한다. 따라서 B를 통해서만 전달받을 수 있는 것은 아니다.
㉢ 화살표를 받는 경우만 보면 D가 3명으로부터 화살표를 받아 가장 많은 사람에게 소식을 직접 전달받는다.
㉣ 그림을 보면 E → B → C → D 순서가 가능함을 알 수 있다.
㉤ 그림을 보면 D와 E만 A로 화살표를 향하고 있으므로, 옳은 설명이다.

15 / ❸

정답해설 주어진 정보를 점수화하면 다음과 같다.

평가항목 / 음식점	음식 종류	이동 거리	가격 (1인 기준)	맛평점 (★ 5개 만점)	방 예약 가능 여부	총점
자금성	중식 (2)	150m (4)	7,500원 (5)	★★☆ (1)	O (1)	13
샹젤리제	양식 (3)	170m (3)	8,000원 (4)	★★★ (2)	O (1)	13
경복궁	한식 (4)	80m (5)	10,000원 (2)	★★★★ (3)	×	14
도쿄타워	일식 (5)	350m (1)	9,000원 (3)	★★★★☆ (4)	×	13
광화문	한식 (4)	300m (2)	12,000원 (1)	★★★★★ (5)	×	12

총점이 가장 높은 음식점은 '경복궁'이다.

16 / ❸

정답해설 주어진 글을 바탕으로 필요한 정보를 정리하면 다음과 같다.

경연관	당상관	영사	삼정승
		지사	정2품/종2품
		동지사	
		참찬관	6승지＋홍문관 부제학
	기타	특진관	성종 말년에 새로 생김
	낭청	시강관	직제학
			전한
			응교
			부응교
		시독관	교리
			부교리
		검토관	수찬, 부수찬

③ 부제학은 낭청이 아닌, 당상관에 속한다.

Tip
글 앞에서 여덟 번째 줄까지는 경연에 대한 개괄적인 설명이다. 따라서 글 앞부분은 빠르게 스킵하며 읽고, 글 중반부터 꼼꼼히 읽으며 정리하는 것이 빠른 문제해결의 관건이다.

17 / ❸

정답해설 정근수당 : A가 11만 원 더 많이 받는다. (B보다 기본급의 5% 더 많이 수령)
명절휴가비, 정액급식비, 교통보조비 : 동일한 금액을 지급받기 때문에 차이가 없다.
가계지원비 : 아직 1월이므로 지급받지 않는다.
직급보조비 : B가 15만 원 더 많이 받는다.
따라서 B가 4만 원 더 많이 받는다.

18 / ❹

정답해설 ㉠ A요금제와 B요금제는 21,000원으로 동일하다.
㉢ 렌트 시간이 3시간 30분이면, A는 20,000원, B는 18,300원이다.
㉺ 렌트 시간이 6시간 30분이면 A는 26,000원, B는 26,100원이다.

오답연구 ㉡ 렌트 시간이 2시간 10분이면, 2시간 30분 기준요금으로 A는 18,000원, B는 17,000원이므로 옳다.
㉣ 렌트 시간이 5시간이면 A는 23,000원, B는 22,200원이므로 옳다.

Tip
1시간 1분이나 1시간 23분이나 모두 1시간 30분으로 계산한다는 것을 알고 문제풀이를 해야 한다. 기본요금을 3시간으로 같이 맞추는 풀이나, 연장요금 금액을 맞추는 풀이를 하는 것도 좋은 방법이다. ㉠의 경우 바꾼 기준으로 A와 B의 4시간 사용 금액을 계산해보면, A ＝ 15,000 ＋ 6,000 ＝ 21,000(원), B ＝ 17,000 ＋ 4,000 ＝ 21,000(원)으로 같다.

19 / ❸

정답해설 乙은 2,000만 원을 빌리면서 미리 800만 원을 공제하고 1,200만 원만을 받았다. 법조문 제3항에 의하면 선이자를 사전 공제한 경우, '채무자가 실제 수령한 금액' 1,200만 원을 기준으로 이자를 계산한다. 제1항에서 정한 최고이자율 30%에 따라 계산한 이자는 360만 원이다. 따라서 공제액을 초과하는 부분 440만 원은 약정금액에서 변제한 것으로 보고 1,200만 원과 이자 360만 원을 합한 1,560만 원을 변제해야 한다.

20 / ❷

정답해설 글에서 영주의 명예가격은 5쿠말인데 이는 주교의 명예가격인 젖소 10마리 또는 은 20온스와 같다고 했으므로 이를 통해 1쿠말 ＝ 은 4온스, 젖소 한 마리 ＝ 은 2온스임을 알 수 있다.
A가 지급해야 하는 총액을 계산하면 다음과 같다.
주교 살인에 대한 금액 ＝ 40온스 ＋ 20온스(명예가격)
＝ 60(온스)
영주 상해에 대한 금액 ＝ 8온스 ＋ 20온스(명예가격)
＝ 28(온스)
영주 아내 상해에 대한 금액 ＝ 1온스 ＋ 20온스(명예가격)
＝ 21(온스)
부농 2명 살인에 대한 금액
＝ {40온스 ＋ 15온스(명예가격)}×2
＝ 110(온스)
총 합계 ＝ 219온스

21 / ❶

정답해설 수신 신호 중 한자리는 오염되므로 010111 → 000111 (동), 000001 → 000000(북), 111001 → 111000(서), 100000 → 000000(북)임을 알 수 있다. 이 경로를 따라 이동하면 정답은 ①이다.

22 / ❶

정답해설 각 선거구의 유권자 수는 동일하므로 통합 후 정당별 지지율은 통합 전 정당별 지지율을 합산 후 2로 나눈 값이다. 정당은 두 곳이므로 과반의 지지를 얻는 정당이 그 선거구를 차지한다. 즉 두 선거구 지지율의 합이 100을 초과하는 경우 의석을 차지하게 된다. 따라서 선택지에 따라 통합한 후 갑 정당의 지지율의 합을 계산하여 100초과인 선거구가 가장 많은 선지를 고르면 된다.

①	A+B=50	C+D=115	E+F=115	G+H=110	I+J=70
②	A+B=50	C+D=115	E+I=90	F+J=95	G+H=110
③	A+B=50	C+G=90	D+H=135	E+I=90	F+J=95
④	A+E=70	B+F=95	C+D=115	G+H=110	I+J=70
⑤	A+E=70	B+F=95	C+G=90	D+H=135	I+J=70

① 3개, ② 2개, ③ 1개, ④ 2개, ⑤ 1개
따라서 가장 유리한 통합 방법은 ①이다.

23 / ❺

정답해설 ㉠ B팀: 장, 오, 왼, 오 / A팀: 장, 왼, 오, 오
→ B팀은 비김-짐-이김-비김이므로 최대 승점은 1+0+3+1 = 5(점)이다.
㉢ B팀: 오, 장, 왼, 오 / A팀: 장, 왼, 오, 오
→ B팀은 짐-이김-이김-비김이므로 최대 승점은 0+3+3+1 = 7(점)이다.
㉣ B팀: 오, 장, 왼, 오 / A팀: 장, 왼, 오, 오
→ B팀은 짐-이김-이김-비김이므로 0+3+3+1 = 7(점)으로 우승할 수 있다.

오답연구 ㉡ B팀: 왼, 장, 오, 오 / A팀: 장, 왼, 오, 오
→ B팀은 짐-이김-비김-비김이므로 최대 승점은 0+3+1+1 = 5(점)이다.

24 / ❶

정답해설 목요일에 검은색 음식이 나오면 안 되므로 밥은 백미밥이나 잡곡밥만 가능하고, 이에 따라 수요일에는 흑미밥이 나온다(따라서 ③은 옳다). 또 목요일의 국과, 김치, 기타반찬이 모두 붉은색이므로 후식과 밥은 흰색이어야 한다. 따라서 목요일의 밥은 백미밥이다(따라서 ④는 옳다). 후식은 숭늉과 식혜 중 하나이다.
금요일에는 노란색 음식이 2개 나와야 한다. 반찬으로는 잡채가 나와서 1개는 충족되었고, 국은 된장국이 화요일에 나왔기 때문에 나올 수 있는 노란색 음식이 없다. 따라서 후식으로 단호박 샐러드가 나와야 한다. 또 흰색 음식은 무조건 하나 이상 있어야 하기 때문에 국은 북엇국이다(따라서 ⑤는 옳다). 그리고 월요일 국은 자연스럽게 미역국이 된다.
후식은 같은 음식이 이틀 이상 나올 수 없고, 식혜는 2번 나온다. 따라서 월요일 후식이 숭늉이면 수요일과 목요일 둘 다 식혜가 나와야 하는데 이는 불가능하므로, 월요일의 후식은 숭늉이 아니다(따라서 ①은 옳지 않다).
또 목요일에만 검은색 음식이 없다. 따라서 월, 화, 수, 금요일에 검은색 음식이 하나씩 있어야 하고 현재 화요일에 검은색이 들어갈 자리는 기타반찬 자리뿐이므로, 화요일에는 돈육장조림이 나온다(따라서 ②는 옳다).

25 / ❷

정답해설 ㉡ '의사 및 의결정족수' 제2항에 의거해 장관 바로 하위직인 차관이 대리로 출석할 수 있다.

오답연구 ㉠ '회의의 구성 등' 제1항을 보면 '회의에 상정되는 안건을 제안한 부처의 장'과 '그 안건과 관련되는 부처의 장'도 회의 구성원으로 참석할 수 있다.
㉢ '회의의 구성 등' 제2, 3항에 의거해 회의 주재는 기획재정부장관이 한다.
㉣ '의견청취' 조항을 보면 민간 전문가는 회의에 참석하여 의견을 낼 수 있을 뿐이지, '회의의 구성 등' 조항에서 인정하는 구성원이 아니다.

26 / ❸

정답해설 X지역은 바람의 방향이 일정하므로 수평축 풍력발전기인 U-93과 수직축 풍력발전기인 U-88 모두 사용이 가능하다. 이 경우 에너지 변환효율을 높이기 위해 수평축 모델인 U-93을 선택한다. 따라서 ①, ②는 제외된다.
Y지역은 바람이 일정하지 않으므로 수직축 풍력발전기를 사용하며 높이가 70m 이하가 되어야 하므로 ⑤는 제외된다.
Z지역은 바람의 방향이 일정하지 않아 수평축 풍력발전기인 U-93은 사용할 수 없다. 따라서 정답은 ③이다.

27 / ❹

정답해설 12시 방향에서 시계방향으로 조각마다 1~10번까지 번호를 부여했을 때 甲, 乙, 丙, 丁, 戊가 각각 먹을 수 있는 조각은 다음과 같다.
甲: 3번, 4번, 6번, 8번
乙: 2번, 3번, 4번, 5번, 8번
丙: 1번, 2번, 5번, 6번, 7번, 9번, 10번
丁: 2번, 4번, 10번
戊: 1번, 3번
이때, 무는 1번과 3번 조각만 먹고 병을 제외하고는 7번, 9번 조각을 아무도 먹지 않기 때문에 병은 무조건 7번, 9번 조각을 먹어야 한다. 따라서 甲은 4번, 6번, 8번 조각, 乙은 2번, 4번, 5번, 8번 조각, 정은 2번, 4번, 10번 조각만 먹을 수 있다. 이를 바탕으로 경우의 수를 따져 표를 작성하면 다음과 같다.

甲	乙	丙	丁	戊
4, 6	5, 8		2, 10	
6, 8	2, 5	7, 9	4, 10	1, 3
6, 8	4, 5		2, 10	

따라서 5명의 식성에 따라 각각 2조각씩 나누어 먹는 방법의 수는 3가지이다.

28 / ❸

정답해설 F는 D 또는 E와 함께 건조될 수 없다는 사실을 캐치하는 것이 관건이다.
따라서 甲조선소는 (A, B, C, D, E)를 건조하거나 (A, B, C, F)를 건조해야 한다.
㉡ 甲조선소가 벌어들일 수 있는 수익은 (A, B, C, D, E)를 건조할 경우 150억 원이고, (A, B, C, F)를 건조할 경우 최대 수익은 160억 원이다.

ⓒ 계획한 기간이 15일 연장된다면 총 45일이 주어지기 때문에 처음 20일 동안 F를 만들고, 다음 15일 동안 D와 E를 건조하고, 마지막 10일간 A, B, C를 건조하면 수주한 모든 선박을 건조할 수 있다.

오답연구 ⓐ 甲조선소가 건조할 수 있는 선박의 수는 F를 건조하지 않는다면 A, B, C, D, E 최대 5척이다.

ⓔ 최대투입가능 근로자 수를 120명/일로 증가시킨다 해도 E와 F는 동시에 만들 수 없기에 최소 35일이 소요되므로 계획한 기간인 30일 내에 모든 선박을 건조할 수 없다.

---

29 / ❷

정답해설 전구의 숫자를 2^5, 2^4, 2^3, 2^2, 2^1, 2^0으로 나타내면, 여섯 개의 전구는 여섯 자리 이진수의 각 자리에 대응한다. 이때 켜진 전구는 1, 꺼진 전구는 0에 대응한다.

ⓐ 여섯 개의 전구로 $000000_{(2)} = 0$에서 $111111_{(2)} = 63$까지의 모든 수를 나타낼 수 있다.

ⓔ 숫자판에서 한 개의 전구(2^5)를 켜서 표현한 결괏값($100000_{(2)}$)은 그 외 다섯 개의 전구(2^0, 2^1, 2^2, 2^3, 2^4)를 켜서 표현한 결괏값($011111_{(2)}$)보다 클 수 있다.

오답연구 ⓑ 전구가 켜진 상태는 0~63의 자연수에 일대일 대응하므로, 한 숫자를 두 가지 방법의 숫자판으로 나타낼 수 없다.

ⓒ 전구의 숫자와 관계 없이 전구 한 개가 고장나서 안 켜질 때 표현할 수 있는 결괏값의 갯수는 나머지 다섯 개의 전구를 사용하여 얻을 수 있는 결괏값의 개수인 2^5가지로 같다.

---

30 / ❶

정답해설 제시된 글에서 부양가족의 조건들을 나열하고 있으며, 이 중에서 어느 하나만 해당되어도 부양가족이 됨을 알고 있어야 한다.

ⓐ 부양가족에 해당하는 사람은 배우자, 75세 아버지(60세 이상의 직계존속), 15세 자녀(20세 미만의 직계비속), 장애 6급의 처제(장애 정도가 심한 배우자의 자매)이며, 20세 자녀는 장애 정도가 심한 경우에만 해당하므로, 부양가족에 포함되지 않는다. 따라서 甲의 부양가족은 총 4명이다.

ⓑ 부양가족에 해당하는 사람은 배우자, 56세 장모(여성이므로, 55세 이상의 배우자 직계존속)이며, 남자의 경우 60세 이상의 직계존속이어야 하므로, 58세 장인은 부양가족에 포함되지 않는다. 또한 16세 조카는 해당사항이 없으며, 18세 동생의 경우 장애 정도가 심한 경우에만 포함되므로, 乙의 부양가족은 총 2명이다.

---

31 / ❺

정답해설 벌점은 월별 최종 오류 점수가 400점 이상이면서 월별 오류 발생 비율이 30% 이상일 때 부과된다. 따라서 월별 오류 발생 비율이 30% 미만인 甲은 벌점 부과에서 제외된다.

직원	오류 건수(건) 일반 오류	중대 오류	전월 우수사원 선정 여부	월별 최종 오류 점수	벌점
乙	10	20	미선정	100 + 400 = 500	5,000
丙	15	15	선정	150 + 300 − 80 = 370	0
丁	20	10	미선정	200 + 200 = 400	4,000
戊	30	10	선정	300 + 200 − 80 = 420	4,200

벌점이 두 번째로 높은 사람은 戊이다.

---

32 / ❷

정답해설 우선 전입일 기준으로 볼 때 丁은 전입한 지 6개월이 안 되어 지원 대상에서 제외된다.

丁을 제외하고 주어진 정보를 점수화하면 다음과 같다.

귀농 가구	가구주 연령 (세)	주소지 (△△군 소재 읍·면)	전입일	가족 수 (명)	영농 규모 (ha)	주택 노후도 (년)	사업 시급성	총점
甲	49	A	10점	4점	4점	8점	10점	36점
乙	48	B	4점	8점	10점	6점	10점	38점
丙	56	B	6점	6점	8점	10점	10점	40점
戊	33	D	8점	6점	10점	8점	4점	36점

丙은 확정이고, 丙을 선발하면 같은 지역인 乙은 선발하지 못한다.

甲과 戊가 동점인데 가구주 연령이 甲이 더 높으므로 甲이 지원대상이 된다.

---

33 / ❺

정답해설 대각선 한 칸을 움직이는 데에는 이틀이 소요되며, 발원지가 섬의 중앙 부분에 가까울수록 전염속도는 빠르다.

⑤ 乙섬에 G구역에서 2월 19일에 발생한 바이러스는 섬 전체가 바이러스에 전염되기까지 총 6일이 소요되어 2월 25일에 섬 전체가 바이러스에 감염된다.

오답연구 ① 甲섬에 A구역에서 2월 13일에 발생한 바이러스는 섬 전체가 바이러스에 전염되기까지 총 14일이 소요되어 2월 27일에 섬 전체가 바이러스에 감염된다.

② 乙섬에 B구역에서 2월 16일에 발생한 바이러스는 섬 전체가 바이러스에 전염되기까지 총 10일이 소요되어 2월 26일에 섬 전체가 바이러스에 감염된다.

③ 丙섬에 C, D구역에서 동시에 2월 19일에 발생한 바이러스는 섬 전체가 바이러스에 전염되기까지 총 7일이 소요되어 2월 26일에 섬 전체가 바이러스에 감염된다.

④ 甲섬에 E, F구역에서 동시에 2월 19일에 발생한 바이러스는 섬 전체가 바이러스에 전염되기까지 총 9일이 소요되어 2월 28일에 섬 전체가 바이러스에 감염된다.

34 / ❹

정답해설 '구매 효용성 × 조달단가 = 정량적 기대효과'

구매 효용성 식을 변형한 위 식을 이용하여 20억 원 이내에서 가장 효율을 극대화할 수 있는 조합을 찾아야 한다.

물품 구분	A	B	C	D	E	F	G	H
조달단가 (억 원)	3	4	5	6	7	8	10	16
구매 효용성	1	0.5	1.8	2.5	1	1.75	1.9	2
정량적 기대효과	3	2	9	15	7	14	19	32

이 상황에서 선택지를 먼저 살펴보면, 정량적 기대효과의 최댓값을 구해야 하므로 제일 큰 값인 39가 되는 조합부터 살펴본다.

정량적 기대효과의 총합의 최댓값을 39라고 가정할 때, 최댓값이 39가 되는 조합은 E(7) + H(32) / A(3) + D(15) + E(7) + F(14) 두 개가 있다.

하지만 두 경우 모두 조달단가가 각각 22억, 24억으로 20억 원을 넘어간다.

다음으로 최댓값을 38로 가정할 때, 최댓값이 38이 되는 조합은 A(3) + C(9) + E(7) + G(19) / C(9) + D(15) + F(14) 두 개가 있다.

앞의 조합의 경우 조달단가가 28억으로 20억 원이 넘어가지만, 뒤의 조합의 경우 조달단가가 19억으로 20억 원이 넘어가지 않는다.

따라서 답은 20억 원 이내에서 조달이 가능한 38이 된다.

35 / ❺

정답해설 ⑤ 법 제3항에 따르면, 대통령령으로 정하는 유원시설업을 경영하려는 자는 특별자치도지사·시장·군수·구청장의 허가를 받아야 하며, 시행령 제1항에서 이 유원시설업에는 종합유원시설업이 포함됨을 알 수 있으므로, 군산시에서 종합유원시설업을 경영하고자 하는 자는 군산시장에게 허가를 받아야 한다.

오답연구 ① 법 제5항에 따르면 관광극장유흥업의 경우 특별시장·광역시장·도지사·특별자치도지사 또는 시장·군수·구청장의 지정을 받아야 한다고 규정하고 있으므로, 등록을 해야 하는 것이 아니다. 등록을 해야 하는 업종은 법 제1항에서와 같이 여행업, 관광숙박업, 관광객 이용시설업 및 국제회의업이 해당한다.

② 법 제1항에 따르면 관광숙박업을 경영하려는 자는 특별자치도지사·시장·군수·구청장에게 등록하여야 함을 알 수 있으므로, 제주특별자치도에서 관광숙박업을 경영하려는 자는 제주특별자치도지사에게 등록하여야 한다.

③ 법 제5항에 따르면 한옥체험업을 경영하려는 자는 특별시장·광역시장·도지사·특별자치도지사 또는 시장·군수·구청장의 지정을 받아야 한다. 법 제6항에서 지정에 관한 권한의 일부를 위탁할 수 있다고 규정하고 있으나 위탁

한 자로부터 지정을 받아야만 해당 업종을 경영할 수 있다는 의미는 아니며, 지정의 주체는 해당 특별시장·광역시장·도지사·특별자치도지사 또는 시장·군수·구청장이다.

④ 법 제2항에 따르면, 카지노업을 경영하려는 자는 문화체육관광부장관의 허가를 받아야 한다. 따라서 부산광역시장의 허가를 받아야 한다는 것은 잘못된 판단이다.

Tip
이 문제와 같이 주어가 너무 많은 경우 서술어를 중심으로 해결하면 시간을 단축할 수 있다. 각 조항의 서술어 부분(허가를 받아야 한다, 신고하여야 한다, 지정을 받아야 한다 등)에 체크를 해두고, 선지로 내려와서 마찬가지로 서술어 부분을 보고 해당 조항을 찾아서 해결하면 된다. 예를 들어 ⑤의 경우 서술어 부분에 '허가를 받아야 한다'고 되어 있으므로, 법 제2항과 제3항을 보면 되는데, 제2항은 카지노업에 관한 것이므로, 제3항을 바로 찾는 것이 가능해진다. 이처럼 이와 같은 유형에서는 서술어를 중심으로 보는 것이 좋다.

36 / ❹

정답해설 모든 사람이 한 종목 이상 참가해야 하는데 나리가 참가할 수 있는 종목은 3인 4각뿐이므로, 나리는 무조건 3인 4각에 참가한다. 따라서 ⑤는 제외된다. 바다 역시 무조건 공굴리기만 참가한다. 따라서 바다가 포함된 선택지 ①도 제외된다.

이후에 두 가지 경우의 수를 생각해 볼 수 있다. 1명만이 출전하는 오래달리기에 가영이가 나가는 경우와 다솜이가 나가는 경우다. 종목 뒤의 괄호 안 숫자는 종목별 필요 인원이다.

ⅰ) 가영이가 오래달리기에 출전하는 경우
　오래달리기(1) : 가영
　팔씨름(4) : 가영, 다솜, 라임, 마야
　공굴리기(4) : 다솜, 마야, 바다, 사랑
　3인 4각(3) : 나리, 라임, 사랑
ⅱ) 다솜이가 오래달리기에 출전하는 경우
　오래달리기(1) : 다솜
　팔씨름(4) : 가영, 다솜, 라임, 마야
　공굴리기(4) : 가영, 마야, 바다, 사랑
　3인 4각(3) : 나리, 라임, 사랑

어떠한 경우에도 3인 4각에는 나리, 라임, 사랑이가 출전한다.

37 / ❸

정답해설 ⓛ 방청객 2명이 1회전에서 丁이 아닌 甲에게 투표했다면 탈락자가 바뀌었을 수도 있다.

ⓒ 방청객 2명이 1회전에서 戊가 아닌 다른 후보에게 투표했다면 탈락자가 바뀌었을 수도 있다.

오답연구 ㉠ 이 경우 3회전에서 방청객 두 명이 잘못 투표했는데, 방청객 2명이 丁에게 투표를 한다 해도 19표이므로 丙의 우승은 바뀌지 않는다.

㉣ 방청객 2명이 2회전에서 기권을 하지 않았어도 乙의 탈락은 바뀌지 않는다.

38 / ❺

[정답해설] ⑤ 폐가전은 폐기물 스티커를 부착해 배출해야 하고 배출시간은 일요일~금요일 저녁 7시~다음 날 새벽 3시까지이므로 戊의 배출에는 문제가 없다.

[오답연구] ① 월요일~토요일에만 수거하므로 배출가능시간은 일요일~금요일 저녁 7시~다음 날 새벽 3시이다. 따라서 甲은 배출시간을 어겼다.
② 공동주택의 경우 음식물 전용용기에 담아서 배출해야 한다.
③ 캔과 스티로폼은 따로 배출해야 한다.
④ 페트병은 내용물을 비운 후 배출해야 한다.

39 / ❷

[정답해설] ② 발전소를 3개 더 건설하는 경우 총공급전력량은 300만kW 더 증가하므로 7,500만kW가 되며, 전기요금이 3% 인상되면, 최대전력수요는 3% 감소하므로 총 5,820만 kW가 된다. 따라서 전력예비율은 $\frac{7,500-5,820}{5,820} \times 100 ≒ 28.9$ (%)이기 때문에 정책목표를 달성할 수 없으므로 채택하기에 적합하지 않은 정책 대안이다.

[오답연구] ① 발전소 1개를 더 건설하면 총공급전력량은 100만kW 증가하므로 7,300만kW가 되며, 전기요금이 10% 인상되면, 최대전력수요는 10% 감소하므로 총 5,400만kW가 된다. 따라서 전력예비율은 $\frac{7,300-5,400}{5,400} \times 100 ≒ 35.2$(%)이기 때문에 정책목표를 달성할 수 있는 정책 대안이다.
③ 발전소를 6개 더 건설하면 총공급전력량은 600만kW 증가하므로 7,800만kW가 되며, 전기요금이 1% 인상되면, 최대전력수요는 1% 감소하므로 총 5,940만kW가 된다. 따라서 전력예비율은 $\frac{7,800-5,940}{5,940} \times 100 ≒ 31.3$(%)이기 때문에 정책목표를 달성할 수 있는 정책 대안이다.
④ 발전소를 8개 더 건설하면 총공급전력량은 800만kW 증가하므로 8,000만kW가 되며, 전기요금이 동결되면, 최대전력수요 역시 6,000만kW로 동일하다. 따라서 전력예비율은 $\frac{8,000-6,000}{6,000} \times 100 ≒ 33.3$(%)이기 때문에 정책목표를 달성할 수 있는 정책 대안이다.
⑤ 발전소를 더 이상 건설하지 않는다면 총공급전력량은 7,200만kW로 동일하며, 전기요금이 12% 인상되면, 최대전력수요는 12% 감소하므로 총 5,280만kW가 된다. 따라서 전력예비율은 $\frac{7,200-5,280}{5,280} \times 100 ≒ 36.4$(%)이기 때문에 정책목표를 달성할 수 있는 정책 대안이다.

[다른풀이] 조건 제한에 유의한다. 예를 들어 조건 2의 대우와 같은 경우는 성립하지 않는다.

$\frac{7,200-6,000}{6,000} \times 100 = 20$(%) → 올해의 전력예비율

㉠ 조건 1만 검토하는 경우, 발전소 6개를 더 건설하면 전력예비율은 30% → 분모가 그대로일 때, 분자가 600만큼 증가해야 정책목표인 30% 달성
㉡ 조건 2만 검토하는 경우, 전기요금↑ → 최대전력수요↓ → 전력예비율↑
③ ㉠에 의해, 발전소를 6개 더 건설하고, 전기요금을 인상하므로 당연히 적절한 대안이다.
④ ③에 의해 계산하지 않는다.
② $\frac{(7,200+300)-(6,000-180)}{(6,000-180)}$ → 분자가 300 − (−180) = 480밖에 증가하지 않았다. 물론 분모도 180 감소했지만, 굳이 계산해보지 않아도 전체로 봤을 때 10%p 이상 증가했다고 보기 어렵다.

40 / ❹

[정답해설] 조건에 따르면 총점이 60점 이상인 업체만을 입찰 시스템에 등록시킨다고 했으므로, 총점이 59점인 D업체는 제외된다. 또한 평가항목 분류배점의 40% 미만이 나올 경우 등록을 허용하지 않는다고 하였으므로, 수요기관 만족도 분류 배점인 20점의 40%인 8점에 미달하는 B업체 역시 제외된다. 마지막으로 공사 착공일이 3월 1일이고, 7월 10일까지 공사가 완공되어야 한다고 했으므로, 공사소요기간이 140일인 C업체도 제외된다. 이때, 남은 업체는 A업체와 E업체인데, 둘의 순편익을 비교하여 더 높은 업체가 선정된다.
A업체 : 18 − 16 = 2(억 원)
E업체 : 16 − 11 = 5(억 원)
따라서 E업체가 선정된다.
㉡ D업체는 총점이 미달되어 제외됐었다. 하지만 품질 부분에서 가산점을 받으면 총점이 61점이 되어 입찰은 가능하게 된다. 하지만 순편익이 17 − 13 = 4(억 원)이므로, 여전히 E업체보다 낮아 계약을 맺지 못한다.
㉢ 순편익을 고려하지 않고, 공사 완공 시점만 고려한다고 하더라도 B업체는 등록 자체가 허용되지 않으므로, 계약을 맺지 못한다. 이 경우 A업체가 E업체보다 공사기간이 짧으므로, A업체가 선정되게 된다.
㉤ 안전성이 上인 A업체의 청사이전 편익에 2억 원이 추가된다고 해도 순편익은 2 + 2 = 4(억 원)이므로, 순편익이 5억 원인 E업체보다 여전히 낮아 E업체와 계약하게 된다.

[오답연구] ㉠ A업체와 E업체 중 순편익이 더 높은 E업체와 계약하게 된다.
㉣ 안전성이 下인 E업체가 추가로 제외되면, 계약이 가능한 업체가 A업체뿐이므로, A업체와 계약하게 된다.

> [Tip]
> 최적안을 찾는 문제 유형에서는 제시된 대안 중 기준에 미달하는 대안을 먼저 찾아서 제외시켜야 한다. 이를 통해 남는 대안들로만 비교하는 것이 계산을 줄이는 방법이다. 또한 동점자 규정이 존재하는지도 잘 살펴봐서 남은 대안들이 동점일 경우 어떤 대안을 선정할지 파악해두어야 한다.

41 / ❸

[정답해설] ③ '채권자의 통지의무 등' 제1항에 따라 2개월이 아닌, 3개월 이상 이행하지 아니하는 경우 보증인에게 사실을 알려야 한다.

[오답연구] ① '보증의 방식' 제1항에 따라 보증은 서면으로 체결되어야 효력이 발생한다.

② '보증기간 등' 제1항에 따라 보증기간의 약정이 없는 때에는 그 기간을 3년으로 본다.

④ '채권자의 통지의무 등' 제4항에 따라 병은 채권자가 통지의무를 다하지 않아 손해를 입은 한도 내에서 채무를 면할 수 있다.

⑤ '보증기간 등' 제2항에 따라 기존 약정기간인 2년으로 갱신된다.

42 / ❶

[정답해설] 주어진 글과 〈보기〉를 정리하면 다음과 같다.

구분	甲	乙	丙
연간 총매출액	10억 원	90억 원	200억 원
납부금	10억 원×1% = 1천만 원	1천만 원 + (80억 원×5%) = 4억 1천만 원	4억 6천만 원 + (100억 원×10%) = 14억 6천만 원
체납된 납부금	1천만 원	1천만 원	6천만 원
가산금	1천만 원×3% = 30만 원(A)	1천만 원×3% = 30만 원(B)	6천만 원×3% = 180만 원(C)

따라서 A와 B는 30만 원, C는 180만 원이므로 정답은 ①이다.

[Tip]
선택지 구성을 살펴보면 B와 C만 해결하면 정답이 도출된다. 일단 B를 구하고(③, ⑤ 제외), C를 구하면 ①이 도출된다.

43 / ❶

[정답해설] 현재 달러 고시 가격이 1204.00/1204.10이고, 슬기가 달러를 당장 사고 싶다면, 乙은행에서 제시한 1204.10에 달러를 사야 한다. 100달러를 사고자 하므로, 슬기는 총 120,410원을 지불하게 된다.

1시간 후 달러 고시 가격이 1205.10/1205.20으로 움직이고, 슬기가 달러를 당장 팔고 싶다면, 甲은행이 제시한 1205.10에 달러를 팔아야 하므로, 슬기는 100달러를 팔고, 120,510원을 받게 된다.

따라서 슬기는 120,510 − 120,410 = 100(원) 이익을 보게 된다.

44 / ❶

[정답해설] 총 지출액 = (40만 원 + 120만 원 + 4,000홍콩달러×140원/홍콩달러) = 216만 원

개인당 지출액 = 216만 원÷4 = 54만 원

따라서 다음과 같이 개인당 지출액에 맞춰 더 내야 할 돈과 받아야 할 돈이 있다.

창호 = 40 − 54 = −14 (14만 원 더 내야 함)

영숙 = 120 − 54 = 66 (66만 원 더 받아야 함)

기오 = 56 − 54 = 2 (2만 원 더 받아야 함)

준희 = 0 − 54 = −54 (54만 원 더 내야 함)

각자 내야 할 돈 중 우선적으로 A는 준희가 영숙이에게 주어야 할 54만 원이다. 영숙이는 총 66만 원을 더 받아야 하므로, 창호에게 받을 돈인 C는 12만 원이고, 창호는 총 14만 원을 더 내야 하는데 영숙이에게 12만 원을 줬으므로, 창호가 기오에게 줄 돈인 B는 2만 원이 된다.

45 / ❶

[정답해설] 기준에 따라 도시재생활성화 대상이 되는 곳은 A, B, D이다.

이 중 최근 30년간 인구가 가장 많았던 시기 대비 현재 인구가 많이 감소한 지역과 최근 5년간 인구의 연속 감소 기간이 긴 지역이 우선적으로 도시재생사업 대상이 된다. 따라서 도시재생사업은 A지역에서 가장 먼저 실시된다.

46 / ❸

[정답해설] ㉠ 취·등록세액 감면 혜택을 받으려면 최소 우수 등급, 에너지효율 2등급을 받아야 한다. 그렇게 하는 데에는 친환경 점수 7점(7천만 원 소요), 에너지 등급 1등급 향상(2천만 원 소요)이 필요하므로 총 9천만 원이 든다. 그런데 이 경우 받게 되는 세액 감면 혜택은 20억 원의 4%인 8천만 원이다. 따라서 손해다.

이득을 보려면 에너지 등급을 한 등급 더 향상시켜야 한다. 2천만 원을 더 투자해 총 1억 천만 원을 투자하여 에너지효율 1등급을 만들면 8%의 세액 감면 혜택을 받아 1억 6천만 원의 세금 감면 혜택을 받을 수 있으므로 5천만 원 이익이다. 따라서 경제적 이익을 얻을 수 있는 최소 투자금액은 1억 천만 원이다.

㉡ 표로 정리하면 아래와 같다.

친환경등급− 에너지효율등급	투자액	세액 감면액	득실
우수−2등급	9천만 원	8천만 원	−천만 원
우수−1등급	1억 천만 원	1억 6천만 원	+5천만 원
최우수−2등급	1억 9천만 원	1억 6천만 원	−3천만 원
최우수−1등급	2억 천만 원	2억 4천만 원	+3천만 원

따라서 친환경 등급 우수, 에너지효율등급 1등급일 때의 이익이 가장 크다.

[오답연구] ㉢ 에너지효율등급을 2등급으로 향상시키고 친환경 등급을 우수 또는 최우수로 향상시켜도 손해이다.

47 / ❺

정답해설 점수를 획득한 팀이 서브를 하는데 3 : 3 동점 상황에서 A가 서브를 했고 득점한 팀도 甲팀이므로 계속해서 서브권은 甲팀이 유지하고 서브는 A가 한다. 왜냐하면 서브권이 상대팀으로 넘어가기 전까지는 팀 내에서 같은 선수가 서브를 해야 하기 때문이다. 따라서 선택지 ①, ④는 제외한다. 이제 4 : 3이 되면서 甲팀이 서브를 할 때에는 점수가 짝수이기 때문에 우측에서 대각선으로 서브를 한다. (② 제외) 서브를 받는 팀은 본인 팀이 서브권을 획득하기 전까지 코트 위치를 바꾸지 않으므로 기존 코트 방향을 그대로 따라야 한다. (③ 제외)

따라서 답은 ⑤이다.

48 / ❺

정답해설 ㉠ 지원업체의 평가점수는 다음과 같다.

업체	품질 점수	가격 점수	직원규모 점수
甲	88점	96점	97점
乙	85점	100점	97점
丙	87점	96점	94점

여기에 배점비율을 반영하면

업체	품질 점수 (50%)	가격 점수 (40%)	직원규모 점수 (10%)	총점
甲	44	38.4	9.7	92.1
乙	42.5	40	9.7	92.2
丙	43.5	38.4	9.4	91.3

총점이 가장 높은 업체는 乙이고, 가장 낮은 업체는 丙이다.
㉡ 甲이 가격을 30만 원 낮게 제시하면 가격점수가 2점 오른다. 가격점수 2점에 배점비율을 반영하면 총점이 0.8점 상승한다. 따라서 乙보다 더 높은 총점을 얻을 수 있다.
㉣ 丙이 가격을 100만 원 더 낮추면 가격 점수가 4점 오른다. 여기에 배점비율을 반영하면 총점이 1.6점 상승하는데, 그렇게 되면 총점이 92.9점으로 가장 높아져 협력업체로 선정된다.

오답연구 ㉢ 丙이 직원규모를 10명 더 늘리면 직원규모 점수가 3점 오른다. 여기에 배점비율을 반영하면 총점이 0.3점 상승하는데, 그렇더라도 甲보다 총점이 낮다.

49 / ❶

정답해설 ① 올해 여름의 첫날은 5월 6일이다. 춘분에서 입하 사이의 기한을 계산해보면, 춘분 − 청명은 15일, 청명 − 곡우 = 15일, 곡우 − 입하 = 16일이므로 3월 21일 + (15일 + 15일 + 16일)이다. 3월 21일 + (31일 + 15일)로 변환하면, 4월 21일 + 15일이고, 4월 21일 + (9일 + 6일) = 4월 30일 + 6일 = 5월 6일이다.

오답연구 ② 절기의 양력 날짜는 "일부 절기 사이의 간격은 하루가 늘거나 줄기도 한다."라는 지문과 첫 번째 조건에 의하여 옳은 설명이다.
③ 하나의 절기마다 15도이므로 태양황경이 60도인 절기는 춘분으로부터 4번째 후의 절기인 소만이다.
④ 춘분에서 소만이 60도, 소만에서 60도를 더하면 대서가 된다. 대서에서 입추 사이의 날인지 확인하면 된다. 5월 6일 (입하)에서 (15×5 + 1×3) = (31 + 30 + 17) = 7월 6일 + 17일이므로 7월 23일이 대서가 되므로 옳은 설명이다.
⑤ 입춘부터 곡우까지는 다섯 절기이며, 간격 변동이 없으므로 75일 간격이다. 한로부터 동지까지도 마찬가지로 다섯 절기이지만, 대설은 앞 절기와 14일 간격이므로 총 74일 간격이 된다.

> Tip
> • 절기 = 절기 + 중기
> • 춘분 = 황경의 기점, 황경 0도
> 계절은 3개월마다 바뀌고, 각각 입춘, 입하, 입추, 입동이 계절 시작의 기준이다. 일부 절기 사이의 간격은 하루 늘거나 줄어든다. 여기서 계절에 따라 여름 쪽이 16일, 겨울 쪽이 14일이라는 점을 캐치해야 한다. 상황제시형에서는 상황을 파악하고 정리하는 것이 중요하다.

50 / ❷

정답해설 제시된 법 조항에서 제△△조 제1항은 원칙 규정이고, 제2항 및 대통령령은 예외 규정에 해당한다. 이를 바탕으로 각 시설을 살펴보면 다음과 같다.
㉠, ㉢ 당구장의 경우 제△△조 제1항 제7호에 속하며, 초·중·고등학교에서는 원칙적으로 허용될 수 없다(유치원 및 대학교의 정화구역에서는 제외). 하지만 제2항 및 대통령령에 따르면, 당구장은 교육감이 학교환경위생정화위원회의 심의를 거쳐 정화구역 전체에서 허용될 수 있는 시설이다. 따라서 ㉠에 들어갈 기호는 '△'이다. 제△△조 제1항 제7호를 보면 유치원 및 대학교의 정화구역에서는 제외된다고 규정하고 있으므로, ㉢에 들어갈 기호는 '○'가 된다.
㉡ 만화가게의 경우 제△△조 제1항 제5호에 속하여 초·중·고등학교에서는 원칙적으로 허용될 수 없다(유치원 및 대학교의 정화구역에서는 제외). 하지만 당구장과 마찬가지로 제2항 및 대통령령에 따라 교육감이 학교환경위생정화위원회의 심의를 거쳐 상대정화구역에서는 허용될 수 있는 시설이다. 따라서 들어갈 기호는 '△'이다.
㉣ 호텔의 경우 제△△조 제1항 제8호에 속하여 정화구역 내에서 할 수 없으나 제2항 및 대통령령에 따라 상대정화구역에서는 교육감이 학교환경위생정화위원회의 심의를 거쳐 허용될 수 있다. 따라서 들어갈 기호는 '△'이다.

> Tip
> 해당 문제에서는 ㉠~㉣ 모두 해결하지 않아도 정답을 도출할 수 있다. 먼저 ㉠을 해결하면 자연히 ③, ④, ⑤는 정답에서 제외된다. 남은 ①, ②에서 ㉢과 ㉣은 동일하므로, ㉡만 해결하면 정답이 ②로 도출된다.

51 / ❹

정답해설 스킨과 로션 정가를 할인한 금액을 각각 x와 y라고 하며, '스킨의 소진일(스킨을 구매한 날 − 스킨을 다 쓴 날)'을 X, '로션의 소진일(로션을 구매한 날 − 로션을 다 쓴 날)'을 Y라고 한다.

이 경우 총비용 = {3 − $(x + y)$} + 500 × (X + Y)가 된다. 이를 정리하면, '3 − 총비용 = $(x + y)$ − 500 × (X + Y)'이므로, 총비용이 적을수록 '$(x + y)$ − 500 × (X + Y)'의 값이 커진다는 것을 알 수 있다. 따라서 총비용이 가장 적은 것을 고르려면 선지 중 '$(x + y)$ − 500 × (X + Y)'의 값이 가장 큰 것을 선택해야 한다. 또한 5월 5일에 A사 카드를 사용하여 구매할 경우 스킨은 1,000원 할인되고, 로션은 2,000원 할인되며, 5월 15일에 구매할 경우 사용하는 카드와 상관없이 스킨은 2,000원이 할인되고, 로션은 4,000원이 할인된다.

④ X는 0일, Y는 2일이고, x는 0원, y는 4,000원이므로 4,000−500×2 = 3,000(원)이다. 따라서 총비용이 가장 적게 든다.

오답연구 ① X는 2일, Y는 0일이 되고, x는 1,000원, y는 2,000원이므로 3,000−500×2 = 2,000(원)이다.
② X와 Y 모두 0일이고, x는 2,000원, y는 0원이므로 2,000−500×0 = 2,000(원)이다.
③ X와 Y 모두 5일이고, x는 2,000원, y는 4,000원이므로 6,000−500×10 = 1,000(원)이다.
⑤ X는 2일, Y는 1일이 되고, 5월 5일에 구매했지만 B사 카드를 사용했으므로 x는 0원, y는 4,000원이 되어, 4,000−500×3 = 2,500(원)이다.

다른풀이 ① 3 + 0.1 − 0.3 = 3 − 0.2 = 2.8
② 3 + 0 − 0.2 = 2.8
③ 3 + 0.5 − 0.6 = 2.9
④ 3 + 0.1 − 0.4 = 2.7
⑤ 3 + 0.15 − 0.4 = 2.75

따라서 총비용이 가장 적은 선지는 ④이다.

52 / ❺

정답해설 조건을 통해 '참석경험 여부'가 전화 거는 순서에 중요하게 작용함을 알 수 있다. 따라서, 참석경험이 있는 A와 D에게 제일 먼저 전화를 거는 두 가지 경우를 살펴보자.
ⅰ) A에게 제일 먼저 전화를 거는 경우
　　A 다음에 같은 분야인 B에게 전화를 걸 수 없다. 또 C는 같은 소속에다가 참석경험이 있는 D 뒤로 전화를 걸어야 하기 때문에 전화할 수 없고, 참석경험이 있는 사람에게도 연이어 전화할 수 없으므로 D에게도 전화할 수 없다. 또한 F는 A와 같은 소속이라 연이어 전화를 걸 수 없으므로, E에게 전화를 걸게 된다.

ⅱ) D에게 제일 먼저 전화를 거는 경우
　　A는 참석경험이 있기 때문에 연이어 전화할 수 없다. B는 같은 분야이면서 참석경험이 있는 A 다음에 전화를 걸어야 하고 C는 D와 소속이 같기 때문에 연이어 전화를 걸 수 없다. 또한 F는 같은 소속이면서 참석경험이 있는 A 뒤에 전화를 걸어야 한다. 따라서 E에게 전화를 걸게 된다.
따라서, 두 번째로 전화를 걸 대상은 E이다.

53 / ❹

정답해설 한 주에 2일 간헐적 단식(아침 OR 저녁만 먹는 날)을 한다.
둘째 주 월요일에 단식을 했으니, 첫째 주 토~일과 둘째 주 화~수는 세 끼를 먹는다.
첫째 주 월, 수, 금요일에 조찬회의로 아침식사를 했고 첫째 주 목요일에 업무약속으로 점심식사를 했으므로 목요일에는 정상적으로 세 끼를 챙겨 먹었다.
주어진 조건을 표로 정리하면 다음과 같다.

	월	화	수	목	금	토	일
첫째 주	아		아	아/점/저	아	아/점/저	아/점/저
둘째 주	단식	아/점/저	아/점/저				

단식을 한 날의 전후 2일은 모두 세 끼를 먹어야 하므로 월−화, 월−수, 화−수, 수−금에는 간헐적 단식을 할 수 없다. 따라서 간헐적 단식을 할 수 있는 날은 월−금, 화−금이다. 그런데 월요일과 금요일에 간헐적 단식을 했다면 첫 주 아침식사 횟수는 7회가 되어 아침과 저녁식사 횟수가 같아질 수 없다. 따라서 단식을 한 날은 화요일과 금요일이며 화요일에는 저녁에, 금요일에는 아침에 식사를 하였다.

	월	화	수	목	금	토	일
첫째 주	아/점/저	저	아/점/저	아/점/저	아	아/점/저	아/점/저
둘째 주	단식	아/점/저	아/점/저				

54 / ❶

정답해설 표로 정리하면 다음과 같다.

17 (토)	월	화	수	목	금	토	월	화	수	목	금	토	월
1권 대여	반납												
2, 3권 대여		반납											
4~6권 대여				반납									
7~10권 대여						반납							

따라서 甲이 마지막 편을 반납하게 되는 요일은 월요일이다.

55 / ②

정답해설 ㉠ 시행령 제1항에 따라 임신 20주일 임산부는 인공임신중절수술이 가능하며, 시행령 제2항에 따라 연골무형성증의 경우 대통령령으로 정하는 우생학적 또는 유전학적 신체질환이 있다고 볼 수 있으므로, 그 남편이 동의한 경우 인공임신중절수술이 가능하다.

㉢ 시행령 제1항에 따라 임신 20주일 임산부는 인공임신중절수술이 가능하며, 법 제1항 제5호에 따라 임신중독증으로 생명이 위독한 경우 배우자의 동의를 얻어 인공임신중절수술이 가능한데, 남편이 실종 중인 상황이므로, 법 제2항에 따라 본인의 동의만으로도 수술이 가능하다.

오답연구 ㉡ 시행령 제1항에 따르면 임신 24주일 이내인 사람만 인공임신중절수술이 가능하므로, 임신 28주일 임산부는 인공임신중절수술이 불가능하다.

㉣ 남편이 실업자가 되어 도저히 아이를 키울 수 없다는 사유는 법 제1항에서 규정하고 있는 인공임신중절수술이 가능한 경우에 해당하지 않으므로, 인공임신중절수술이 불가능하다.

다른풀이 가장 기본 요건은 임신 24주일 이내의 임산부만이 인공임신중절수술이 가능하다는 점이다. 따라서 쉽고 명확하게 허용 여부가 결정되는 ㉡부터 해결해야 한다. ㉡이 허용되지 않는 경우에 해당하므로, 선택지에서 ①, ③, ⑤가 제외된다. 남은 ②와 ④에서 ㉠과 ㉢이 공통으로 들어가므로, ㉣만 확인하면 되고, ㉣이 허용되지 않는 경우에 해당하므로, 정답은 ②가 된다.

Tip

1. 법률 구조
• 조, 항, 호, 목

조	제1조, 제2조, 제3조 …
항	①, ②, ③ …
호	1, 2, 3 …
목	가, 나, 다 …

• 주어 (대상) 서술어 : 서술어에 "~할 수 있다"라고 규정되어 있는 경우 조건이 충족될지라도 허용될 수도, 안 될 수도 있으며, "~해야 한다"라고 규정되어 있는 경우 조건이 충족될 경우 반드시 해야 한다.

2. 규정·규칙형 문제 유형
• 법률 조항이 원칙과 예외로 구성되어 있는 경우
• 법률 조항이 구성요소(조건)으로 구성되어 있는 경우(하나만 만족해도 되는 경우와 모두 만족해야 하는 경우로 나뉨)
• A vs B : 두 법률 조항을 비교·대조해야 하는 경우

56 / ①

정답해설 아래에서 여섯 번째 줄부터 마지막 줄까지가 문제를 푸는 열쇠다. 따라서 앞부분보다는 뒷부분을 더 꼼꼼히 읽는 것이 중요하다. 앞부분에서는 일곱 번째 줄의 '나머지 시간을 초경, 이경, 삼경, 사경, 오경까지 다섯으로 나누되 각 경은 5점(點)으로 나누었다.'를 통해 각 경이 5점으로 나뉘어 있다는 정도만 기억하면 된다.

문제를 풀기 위해 표로 정리하면 다음과 같다.

시간대		북 횟수	징 횟수	반복횟수
초경	3점	1	3	
	4점		4	
	5점		5	
이경	1점	2	1	
	2점		2	
	3점		3	
	4점		4	
	5점		5	
삼경	1점	3	1	5
	2점		2	
	3점		3	
	4점		4	
	5점		5	
사경	1점	4	1	
	2점		2	
	3점		3	
	4점		4	
	5점		5	
오경	1점	5	1	
	2점		2	
	3점		3	1

이를 계산하면
북 횟수 = (3×5) + (10×5) + (15×5) + (20×5) + (10×5 + 5) = 295
징 횟수 = (12×5) + (15×5) + (15×5) + (15×5) + (3×5 + 3) = 303

57 / ④

정답해설 ㉠ (라) 조항에 의해 계약 위반이다.

㉢ (나) 조항에 의해 사업비 금액은 청구한 날부터 14일 이내에 지급되어야 하는데 甲은 청구한 날부터 16일 만에 지급하였다.

㉣ (마), (바) 조항에 의해 甲은 3분기 성과인센티브를 제대로 청구한 乙에게 인센티브를 지급해야 한다. 이를 이행하지 않았으므로 계약 위반이다.

오답연구 ㉡ (다) 조항에 의해 계약을 정상적으로 이행하였다.

58 / ②

정답해설 E는 회의에 참석할 수 없게 된 상황이므로 A, B, C, D, F 5명 중 참석자를 구별한다.
조건 1과 2에 의해서

A	B	C	D	F
○	×		○	
×	○		○	

조건 3과 4에 의해서

	A	B	C	D	F
	○	×	○	○	×
	×	○	○	○	O/×

따라서 B, C, D, F를 팀원으로 하는 1개의 팀이 구성될 수 있다.

59 / ❺

정답해설 ⑤ 제1항에 따르면, 책자형 선거공보는 '작성할 수 있다'고 규정하고 있으므로, 작성하지 않아도 무방하다.

오답연구 ① 제2항에 따르면, 지방의회 의원선거에 사용할 책자형 선거공보는 8면 이내로 작성해야 하므로, 12면을 작성할 수 없다.
② 제3항에 따르면, 지역구국회의원선거에서 책자형 선거공보를 제작하는 경우 점자형 선거공보를 '함께 작성·제출해야 한다'고 규정하고 있으므로, 책자형 선거공보를 제작하는 경우 반드시 점자형 선거공보도 제작해야만 한다.
③ 제4항 제1호에 따르면, 외손녀가 아닌 친손녀는 공개대상에 해당하므로 표시해야 한다.
④ 제4항 제2호에 따르면, 병역사항을 표시해야 하는 사람은 후보자의 직계비속이므로, 직계존속인 아버지는 표시할 필요가 없다.

Tip

직계존·비속

조부모	직계존속
부모	
나	방계(형제·자매)
자녀	직계비속
손자녀	

60 / ❷

정답해설 ㉠ 만들 수 있는 가장 큰 수는 9872, 가장 작은 수는 2714이다. 따라서 둘의 차는 7158이다.
㉡ 네 자릿수를 만들 때 천의 자리가 5일 경우 남은 두 자리에 0이 오거나 5가 오게 되는 경우가 생긴다. 또한 일의 자리가 5일 경우 천의 자리에 올 수 있는 숫자가 1, 3, 7, 9로 한정된다. 이때도 백의 자리에 일의 자리인 5와 동일한 숫자가 오게 되는 경우가 발생한다. 따라서 천의 자리가 5거나 일의 자리가 5인 수는 만들 수 없다.
㉣ 숫자 1이 적힌 카드가 한 장 추가되기 전에 만들 수 있는 네 자리의 수는 32개(3 + 5 + 4 + 3 + 6 + 5 + 6)이다. 이때 숫자 1이 적힌 카드가 한 장 추가된다고 해도 네 자릿수의 총 개수는 변화하지 않는다. 숫자 1이 적힌 카드가 추가되기 이전에 1로 인하여 네 자릿수가 만들어지지 못하는 경우는 없기 때문이다.

오답연구 ㉢ 천의 자리에 9를 넣을 때 만들 수 있는 네 자릿수는 6개(9872, 9763, 9654, 9436, 9327, 9218)이다. 천의 자리에 7을 넣을 때도 6개(7963, 7856, 7642, 7428, 7321, 7214)의 네 자릿수를 만들 수 있다.
㉤ 숫자 9가 적힌 카드가 한 장 추가되기 전에 만들 수 있는 네 자릿수는 32개(㉣ 설명 참조)이다. 이때 숫자 9가 적힌 카드가 추가되면 '9981'이 새로 만들어지기 때문에 네 자릿수의 총 개수는 변화한다.

61 / ❸

정답해설 경우 1) 1 → 4 → 2 → 5 → 3 → 6 → 3 → 4 → 1
경우 2) 1 → 3 → 2 → 5 → 4 → 6 → 3 → 4 → 1
총 순찰시간 : 매 층 5분×6층 = 30(분)
경우 1)의 엘리베이터 이동시간 : (3 + 2 + 3 + 2 + 3 + 3 + 1 + 3) × 3 = 60(분)
경우 2)의 엘리베이터 이동시간 : (2 + 1 + 3 + 1 + 2 + 3 + 1 + 3) × 3 = 48(분)
∴ 최단시간 : 30 + 48 = 78(분) = 1시간 18분

62 / ❶

정답해설 A : 제2항 제2호에 해당한다. 따라서 지급경비 전액(1,500만 원)을 반납해야 한다.
B : 제2항 제1호에 해당한다. 따라서 지급경비 전액(2,500만 원)을 반납해야 한다.
C : 제2항 제3호에 해당한다. 6년 중 3년을 복무했으므로
$$3,500 \times \frac{6-3}{6} = 1,750(만 원)을 반납해야 한다.$$
D : 제2항 제2호에 해당하면서 심신장애에 해당한다. 따라서 지급경비의 반액인 1,000만 원을 반납해야 한다.
E : 제1항에 해당하기 때문에 경비를 반환하지 않아도 된다.
따라서 반납해야 하는 경비가 많은 순으로 나열하면 B-C-A-D-E이다.

63 / ❸

정답해설 채용목표인원에 따르면 성별 최소 채용목표인원은 시험실시 단계별 합격예정인원을 알아야 구할 수 있으므로 시험실시 단계별 합격예정인원부터 구한다.
1차 시험의 경우 선발예정인원의 150%를 선발한다. 검찰사무직의 경우 30명을 최종 선발하므로 1차 시험 합격인원은 45명이다.
따라서 1차 시험 성별 최소 채용목표인원은 45명의 20%인 9명이다. 그런데 남성이 39명 합격하였으므로, 45명만 뽑을 경우 여성은 6명밖에 합격자가 나오지 못한다. 이 경우 '각 과목 만점의 40% 이상, 전 과목 총점의 60% 이상 득점하고, 전 과목 평균득점이 합격선 −3점 이상인' 여성 중에서 미달 인원인 3명의 여성을 추가 합격시킬 수 있다. 따라서 제1차 시험의 합격자 수는 최대 48명이다.

정답해설 모든 선택지가 두 번째 자리에 8을 포함하고 있으므로 'CSECH'는 변환할 필요가 없다.

첫째 자리가 0인지 2인지 알아보자.

우선 0을 대입하면 완성된 암호문 세 번째 단어 'OXIJP'를 만들 수 없다. 따라서 첫째 자리는 2다.

0	H	C	J	U	U	I
8	E	S	X	V	B	J

따라서 ③, ④, ⑤ 선택지의 끝 세 자리와 완성된 암호문 단어들의 끝 세 자리 알파벳이 일치하는지를 보면 된다.

ⅰ) 28425인 경우 완성된 암호문 첫째 단어 'HEWHT'부터 완성할 수 없다.

4	W	H	O	W	E	C
2	H	C	O	X	D	V
5	A	D	I	N	K	T

ⅱ) 28901인 경우 완성된 암호문을 모두 완성할 수 있다.

9	W	E	I	P	Y	K
0	H	C	J	U	U	I
1	T	H	P	Q	B	I

ⅲ) 28921인 경우 완성된 암호문 세 번째 단어 'OXIJP'부터 완성할 수 없다.

9	W	E	I	P	Y	K
2	H	C	O	X	D	V
1	T	H	P	Q	B	I

Tip
완성된 암호문의 단어에 선택지를 대입해 가면서 어긋나는 경우 바로 제거해 나가는 것이 좋다.

---

65 / ❺

정답해설 습식저장소는 100,000개의 저장용량 중에서 50%만을 사용할 수 있으므로, 총 50,000개의 폐연료봉을 추가로 저장할 수 있다.

건식저장소의 경우 X저장소에 300(기) × 9(층/기) × 60(개/층) = 162,000(개)를 저장할 수 있고, Y저장소에 138,000(개)를 저장할 수 있으므로, 총 300,000개의 폐연료봉을 추가로 저장할 수 있다.

따라서 습식저장소와 건식저장소를 합한 총 저장용량은 350,000개가 되고, 매년 50,000개의 폐연료봉이 발생한다고 했으므로, 350,000 ÷ 50,000 = 7(년)동안 발생하는 폐연료봉을 현재의 임시저장소에 저장할 수 있다.

---

66 / ❹

정답해설 가방 150달러의 10% = 15달러, 영양제 100달러의 30% = 30달러, 목베개의 50달러의 10% = 5달러

ⅰ) 이번 달 가방, 영양제, 목베개의 세 물품이 각각 할인된 가격의 총합 = 135달러 + 70달러 + 45달러 = 250(달러)

ⅱ) 이번 달 구매하는 모든 물품의 결제 금액의 20% 할인된 가격 = 250 × 0.8 = 200(달러)

ⅲ) 200달러를 초과하지 않아 추가 할인 쿠폰은 사용할 수 없다.

따라서 창렬이가 결제한 최소 금액은 200달러 × 1,000원 = 200,000(원)이다.

---

67 / ❶

정답해설 제시문에서는 지방자치의 사무를 정하는 것과 관련해 무엇이 우선적으로 적용되는지 설명한다. 제시문에 따르면 지자체의 조례와 지자체장이 정하는 규칙은 국회가 만든 법률이나 중앙행정기관의 명령보다 하위에 있다. 따라서 법률과 명령이 조례와 규칙보다 우선적으로 적용된다는 것을 파악해야 한다.

㉠ 헌법 제00조 제1항에 의해 옳다.
㉡ 헌법 제00조 제2항에 의해 옳다.

오답연구 ㉢, ㉣ 헌법 제00조 제2항 '…지방자치단체장의 선임방법 기타 지방자치단체장의 조직과 운영에 관한 사항은 법률로 정한다'에 의해 옳지 않다.

---

68 / ❸

정답해설 우선 가영이는 甲에 투표했고, 甲의 탈삼진 수가 가장 많을 경우 라라 또한 甲에게 투표하게 되므로 이는 조건에 맞지 않다. 따라서 丁의 탈삼진 수가 205개 이상임을 알 수 있다. (④ 제거)

선수 \ 투표자	가영	나리	다해	라라	마철	총득표
甲	○					1
乙						1
丙						1
丁				○		2

여기서부터는 선택지를 고려해 경우의 수를 따져보자.

ⅰ) 丁이 승리한 경기가 23경기, 패배한 경기가 3경기인 경우 승리한 경기 수가 가장 많아지므로 나리의 표를 받겠지만, 이 경우 승률도 가장 높아져 마철의 표까지 얻게 된다. 총득표 수가 3표 이상이 되므로 조건에 맞지 않다. (①, ⑤ 제거)

ⅱ) 丁이 승리한 경기가 20경기인 경우 나리는 乙에게 투표하게 된다. ②, ③ 모두 완투한 경기 수가 丙보다 적으므로 다해는 丙에게 투표한다.
丁은 마철의 표를 받아야 하므로 승률이 가장 높아지려면 패배한 경기수가 적어야 한다. 따라서 답은 ③이다.

선수 \ 투표자	가영	나리	다해	라라	마철	총득표
甲	○					1
乙		○				1
丙			○			1
丁				○	○	2

Tip

승률을 계산할 때 주어진 식에 따라 모두 계산하는 것보다 상대적 크기 비교를 하는 편이 낫다.
甲과 丙의 경우 승리한 경기 수는 15경기로 같은데 패배한 경기 수가 丙이 적으므로 丙의 승률이 甲보다 높다.
乙과 丙의 경우 패배한 경기 수는 8경기로 같은데 승리한 경기 수는 乙이 더 많으므로 乙의 승률이 더 높다.

69 / ❸

정답해설 [별표 2]에 의하면 학생수 1,000명 이상일 때 교지기준면적은 교사기준면적의 2배 이상이어야 한다.
교사기준면적은 [별표 1]에서 구할 수 있다.

계열	인문·사회	자연과학	공학	예·체능	의학
학생 1인당 교사기준면적 (m²)	12	17	20	19	20
학생 수(명)	400	200	300	0	100
총 면적(m²)	4,800	3,400	6,000	0	2,000

따라서 (4,800 + 3,400 + 6,000 + 2,000) × 2 = 32,400m² 이상의 교지면적이 필요하다.

70 / ❷

정답해설 일련번호는 '로'와만 결합되므로 '행복1가'와 '국민3길'은 제외된다.
방위형은 '골목'과만 결합되고 방위명은 '동, 서, 남, 북'만 사용되므로 '덕수궁뒷길'과 '꽃동네중앙골목'도 제외된다.
따라서 정답은 '대학2로'다.

PART 05 실전모의고사 1회

본문 140~175쪽

01	②	02	②	03	⑤	04	②	05	⑤	06	①	07	③	08	⑤	09	③	10	③
11	②	12	⑤	13	③	14	②	15	⑤	16	②	17	③	18	①	19	⑤	20	③
21	①	22	⑤	23	③	24	⑤	25	③	26	④	27	③	28	⑤	29	②	30	②
31	⑤	32	②	33	②	34	⑤	35	③	36	⑤	37	④	38	④	39	③	40	②
41	③	42	②	43	②	44	②	45	②	46	⑤	47	④	48	④	49	②	50	①

01 / ❷

정답해설 주택용 저압 전력 전기요금은 요금합계(기본요금 + 전력량 요금) + 부가가치세(요금합계의 10%) + 전력산업기반기금(요금합계의 3.7%)이고, 당월 전력사용량은 4,230 − 4,040 = 190(kWh)이다.

기본요금 : 910원

전력량 요금(10원 미만 절사) : 190kWh × 93.3 = 17,720(원)

기본요금 + 전력량 요금 : 18,630원

부가가치세(10원 미만 절사) : 18,630원 × 0.1 = 1,860(원)

전력산업기반기금(10원 미만 절사) : 18,630원 × 0.037 = 680(원)

18,630원 + 1,860원 + 680원 = 21,170(원)

02 / ❷

정답해설

101동	8 × 1 + 0.5 × 1 + 7 × 1 + 4 × 2 = 23.5(분)
102동	9 × 1 + 0.5 × 2 + 7 × 1 + 4 × 2 = 25(분)
103동	6 × 1 + 0.5 × 0 + 6 × 1 + 2 × 2 = 16(분)
104동	4 × 1 + 0.5 × 1 + 3 × 1 + 3 × 2 = 13.5(분)
105동	7 × 1 + 0.5 × 0 + 5 × 1 + 3 × 2 = 18(분)

동 간 이동에 10분이 걸리므로 4 × 10 = 40(분)을 추가한다. 따라서 모두 합하면

23.5 + 25 + 16 + 13.5 + 18 + 40 = 136(분)으로 2시간 16분이 걸린다.

03 / ❺

정답해설 피부과 상담은 매월 둘째, 넷째 주 화요일에 이루어진다. 문의한 날짜가 7일 화요일이므로, 이를 바탕으로 달력을 그려 보면 2번째 화요일은 7일, 4번째 화요일은 21일이 됨을 알 수 있다. 방문 상담 클리닉은 사전예약제로 운영되기 때문에, 7일은 문의한 날짜로 상담이 불가능하므로 가장 빠른 날짜는 21일이 된다.

	월	화	수	목	금	토	일
1주			1	2	3	4	5
2주	6	7	8	9	10	11	12
3주	13	14	15	16	17	18	19
4주	20	21	22	23	24	25	26

04 / ❷

정답해설 항목별 비용발생 여부와 발생비용은 다음과 같다.

예약 항목	예약확인 및 취소	비용
피부과	예약 중	비용 없음
치석제거	취소	−
치석제거	예약 중	14,000원
진단서 발급	예약 중	5,000원
B형간염 예방 주사	취소	−

L학생은 19,000원을 납부하여야 한다.

05 / ❺

정답해설 ⑤ VT−210 모델의 순이익을 계산하면

VT−210 : (40 × 70) + (40 × 60) − 2,500 = 2,700

순이익이 가장 높으므로 매출 증대 기여도가 가장 높다.

오답연구 ① ST−001 : (20 × 40) + (20 × 20) − 600 = 600

② ST−002 : (30 × 50) + (30 × 25) − 800 = 1,450

③ VT−010 : (32 × 45) + (32 × 35) − 1,000 = 1,560

④ VT−110 : (36 × 65) + (36 × 55) − 2,000 = 2,320

06 / ❶

정답해설 교통수단별 비용 및 시간을 계산하면 다음과 같다.

구분		회사 → 인쇄소	인쇄소 → 식당	식당 → 간담회장	간담회장 → 회사	합계
지하철	비용	1,200 + 100 = 1,300	1,200 + 300 = 1,500	1,200	1,200 + 500 = 1,700	5,700원
	시간	32km×1분 20초				42분 40초
버스	비용	1,450원×4				5,800원
	시간	32km×1분 40초				53분 20초
택시	비용	2,800 + 1,200 = 4,000	2,800 + 1,600 = 4,400	2,800	2,800 + 2,000 = 4,800	16,000원
	시간	32km×1분				32분

따라서 비용이 가장 적게 드는 이동수단은 지하철이고, 42분 40초의 시간, 5,700원의 비용이 소요된다.

07 / ❸

정답해설 현금 수수료는
수수료 대상금액 × 수수료 적용환율 × 수수료율이므로,
$45,000 × 10.41 × 0.05 = 23,422.5$(원)

08 / ❺

정답해설 ⅰ) 먼저 기존의 점수구성 비율로 지역별로 점수를 구하면 아래의 표와 같다. 이때, 사용연료의 반입 용이성의 경우 하위 3개 항목(철도, 항만, 배관망)의 평균을 구해 적용한다.

구분	냉각수 취·방수 용이성 (20%)	사용 연료의 반입 용이성 (30%)	지반 안정성 (15%)	오염 방지 용이성 (20%)	증설 계획 여유 (15%)	점수
A지역	4×0.2 =0.8	3×0.3 = 0.9	4×0.15 = 0.6	3×0.2 = 0.6	1×0.15 = 0.15	3.05
B지역	5×0.2 = 1	3×0.3 = 0.9	3×0.15 = 0.45	2×0.2 = 0.4	3×0.15 = 0.45	3.2
C지역	3×0.2 = 0.6	4×0.3 = 1.2	1×0.15 = 0.15	5×0.2 = 1	2×0.15 = 0.3	3.25
D지역	3×0.2 = 0.6	2×0.3 = 0.6	3×0.15 = 0.45	4×0.2 = 0.8	5×0.15 = 0.75	3.2
E지역	4×0.2 = 0.8	4×0.3 = 1.2	2×0.15 = 0.3	2×0.2 = 0.4	4×0.15 = 0.6	3.3

이에 따르면 E지역의 점수가 가장 높으므로 E지역이 선정된다.

ⅱ) 바뀐 점수구성 비율을 적용해 보자.
지반 안정성이 35%, 사용연료 반입 용이성이 10%로 바뀌었으므로, 바뀐 항목의 점수만 활용해 변경된 순위를 구한다.

예를 들어 A지역의 경우, 사용연료의 반입 용이성이 10%로 이전보다 20%p가 낮아지므로 $3×0.2 = 0.6$만큼 감소하고, 지반안정성은 35%로 20%p 높아지므로 $4×0.2 = 0.8$만큼 증가한다.

이를 종합하여 변경된 기준에 따른 점수를 구하면 $3.05 - 0.6 + 0.8 = 3.25$이다.

마찬가지로 다른 지역의 변경된 기준에 따른 점수를 구하면 다음과 같고, D지역이 선정된다.

구분	기존 점수	감소	증가	변경 점수
A지역	3.05	−0.6	0.8	3.25
B지역	3.2	−0.6	0.6	3.2
C지역	3.25	−0.8	0.2	2.65
D지역	3.2	−0.4	0.6	3.4
E지역	3.3	−0.8	0.4	2.9

따라서, E지역, D지역이 정답이 된다.

Tip
점수구성 비율이 같은 항목을 묶어서 계산하면 시간을 단축할 수 있다. 예를 들어, A지역의 경우 20%짜리와 15%짜리를 묶어 $[(4 + 3) × 0.2] + [(4 + 1) × 0.15] + 3 × 0.3 = 1.4 + 0.75 + 0.9 = 3.05$로 계산할 수 있다.

09 / ❸

정답해설 총 급여비용은
$17,490 × 6 + 22,740 × 2 = 150,420$(원)
일반대상자이므로 본인부담금은
$150,420 × 0.15 = 22,563$(원)

10 / ❸

정답해설 합격 점수 기준표에 따라 합산점수를 구하면 다음과 같다.
동훈 : $(82×0.4) + (90×0.2) + (89×0.6) = 104.2$
소진 : $(88×0.4) + (79×0.2) + (85×0.6) = 102$
희성 : $(84×0.4) + (80×0.2) + (90×0.6) = 103.6$
오답연구 은호 : $(88×0.4) + (79×0.2) + (80×0.6) = 99$
유미 : $(90×0.4) + (81×0.2) + (79×0.6) = 99.6$

11 / ❷

정답해설 8명의 인원은 단체 승차권 할인이 적용되지 않는다. 따라서 일반 승차권 원칙이 적용된다.

5월 1일이 되기 3일 전인 4월 28일에 전화반환신청(전화 상담원)을 통해 반환신청을 했기 때문에, 역 창구 기준으로 수수료 400원을 제외하고 환불받을 수 있다.
즉, 인당 21,100원을 환불받을 수 있으며, 8명이기 때문에 총 168,800원을 환불받을 수 있다.

12 / ❺

정답해설 오늘 해야 할 일로는 10시 반까지 총무과에 비품 목록 전달, 12시까지 기획안 작성한 후 다른 부서원들 것과 통합해 제출하기, 오후 6시까지 서류 작성하기가 있다. 오늘 진행하려고 했던 외부 업체 미팅은 내일 4시로 미루어졌기 때문에 내일은 3시까지 미팅자료 숙지, 3시 반까지 회의실 준비를 해야 한다.
따라서 ⑤가 옳은 답이다.

13 / ❸

정답해설 총무: $(18,500 \times 10) + (18,500 \times 0.95 \times 5)$
　　　　 $= 272,875(원)$
인사: $(25,000 \times 10) + (25,000 \times 0.95 \times 5)$
　　　　 $+ (25,000 \times 0.9 \times 2)$
　　　　 $= 413,750(원)$
마케팅: $(49,500 \times 10) + (49,500 \times 0.95 \times 5) +$
　　　　 $(49,500 \times 0.9 \times 5) + (49,500 \times 0.85 \times 2)$
　　　　 $= 1,037,025(원)$
설비: $(32,000 \times 10) + (32,000 \times 0.95 \times 5)$
　　　　 $+ (32,000 \times 0.9 \times 5) + (32,000 \times 0.85 \times 5)$
　　　　 $+ (32,000 \times 0.8 \times 2)$
　　　　 $= 803,200(원)$
설계: $(32,000 \times 10) + (32,000 \times 0.95 \times 5)$
　　　　 $+ (32,000 \times 0.9 \times 4)$
　　　　 $= 587,200(원)$
모두 더하면 3,114,050원이다.(10원 단위 생략)

14 / ❷

정답해설 금액이 적은 순서대로 나열하면 다음과 같다.
총무(272,875원)−인사(413,750원)−설계(587,200원)
−설비(803,200원)−마케팅(1,037,025원)
따라서 두 번째로 적은 금액이 나온 부서는 인사부이다.

15 / ❺

정답해설 A: $(17 \times 0.3) + (7 \times 0.5) + (5 \times 0.5) = 11.1$
B: $(35 \times 0.4) + (3 \times 0.4) + (9 \times 0.5) = 19.7$
C: $(41 \times 0.4) + (3 \times 0.4) + (2 \times 0.5) = 18.6$
D: $(28 \times 0.4) + (5 \times 0.5) + (11 \times 0.6) = 20.3$
E: $(24 \times 0.3) + (9 \times 0.5) + (17 \times 0.6) = 21.9$

후보자 중 가장 점수가 높은 사람은 21.9점인 E이다.

16 / ❷

정답해설 2년간 B회사를 통해 생산할 때 절감되는 비용은
$24 \times (175 \times 0.38) = 1,596(만 원)$
여기에 6개월에 한 번씩 계약금 200만 원이 지출되므로,
$1,596 - (200 \times 4) = 796(만 원)$이 절감된다.

17 / ❸

정답해설 최소 x개월을 사용할 경우
$\{x(102 + 175)\} > [x\{(102 \times 0.67) + 175\} + 300]$
$277x > 243.34x + 300$
$277x - 243.34x > 300$
$33.66x > 300$
$x > 8.912\cdots$
∴ 9개월

18 / ❶

정답해설 A: $\{300 + 12(102 \times 0.67 + 175)\} = 3,220만 800원$
B: $\{(200 \times 2) + 12(102 + 175 \times 0.62)\} = 2,926만 원$
따라서 두 회사의 생산 비용 차이는 2,940,800원이다.

19 / ❺

정답해설 제시된 기능을 충족하는 노트북을 기능별로 나타내면 다음과 같다.
쿼드코어 CPU: S노트북, M노트북
5시간 이상 지속 배터리: C노트북, S노트북
외장 그래픽카드: C노트북, M노트북
HDMI 포트: C노트북, S노트북
OS 포함: S노트북, M노트북
a/s 2년 이상 보장: S노트북, M노트북
C노트북은 3개, S노트북은 5개, M노트북은 4개의 기능을 충족하므로 우선순위는 S−M−C가 된다.

20 / ❸

정답해설 S노트북의 구매가격은
$950,000 \times 20 = 19,000,000(원)$

21 / ❶

정답해설 분기별 성과평가 점수와 성과급을 계산하면 다음과 같다.

구분	1/4분기	2/4분기	3/4분기	4/4분기
고객 만족도	9×0.4 $= 3.6$	8×0.4 $= 3.2$	10×0.4 $= 4$	9×0.4 $= 3.6$
영업 실적	7×0.5 $= 3.5$	6×0.5 $= 3$	2×0.5 $= 1$	10×0.5 $= 5$
직전 분기 대비 매출 기여도	10×0.1 $= 1$	8×0.1 $= 0.8$	4×0.1 $= 0.4$	10×0.1 $= 1$
총점	8.1	7	5.4	9.6
등급	B	C	D	A
지급액	100만 원	80만 원	60만 원	120만 원

성과평가 등급이 D이면 다음 분기 성과급 지급액의 10%를 차감하므로 4/4분기에 받을 성과급 120만 원에서 12만 원이 차감된 108만 원이 지급된다.
따라서 100 + 80 + 60 + 108 = 348(만 원)이다.

22 / ❺

정답해설 고객은 통화 2시간, 데이터 2GB를 매달 사용하고 있다. 여기서 가족결합 할인을 원하며, 부가서비스는 따로 필요가 없다고 했기에 조건에 맞는 요금제 중 가장 저렴한 57요금제를 추천하는 것이 적절하다.

23 / ❸

정답해설 제시된 조건에서 데이터 사용량이 2GB 늘어났을 때, 한 달 통화 사용량은 120분, 데이터 사용량은 4GB이다. 54요금제의 경우 부가서비스(데이터 충전 1GB)를 포함해 데이터 사용량은 충족시키지만 통화 사용량 조건을 충족시키지 못한다. 따라서 66요금제와 77요금제가 기준에 부합하나 상대적으로 더 저렴한 66요금제를 추천하는 것이 적절하다.

24 / ❺

정답해설 투자대상별로 경기 변동상황에 따른 가중치를 적용하여 기대편익을 구하면 아래와 같다.

투자 대상	개선 (20%)	유지 (30%)	악화 (50%)	기대 수익	투자 비용	기대 편익
A사업	1.6억 원	0.3억 원	-3.5억 원	-1.6억 원	1억 원	-2.6억 원
B사업	1.4억 원	0.9억 원	-1억 원	1.3억 원	1억 원	0.3억 원
C사업	0.6억 원	0.3억 원	0억 원	0.9억 원	1억 원	-0.1억 원
D사업	1.6억 원	1.2억 원	-1.5억 원	1.3억 원	1억 원	0.3억 원
E사업	1.2억 원	0.9억 원	-0.5억 원	1.6억 원	1억 원	0.6억 원

E사업의 기대편익이 가장 크고, 투자비용 대비 50%를 넘는 기대편익을 얻게 되므로 투자하게 된다.

25 / ❸

정답해설 시간 $= \dfrac{거리}{속도}$ 공식을 이용한다.

구간	경로	소요시간			
		출·퇴근시간대		기타 시간대	
(가) ↔ (나)	A	$\dfrac{20}{20} = 1$	1시간	$\dfrac{20}{40} = 0.5$	30분
	B	$\dfrac{20}{15} = 1.33$	1시간 20분	$\dfrac{20}{30} = 0.67$	40분
	C	$\dfrac{20}{30} = 0.67$	40분	$\dfrac{20}{50} = 0.4$	24분
(나) ↔ (다)	D	$\dfrac{30}{20} = 1.5$	1시간 30분	$\dfrac{30}{50} = 0.6$	36분
	E	$\dfrac{30}{40} = 0.75$	45분	$\dfrac{30}{60} = 0.5$	30분
	F	$\dfrac{30}{25} = 1.2$	1시간 12분	$\dfrac{30}{50} = 0.6$	36분

가장 빠른 경로로 이동하려면 C경로 → E경로를 이용하고 이때 1시간 25분이 걸린다. 따라서, 9시부터 1시간 25분 전인 7시 35분에는 출발해야 한다.

26 / ❹

정답해설 회사에서 D경로상으로 10km 떨어진 대형 마트로 출발하는 시간이 6시 30분이다. 출·퇴근 시간대이므로 $\dfrac{10}{20} = 0.5$(시간), 즉 30분이 소요된다.

따라서 대형 마트에는 7시에 도착하게 되고 30분간 장을 보고 나온 후에는 기타 시간대에 속하기 때문에 나머지 경로는 기타 시간대로 계산을 해야 한다.
D경로상 남은 20km와 (나) 지역에서 (가) 지역으로 가는 20km의 최단시간을 구하게 되면 D경로의 남은 20km를 가는 데 걸리는 시간은 $\dfrac{20}{50} = 0.4$(시간)이므로 24분(D경로) + 24분(C경로) = 48분이 되어 7시 30분에서 48분 후인 8시 18분에 집에 도착할 수 있다.

27 / ❸

정답해설 9GB는 9,000MB이다. 이를 6대의 PC에 동일하게 나누어 업로드한다고 하였으므로 한 대의 PC가 처리해야 할 데이터의 크기는 1,500MB이다. A PC는 20%의 업로드를 완료한 시점에서 오류가 발생해 더 이상 사용할 수 없는데, 이때까지 A PC가 업로드한 데이터는 300MB이므로 나머지 1,200MB의 데이터를 다른 한 대의 PC를 이용해 업로드해야 한다. B, C, D, E, F 5대의 PC에 할당된 1,500MB의 데이터를 업로드 하는 데 걸리는 시간(초)은 다음과 같다.

B : 1,500 ÷ 5 = 300

C : 1,500 ÷ 10 = 150

D : 1,500 ÷ 6 = 250

E : 1,500 ÷ 3 = 500

F : 1,500 ÷ 4 = 375

C PC를 이용할 경우 C PC에 할당된 데이터를 업로드 한 뒤 A PC에서 넘겨받은 1,200MB의 데이터를 모두 업로드해도 270초의 시간이 걸리게 된다.

D PC를 이용해 A PC의 남은 데이터를 업로드할 때에도 추가적으로 200초의 시간이 걸리게 되고, 이는 E PC가 업로드를 완료하는 데 걸리는 시간인 500초보다 짧다.

따라서 업로드하는 데 가장 오랜 시간이 걸리는 E PC가 업로드를 완료하면 모든 PC에서의 작업이 끝나게 된다.

이에 따라 업로드에 걸리는 시간은 500초, 즉 8분 20초이다.

28 / ❺

정답해설 ⑤ 미니 미끄럼틀·그네 세트는 99,000원 정가에서 25%의 할인이 들어가므로 실 판매가는 74,250원이다. 이를 모두 판매했을 경우 얻는 매출액은 96,525,000원이다.

오답연구 ① 타 쇼핑몰에서도 비슷한 할인행사를 진행하는지 비교해 봐야 한다는 생각을 할 수 있다.

② 어린이용 자전거가 다른 제품에 비해 판매량이 적다.

③ 소꿉놀이 세트의 할인 후 판매가는 66,300원이고, 2,000개의 수량을 모두 판매할 경우 얻는 매출액은 132,600,000원이다.

④ 소꿉놀이 세트의 할인율이 가장 낮으므로 충분히 할 수 있는 발언이다.

29 / ❷

정답해설 우선 영업팀에서 PPT 파일을 받아 인쇄소에 넘겨 PPT 파일을 인쇄한다. 시제품은 내일 오전 8시에나 완성된다고 하였으므로 오늘은 받아 올 수 없다. 따라서 다음 날 회의실 마이크를 체크하고, 해당 상황을 포함해 업무보고를 하며 인쇄한 PPT 파일을 상사에게 제출한 후 회의시간에 맞춰 시제품을 받아 오면 된다.

30 / ❷

정답해설 참가 인원을 고려할 때, 대전충남지역본부와 충북지역본부는 관광버스, 천안아산지사는 미니버스를 대절한다. 서산으로 가는 경우와 대천으로 가는 경우를 나누어 살펴보자.

ⅰ) 서산으로 갈 경우

대전 → 서산 125km이므로 25만 원, 청주 → 서산 135km이므로 27만 원, 천안 → 서산 80km이므로 12만 원이다. 총비용은 25만 원 + 27만 원 + 12만 원 = 64(만 원)이다.

ⅱ) 대천으로 갈 경우

대전 → 대천 105km이므로 21만 원, 청주 → 대천 116km이므로 23.2만 원, 천안 → 대천 100km이므로 15만 원이다. 총비용은 21만 원 + 23.2만 원 + 15만 원 = 59.2(만 원)이다.

따라서 대천으로 가게 되고, 비용은 592,000원이다.

31 / ❺

정답해설 경상도에서 경기도로 배송되는 상품의 식별 코드는 CE-CA로 시작한다. 위 표에서 해당 코드는 모두 3개가 있다.

32 / ❷

정답해설 가장 선호하는 가수 두 명의 이름을 우선순위 없이 적어서 제출하는 방식으로 투표할 경우

A를 적어 낼 인원은 10 + 50 = 60(명),

B를 적어 낼 인원은 20 + 30 = 50(명),

C를 적어 낼 인원은 30 + 10 = 40(명),

D를 적어 낼 인원은 40 + 10 = 50(명)이다.

따라서 이 방식으로 투표할 경우 최고득표자는 A, 최저득표자는 C가 된다.

33 / ❷

정답해설 가장 선호하는 가수 한 명에게만 투표하는 기존의 방식을 그대로 적용한다면, A를 1순위로 선호하는 인원이 가장 적기 때문에 A가 탈락하게 된다. 반면, 가장 선호하지 않는 가수 한 명에게 투표해 탈락자를 가려내는 방식이라면 C를 4순위로 선호하는 인원이 가장 많기 때문에 C가 탈락한다.

34 / ❸

정답해설 강좌 등록 최대 인원이 50명이고, 사회적 배려 대상자와 재등록 회원이 우선 수강신청이 가능하므로, 일반 신규 접수자 35명 중에서 무작위 추첨 후 50−10−15 = 25(명)만 최종등록이 가능하다.

구분	사회적 배려 대상자	일반 신규	재등록 회원
신청인원	10명	35명 > 25명	15명
접수 확인	200×10 =2,000(원)	200×35 =7,000(원)	200×15 =3,000(원)
제출서류 확인	2,500×10 =25,000(원)	—	—
무작위 추첨	—	1,000×35 =35,000(원)	—
수강신청	800×10 =8,000(원)	800×25 =20,000(원)	800×15 =12,000(원)
수강료 결제	500×10 =5,000(원)	500×25 =12,500(원)	500×15 =7,500(원)
등록 알림	200×10 =2,000(원)	200×25 =5,000(원)	200×15 =3,000(원)
합계	42,000원	79,500원	25,500원
총계	147,000원		

35 / ❸

정답해설 2021년 상반기에 일반 신규 등록인원이 전체의 35%이므로 사회적 배려 대상자와 재등록 회원의 합이 전체의 65%가 되어야 한다.
22 + 30 = 52가 전체의 65%이므로, 전체 인원은 52 ÷ 0.65 = 80(명)이 된다. 따라서 일반 신규 등록인원은 80 × 0.35 = 28(명)이다.

구분	2017년 하반기	2018년 상반기
사회적 배려 대상자	15명	22명
일반 신규	5명	28명
재등록 회원	40명	30명
정원	60명	80명

28명의 수강신청과 수강료 결제과정에서 사용되는 비용의 합을 구하라고 하였으므로 28 × (800 + 500) = 36,400(원)이다.

36 / ❺

정답해설

사원	평점 합	순위	등급	직급	금액
가	20	5	B	계약직	200만 원
나	27	2	S	7급	400만 원×1.5 =600(만 원)
다	25	3	A	계약직	200만 원×1.3 =260(만 원)
라	22	4	C	4급	500만 원×0.8 =400(만 원)
마	18	6	C	5급	500만 원×0.8 =400(만 원)
바	28	1	S	6급	400만 원×1.5 =600(만 원)
사	23			3급	

이때 사원 사는 3급으로 적용대상이 아니므로 제외한다.
600만 원 − 200만 원 = 400(만 원)

37 / ❹

정답해설 적용대상 사원 중 5급 이상 직위의 직원은 라와 마이고, 이들의 성과상여금 수령액 합은 800만 원이다. 적용대상 사원 중 나머지 직원은 가, 나, 다, 바이고, 이들의 성과상여금 수령액 합은 1,660만 원이다.
따라서 이 둘의 차이는 860만 원이 된다.

38 / ❸

정답해설 다는 3월의 성과가 A등급이므로 4월 1일자로 정규직 7급으로 전환된다.
따라서 4월 H팀 정규직 직원은 6명이고, 이 중 6급 이하 직원은 나, 다, 바 3명이다.

39 / ❸

정답해설 C보다 좌측에 위치해 있으면서 C보다 아래쪽에 위치한 수위도시는 D와 G이다.

40 / ❷

정답해설 수위도시를 제외한 도시의 도시순위를 이용한 추정인구는 다음 식을 따른다.

$$도시의\ 추정인구 = \frac{수위도시\ 실제인구}{해당도시\ 순위}$$

따라서 E의 실제인구가 100만 명일 때, E가 속한 국가의 3위도시의 추정인구는 다음과 같이 구할 수 있다.

$$도시의\ 추정인구 = \frac{100만\ 명}{3} = 33(만\ 명)$$

41 / ❸

정답해설 D의 종주도시지수는 1.20이고, D가 속한 국가의 2위도시 실제인구는 다음과 같이 구할 수 있다.

$$1.2 = \frac{80만\ 명}{2위\ 도시\ 실제인구}$$

따라서 2위 도시 실제인구는 약 66.7만 명이다. 이를 반올림하면 67만 명이 된다.

42 / ❷

정답해설 출장자의 출장여비는 다음과 같다.

출장자	숙박비	식비	출장여비	순위
V	145 × 3 = 435$	72 × 4 = 288$	723$	2
W	130 × 3 = 390$	72 × 4 × 1.2 = 345.6$	735.6$	1
X	110 × 3 = 330$	60 × 5 × 1.2 = 360$	690$	3
Y	75 × 4 = 300$	45 × 6 = 270$	570$	5
Z	75 × 5 = 375$	35 × 6 × 1.2 = 252$	627$	4

43 / ❷

정답해설 출장자의 출장여비는 다음과 같다.

출장자	숙박비	식비	출장여비	순위
V	170 × 3 × 0.8 = 408$	288$	696$	2
W	170 × 3 × 0.8 = 408$	345.6$	753.6$	1
X	140 × 3 × 0.8 = 336$	360$	696$	2
Y	100 × 4 × 0.8 = 320$	270$	590$	5
Z	85 × 5 × 0.8 = 340$	252$	592$	4

44 / ❸

정답해설 출장자의 출장여비는 다음과 같다.

출장자	숙박비	식비	출장여비	순위
V	170 × 3 × 0.8 = 408$	288$	696$	2
W	130 × 3 = 390$	345.6$	735.6$	1
X	110 × 3 = 330$	360$	690$	3
Y	100 × 4 × 0.8 = 320$	270$	590$	5
Z	75 × 5 = 375$	252$	627$	4

45 / ❷

정답해설 가입자별 탄소포인트는 다음과 같다.

에너지 사용유형 \ 가입자	A	B	C	D
전기	0	10,000	10,000	5,000
수도	2,500	2,500	1,250	2,500
가스	5,000	5,000	5,000	2,500
총합	7,500	17,500	16,250	10,000

46 / ❺

정답해설 위 해설을 참고하여 수도 포인트와 가스 포인트를 구하면 A 7,500, B 7,500, C 6,250, D 5,000포인트가 되어 답은 ⑤가 된다.

47 / ❹

정답해설 달라진 기준을 적용하여 가입자별 탄소포인트를 구하면 다음과 같다.

에너지 사용유형 \ 가입자	A	B	C	D
전기	500	5,000	5,000	2,500
수도	5,000	5,000	1,250	5,000
가스	10,000	10,000	10,000	5,000
총합	15,500	20,000	16,250	12,500
순위	3	1	2	4

48 / ❹

정답해설 12월 31일이 화요일이므로 1월 9일은 목요일이고, 겨울 성수기에 해당하는 날짜이므로 성수기 주중 요금이 적용된다.

즉, 1월 9일로부터 9일 전에 취소했으므로 90%를 환불받을 수 있다.

예약한 금액이 14만 원 × 6개 = 84(만 원)이므로,

84만 원 × 0.9 = 756,000(원)을 환불받을 수 있다.

49 / ❷

정답해설 여행날짜는 여름 성수기에 해당하고 3일 전에 예약을 취소했다. 그런데 11일은 주말, 12일은 주중에 해당하므로 각각 환불되는 요금이 다르다.

총 숙박료가 25만 원인데 주말 숙박료가 주중 숙박료보다 50% 비싸므로 11일 숙박료는 15만 원, 12일 숙박료는 10만 원이다.

따라서 환불받는 금액은 (15만 원 × 0.4) + (10만 원 × 0.5) = 11(만 원)이다.

50 / ❶

[정답해설] 7월 14일은 비수기, 15일은 성수기에 해당하고 둘 다 주말이다.

14일은 1일 전 비수기 주말 취소이므로 8만 원의 80%인 64,000원을 환불받는다.

15일은 2일 전 성수기 주말 취소이므로 14만 원의 10%인 14,000원을 환불받는다.

따라서 총 78,000원을 환불받게 된다.

PART 05 실전모의고사 2회

본문 176~211쪽

01	④	02	④	03	③	04	④	05	⑤	06	⑤	07	①	08	②	09	②	10	③
11	⑤	12	②	13	③	14	①	15	④	16	③	17	②	18	④	19	⑤	20	④
21	②	22	①	23	⑤	24	④	25	⑤	26	③	27	⑤	28	③	29	②	30	②
31	②	32	⑤	33	②	34	③	35	④	36	③	37	⑤	38	④	39	③	40	⑤
41	④	42	⑤	43	①	44	④	45	③	46	④	47	④	48	②	49	②	50	④

01 / ❹

정답해설 각 방식에 의해 선출되는 후보는 다음과 같다.

방식 1 : 1위가 A, B 두 명이므로 전년도 당선자 F가 자동 선출된다.

(단위 : %)

	당원투표	선거인단 경선	합산
A	30	20	50
B	25	25	50
C	17	20	37
D	15	15	30
E	10	15	25

방식 2 : B가 선출된다.

(단위 : %)

	당원투표 ×3	선거인단 경선×4	2차 여론 조사×5	합산
A	90	80	75	245
B	75	100	100	275
C	51	80	125	256
D	45	60	60	165
E	30	60	115	205

방식 3 : B가 선출된다.

(단위 : %)

	당원투표 ×2	선거인단 경선×2	1차 여론조사	2차 여론조사	합산
A	60	40	20	15	135
B	50	50	20	20	140
C	34	40	20	25	119
D	30	30	15	12	87
E	20	30	5	23	78

02 / ❹

정답해설 제시된 자료에 고통지수와 경상수지까지 나타내면 다음과 같다.

구분	A국	B국	C국	D국
실업률(%)	9	4	5	3.5
물가상승률(%)	1	7	0	3
고통지수	10	11	5	6.5
총수출(백만$)	1,100	1,200	600	360
총수입(백만$)	1,600	1,000	550	330
경상수지	−500	200	50	30

가 : 우리나라는 본 회의 참가국들로부터의 수입 총액이 가장 적습니다.

→ 가는 D국의 대표이다.

나 : B국이 외환시장에 지속적으로 개입하여 자국 화폐의 가치를 상대적으로 낮게 유지하는 바람에 우리나라의 경상수지에 적자가 발생하고 있습니다.

→ 나는 A국의 대표이다.

다 : 우리나라는 회의에 참가한 국가 중 고통지수가 가장 낮습니다.

→ 다는 C국의 대표이다.

라 : A국의 경상수지 적자는 A국에 내재된 문제 때문입니다. 우리나라의 환율은 경제상황을 정확하게 반영하고 있을 뿐입니다.

→ 라는 B국의 대표이다.

A국만 경상수지 적자이고, 나머지 국가는 경상수지 흑자이다.

03 / ❸

정답해설 ③ 분해하지 않고 처리하는 간단한 조정으로 수리하는 경우 1회는 무료이므로 옳지 않은 추측이다.

04 / ❹

정답해설 소모성 부품을 교환하는 경우 '유상수리'가 맞다.

오답연구 ① 소비자가 6개월 전에 구매한 노트북에 자연 발생한 기능상 고장이 발생해 수리를 맡겼으나 사업자가 1개월 이상 미인도한 경우 → 보증기간 이내이므로 '제품교환 또는 구입가 환불'

② 7년 전 구매한 TV가 지진에 의해 고장이 발생한 경우 → '유상수리'

③ 3년 전 구매한 세탁기에서 정상적인 사용 상태에서 자연 발생한 성능상의 고장이 발생했으나 수리 불가능한 경우 → 보증기간 이후이므로 '정액 감가상각한 금액에 10%를 가산하여 환불'

⑤ 구입한 지 3주 된 냉장고가 중요 부품 수리를 요하는 경우 → '제품교환 또는 무상수리'

05 / ❺

정답해설 D업체는 사전평가점수 총점이 60점 미만이므로 입찰시스템에 등록될 수 없다. B업체는 수요기관 만족도의 분류배점 20점의 40%인 8점을 넘지 못하므로 마찬가지로 등록될 수 없다.

7월 10일까지 공사가 완공되어야 하므로 공사소요기간이 132일 이하여야 한다. 따라서 C업체도 제외된다.

A와 E업체 중 순편익이 가장 높은 업체를 선택해야 한다. A업체의 순편익은 2억 원이고, E업체의 순편익은 5억 원이므로 P공사는 E업체와 계약을 맺게 될 것이다.

06 / ❺

정답해설 C업체와 D업체는 사전평가점수 총점이 70점 미만이므로 입찰시스템에 등록될 수 없다.

안전성이 上일 경우 본사이전 편익 2억 원이 추가로 발생하므로 각 업체의 순편익은 다음과 같이 변한다.

구분	A업체	B업체	E업체
공사소요기간(일)	120	100	130
공사비용(억 원)	16	10	11
본사이전 편익(억 원)	20	14	16
순편익	4	4	5

따라서 P공사는 E업체와 계약을 맺게 될 것이다.

07 / ❶

정답해설 직원들이 선호하는 기능은 스탠딩 기능, 현재보다 큰 크기, 많은 수납공간이다.

스탠딩 기능 : B, E, G, I
크기 : 현재보다 큰 책상은 A, B, D, E, H
수납공간 : B, C, E, F, I
세 가지 조건을 모두 충족하는 것은 B와 E인데, 가격이 더 저렴한 B를 선택한다.

08 / ❷

정답해설 스탠딩 기능 없는 책상 : A, C, D, F, H
가로 길이 130cm 이하 : C, E, F, G, I
C, F가 바뀐 조건을 충족하는데 C의 디자인 평점이 더 높으므로 C를 선택한다.

09 / ❷

정답해설 ② B식당은 1일 전에 예약을 할 수 있지만, 수용인원이 40명이므로 행사를 진행할 수 없다.

오답연구 ① B와 D가 제외된다. 3년차 사원은 45명이지만, 사장, 임원, 진행요원이 함께 식사를 해야 하므로 D에서도 진행할 수 없다.

③ 마이크가 있는 A, D 중 D는 수용인원이 식사할 인원보다 적으므로 A만 이용할 수 있다.

④ A식당은 2일 전까지 예약해야 하므로 3월 22일까지는 예약해야 한다.

⑤ 사장 1명과 임원 2명, 3년차 사원 45명 총 48명이므로 A, C, D를 이용할 수 있다.

10 / ❸

정답해설 ③ 문서보고 대신 영상을 확인하겠다고 했으므로 영상만 준비하면 된다.

오답연구 ①, ⑤ 영상장비가 있는 A, B, D 중 수용인원이 맞는 A로 바꿔야 한다.

11 / ❺

정답해설 ⑤ 2015년 9월 9일 이후에 말소가 되어야 하는데, 90시간 사회봉사로 9개월이 단축되므로 2014년 12월 9일이 지나면 말소된다.

오답연구 ① 2014년 5월 20일이 지나야 말소된다.

② 2014년 4월 29일이 지나야 말소된다.

③ 2011년 6월 7일 이후에 말소되었어야 하지만, 2010년에 감봉을 받아 3년이 추가되어 2014년 6월 7일 이후에 말소된다.

④ 음주운전은 사회봉사를 해도 징계말소기간을 단축할 수 없으므로 2014년 12월 4일이 지나야 말소된다.

12 / ❷

정답해설 지역별로 점수를 계산하면 다음과 같다.

구분	방향	경사도	일조시간	공해	한전선로	합산점수
A	2	4	1	1	3	11
B	3	3	5	2	3	16
C	1	1	3	1	0	6
D	2	2	4	3	0	11
E	3	4	1	3	3	14

B지역의 합산점수가 가장 높으므로 입지로 선정한다.

Tip
입지 후보지 표의 항목들을 점수로 바꾸는 과정에서 실수하지 않으면 어렵지 않은 문제이다.
B와 E의 항목별 점수가 큰 편이라 둘 중 한 지역이 선정될 것으로 예상할 수 있다. 이 경우 숫자가 간단하므로 합계를 구해서 비교해도 좋지만, B와 E의 개별 항목의 숫자를 비교하는 방법도 있다.
B와 E의 '방향'과 '한전선로' 항목의 점수는 같다. '일조시간'은 B가 E보다 4점이 높은데, '경사도'와 '공해'는 E가 B보다 각각 1점씩, 총 2점 높다. 따라서 전체 점수는 B가 더 높다.

13 / ❸

정답해설 기관 외부인이고 청구인이 아닌 제3자의 정보공개가 문제되고 있다. 심의를 통해 정보를 공개하기로 결정했음을 통보했는데, 제3자의 반발이 예상되므로 제3자의 이의신청이 이어질 것으로 예상된다.

14 / ❶

정답해설 정보공개 주관부서에 공개결정 통지와 공개실시결과 통지, 청구인에게 연장 통지와 정보공개 통지를 해야 한다. 제3자는 주어져 있지 않으므로 제외한다. 따라서 총 4번의 통지를 하게 된다.

15 / ❹

정답해설 67명을 수용할 수 없는 체육관을 제외하고 4개 이상의 종목을 경기할 수 있는 체육관은 A, C, D, H, I이고 이들 중 거리가 가장 가까운 세 곳은 A, D, I이다.

16 / ❸

정답해설 한 차량에 최소 3명은 타야 하므로 67명이 이동하기 위해 차량은 최대 22대가 필요하다. (1대는 4명 탑승) 주차 가능한 곳은 C, G, I인데 C와 I에서 6종목을 진행할 수 있다. 둘 중 C의 대여료가 저렴하므로 C를 예약한다.

17 / ❷

정답해설 〈보기〉의 조건과 같이 단체식당이 존재하고, 조식이 제공되는 숙박시설은 3곳이 있다. 여기서 성수기를 기준으로 20인 기준 최대금액을 만족하는 곳은 C리조트뿐이다.
$(120{,}000 + 7{,}700) \times 20 = 2{,}554{,}000$(원)
T호텔은 숙박비에서, Q펜션은 숙박비에 조식을 포함했을 때 예산 기준을 넘기게 된다.

18 / ❹

정답해설 팀원의 60%는 근무해야 하므로 최소 3명은 사무실에 있어야 한다. 8월 18일에는 C과장이 출장, T대리가 세미나에 참석해 결근하므로 P사원은 18일에 연차를 사용할 수 없다.
오답연구 ① C과장은 5일, 9일에 연차를 사용한다.
② 29일은 워크숍과 겹치므로 연차를 옮겨 사용해야 한다.
③ 대리급 교육이 있으므로 T대리, S대리가 결근한다.
⑤ 16일에는 C과장이 출장 중이고, C과장과 U과장 중 한 명은 사무실에서 업무를 해야 하므로 U과장은 연차를 옮겨 사용해야 한다.

19 / ❺

정답해설 3D 프린팅의 활용법은 스마트폰과 직접적으로 관련된 것은 아니다.

20 / ❹

정답해설 (A)에는 신기술 및 개념적 내용, (B)에는 구체적 기술이 나와야 한다. 이를 고려할 때 ④가 가장 적절하다.
오답연구 ① '빅데이터란 무엇인가?'란 주제는 (A)에 더 적합하다.
② '인공신경망의 발전방향'은 (A)에 더 적합하다.
③ '머신러닝의 발전사'는 (A)에, '내 손으로 만드는 인공지능'은 (B)에 더 적합하다.
⑤ '새로운 보안방법, 스마트 보안'은 (B)에 더 어울리는 주제이다.

21 / ❷

정답해설 ㉠과 ㉢은 표의 매출액 추이를 통해 쉽게 확인할 수 있다.
오답연구 ㉡ 5~9인 규모 사업장 매출액 상승이 두드러진다.
㉣ 모바일게임 산업의 2012~2013년도 매출액 상승은 약 30%, 2013~2014년도 매출액 상승은 약 45%로 연평균 매출액 성장률은 약 37.5%이다.

22 / ❶

정답해설 ①~⑤의 경로를 나타내면 다음과 같다. 토, 일요일에는 기차운임이 20% 할인 적용되므로 이를 감안하여 이동경로의 최소요금 합계를 구한다.

요일	목	금	토	일	
이동경로	서울 → 안동	안동 → 경주	경주 → 부산	부산 → 서울	최소합계
버스요금	61,200	33,200	26,000	119,200	215,040
기차요금	64,800	–	21,440	99,200	
이동경로	서울 → 안동	안동 → 부산	부산 → 경주	경주 → 서울	최소합계
버스요금	61,200	58,800	26,000	90,000	231,440
기차요금	64,800	59,600	21,440	–	
이동경로	서울 → 경주	경주 → 안동	안동 → 부산	부산 → 서울	최소합계
버스요금	90,000	33,200	58,800	119,200	270,080
기차요금	–	–	47,680	99,200	
이동경로	서울 → 부산	부산 → 안동	안동 → 경주	경주 → 서울	최소합계
버스요금	119,200	58,800	33,200	90,000	301,200
기차요금	124,000	59,600	–	–	
이동경로	서울 → 부산	부산 → 경주	경주 → 안동	안동 → 서울	최소합계
버스요금	119,200	26,000	33,200	61,200	230,240
기차요금	124,000	26,800	–	51,840	

가장 적은 요금이 드는 경로는 안동-경주-부산이다.

23 / ❺

정답해설 서울에서 출발 안동, 경주, 부산, 원주, 서울로 이동하는 동선이고, 부산에서 원주로 이동하는 날짜는 일요일이므로 기차금 20% 할인이 적용되고, 원주에서 서울로 돌아오는 요일은 월요일이다. 따라서 추가된 경로의 요금표는 다음과 같다.

요일	일요일	월요일
이동경로	부산 → 원주	원주 → 서울
버스요금	–	15,200원
기차요금	82,560원	16,000원

따라서 서울 → 안동 → 경주 → 부산 → 원주 → 서울로 돌아오는 경로의 교통금액의 최소합계는
61,200 + 33,200 + 21,440 + 82,560 + 15,200
= 213,600(원)이다.

24 / ❹

정답해설 ㉠ 자신이 주도적으로 진행하고 있는 업무이므로 중요하다. 하지만 마감기한이 정해져 있지는 않으므로 급하지는 않다.
㉡ 불필요한 잔심부름이므로 원칙적으론 중요하지 않은 일이다. 하지만 점심시간 전이라는 기한이 있으므로 급한 일이다.
㉢ 주식투자는 개인적인 일이므로 업무상으로 중요하지 않은 일이다. 또 현재는 업무시간이므로 급한 일이라 볼 수도 없다.
㉣ 김 사원이 맡은 PPT작업은 사장에게 보고용으로 쓰일 문서이므로 매우 중요하다. 또 1시간 내로 완성해야 하기에 시간적으로도 급한 일이다.

25 / ❺

정답해설 ⑤ 오후 3시 5분 도착
오답연구 ① 제주지부에서 제주공항까지 20분이 걸리는데, 항공편 출발 20분 전까지는 공항에 도착해야 하므로 12:30 출발 항공편은 탈 수 없다.
② 오후 4시 50분 도착
③ 오후 3시 30분 도착
④ 오후 3시 10분 도착

26 / ❸

정답해설 일일 회의시간은 40분이므로 14:20~15:00에 진행하면 된다.

27 / ❺

정답해설 가장 원하는 요일은 토요일이고, 2순위로 원하는 요일은 금요일이다. 6일 토요일 오후엔 이미 예약이 잡혔으므로 불가하다. 13일 토요일 오후 시간은 가능한데 시간을 오후 6시 종료로 조정해야 한다. 12일 금요일도 가능하나, 금요일도 어차피 시간을 조정해야 하므로 가장 원했던 요일인 토요일로 예약을 잡는 편이 낫다.

28 / ❸

정답해설 최고령자인 신 과장과 임신 중인 김 사원은 저녁 당직을 서지 않고, 3일 연속 당직인 사람도 없어야 한다. 이에 부합하는 것은 ③이다.
오답연구 ① 신 과장은 최고령자이므로 저녁 당직을 설 수 없다.
② 박 부장은 팀장이므로 당직을 설 수 없다.
④ 김 사원은 임신 중이므로 저녁 당직을 설 수 없다.
⑤ 김 사원은 임신 중이므로 저녁 당직을 설 수 없으며, 이 사원 또한 3일 연속 당직근무를 설 수 없다.

29 / ❷

정답해설 A에서 I까지 도달하는 데 거쳐야 할 중간 거점으로는 D, E, F가 있다.

이 중 D와 F에 도달하는 가장 빠른 경로는 11km이고, E에 도달하는 가장 빠른 거리는 10km이다.

또 D, E, F에서 I까지 가는 데에도 D는 8km, E와 F는 7km가 최단거리이므로 A-E-G-I가 가장 최단 경로임을 알 수 있다.

30 / ❷

정답해설

구분	구리 710kg	철 15kg	주석 33kg	아연 155kg	망간 30kg	합
A	60%	5%	0%	25%	10%	
사용량	−180kg	−15kg		−75kg	−30kg	300kg
잔여량	530kg	0kg	33kg	80kg	0kg	
B	80%	0%	5%	15%	0%	
사용량	−424kg		−26.5kg	−79.5kg		530kg
잔여량	106kg		6.5kg	0.5kg		

따라서 B는 최대 530kg을 생산할 수 있다.

$\therefore$ (300원/kg × 300kg) + (200원/kg × 530kg)
= 90,000원 + 106,000원
= 196,000(원)

31 / ❷

정답해설 2월 8일은 수요일이므로 이 날의 날씨 예측 점수를 x라 하면 다음과 같은 부등식을 세울 수 있다.

$$\frac{10 + x + 10}{3} \leq 7 \quad \therefore x \leq 1$$

2월 8일의 예측은 '맑음'이고, 1점 이하를 부여받으려면 실제 날씨가 '눈, 비'여야 한다.

2월 16일의 날씨 예측 점수를 y라 하면 다음과 같은 부등식을 세울 수 있다.

$$\frac{0 + 0 + 10 + y + 10}{5} \geq 5 \quad \therefore y \geq 5$$

2월 16일의 예측은 '눈, 비'이고, 5점 이상을 부여받으려면 실제 날씨가 '흐림' 또는 '눈, 비'여야 한다.

따라서 실제 날씨로 가능한 조합의 선택지는 ②뿐이다.

32 / ❺

정답해설 E의 연결정도 중심성은 2이고, 근접 중심성은

$$\frac{1}{1 + 2 + 2 + 2 + 1} = \frac{1}{8}$$이다.

$$\therefore 2 \times \frac{1}{8} = \frac{1}{4}$$

33 / ❷

정답해설 ② A의 근접 중심성은

$$\frac{1}{(1 \times 5) + 2 + (3 \times 4) + 4 + (5 \times 4)} = \frac{1}{43}$$이고,

B의 근접 중심성은

$$\frac{1}{(1 \times 5) + (2 \times 2) + (3 \times 8)} = \frac{1}{33}$$이므로 옳지 않다.

오답연구 ① A의 연결정도 중심성은 5이고, K의 연결정도 중심성은 1이므로 옳다.

③ G의 근접 중심성은

$$\frac{1}{(1 \times 2) + (2 \times 8) + 3 + (4 \times 4)} = \frac{1}{37}$$이므로 옳다.

④ G의 연결정도 중심성은 2이고, M의 연결정도 중심성도 2이므로 옳다.

⑤ 그림은 대칭을 이루고 있고, G와 M은 대칭적으로 같은 위치에 있으므로 옳다.

34 / ❸

정답해설 경제성 점수를 매기기 위하여 각 이동수단의 비용을 계산해 보면 다음과 같다.

ⅰ) 렌터카 비용계산
(렌트비 + 유류비) × 이용일수
= {(50,000원/1일) + (10,000원/1일)} × 3일
= 180,000(원)

ⅱ) 택시 비용계산
1,000원/km × 200km = 200,000(원)

ⅲ) 대중교통 비용계산
40,000원/1인 × 4인 = 160,000(원)

따라서 각 이동수단의 최종점수는 다음과 같다.

이동수단	경제성	용이성	안전성	합
렌터카	2	3	2	7
택시	1	2	4	7
대중교통	3	1	4	8

A팀이 최종적으로 선택하게 될 이동수단은 대중교통이고, 비용은 16만 원이 된다.

35 / ❹

정답해설 각 노선의 건설비용은 다음과 같다.

노선	터널 구간 길이	교량 구간 길이	총 길이	일반 구간 길이	건설비용
A	1.2km	0.5km	10km	8.3km	1,200억 원 + 100억 원 + 830억 원 = 2,130(억 원)
B	0	0	20km	20km	2,000억 원
C	0.8km	1.5km	15km	12.7km	800억 원 + 300억 원 + 1,270억 원 = 2,370(억 원)

건설비용이 두 번째로 많이 드는 노선은 A노선이고 이때의 건설비용은 2,130억 원이다.

36 / ❸

정답해설 사회적 손실비용은 2백만 대 $\times \dfrac{1,000원}{10km} \times$ 구간 총 길이이므로 아래와 같이 나타낼 수 있다.

노선	건설비용	환경손실비용	사회적 손실비용
A	2,130억 원	15억 원/년	20억 원
B	2,000억 원	5억 원/년	40억 원
C	2,370억 원	10억 원/년	30억 원

③ 환경손실비용과 사회적 손실비용을 합한 손실비용은 다음과 같으므로 옳지 않다.
A : 35억 원, B : 45억 원, C : 40억 원

오답연구 ② 건설비와 환경손실비용, 사회적 손실비용을 모두 고려할 경우 도로가 15년 동안 유지된다면 A노선과 B노선이 치르는 비용은 다음과 같으므로 옳다.

노선	건설비용	환경손실비용	사회적 손실비용	총비용
A	2,130억 원	15억 원/년×15년 = 225(억 원)	20억 원×15년 = 300(억 원)	2,655억 원
B	2,000억 원	5억 원/년×15년 = 75(억 원)	40억 원×15년 = 600(억 원)	2,675억 원

37 / ❺

정답해설 근무 평정이 70점 미만인 A는 제외한다.
직전 인사 파견 기간이 종료된 이후 2년 이상 경과하지 않은 직원인 C도 제외한다.
기술팀 직원이 1명 이상 선발되어야 하는데, A와 C를 제외한 기술팀 소속은 F뿐이므로 F를 선발한다.
따라서 A와 C는 제외하고, F는 포함한 선택지는 ③과 ⑤가 남는다.
그런데 ③에서 B는 어학 능력이 '하'인데 E와 F 모두 어학 능력이 '중'이므로 선발조건에 부합하지 않는다. ⑤에서는 G가 어학 능력이 '하'이지만 D의 어학 능력이 '상'이어서 선발조건에 부합하므로 ⑤가 답이다.

38 / ❹

정답해설 ④ 칼국수 400그릇, 만둣국 300그릇
→ 재료준비시간 : 1,600 + 2,400 = 4,000(분)
　조리시간 : 3,200 + 1,800 = 5,000(분)
　판매이익 : (400그릇×500원/그릇)
　　　　　　 + (300그릇×800원/그릇)
　　　　　　 = 440,000(원)

오답연구 ① 칼국수 200그릇, 만둣국 300그릇
→ 재료준비시간 : 800 + 2,400 = 3,200(분)
　조리시간 : 1,600 + 1,800 = 3,400(분)
　판매이익 : (200그릇×500원/그릇)
　　　　　　 + (300그릇×800원/그릇)
　　　　　　 = 340,000(원)
② 칼국수 300그릇, 만둣국 300그릇
→ 재료준비시간 : 1,200 + 2,400 = 3,600(분)
　조리시간 : 2,400 + 1,800 = 4,200(분)
　판매이익 : (300그릇×500원/그릇)
　　　　　　 + (300그릇×800원/그릇)
　　　　　　 = 390,000(원)
③ 칼국수 300그릇, 만둣국 400그릇
→ 재료준비시간 : 1,200 + 3,200 = 4,400(분) → 시간초과로 불가능
⑤ 칼국수 500그릇, 만둣국 400그릇
→ 재료준비시간 : 2,000 + 3,200 = 5,200(분) → 시간초과로 불가능

39 / ❸

정답해설 모든 선택지는 조건 1을 만족하고 있다.
조건 2를 만족하는 선택지는 ①, ②, ③이다.
①, ②, ③ 중 조건 3을 만족하는 선택지는 ①과 ③이다.
조건 4를 만족하는 선택지는 ③뿐이므로 정답은 ③이다.

40 / ❺

정답해설 ⅰ) 버스만 이용하여 이동할 때 시간 및 비용
　　15분 소요
　　버스요금 + 대기비용
　　= (1,000원) + (5분×200원/분)
　　= 2,000(원)
ⅱ) 버스와 택시를 환승하여 이동할 때 시간 및 비용
　　(3분×4) + (2분) + (1분)
　　= 15분 소요
　　버스요금 + 택시이용요금 + 환승 시 번거로움 비용
　　+ 대기비용
　　= (1,000원) + (2,000원) + (900원) + (5분×200원/분)
　　= 4,900(원)
따라서 차액은 2,900원이다.

41 / ❹

정답해설 ④ 버스와 택시를 환승하여 이동한다.
→ 시간 : 버스이용시간 + 환승시간 + 택시이용시간
　　　　　= (3분×4) + (2분) + (1분) = 15분 소요
　비용 : 버스요금 + 택시이용요금 + 환승 시 번거로움 비용 + 대기비용

= (1,000원) + (2,000원) + (900원)
  + (5분 × 200원/분)
= 4,900(원)

오답연구 ① 택시만 이용
→ 시간: 5분 소요
  비용: 택시요금 + 대기비용
    = (2,000원 + 400원) + (15분 × 200원/분)
    = 5,400(원)
② 버스만 이용해서 이동한다.
→ 시간: 15분 소요
  비용: 버스요금 + 대기비용
    = (1,000원) + (5분 × 200원/분)
    = 2,000(원)
③ 지하철만 이용해서 이동한다.
→ 시간: 10분 소요
  비용: 지하철요금 + 대기비용
    = (1,000원) + (10분 × 200원/분)
    = 3,000(원)
⑤ 버스와 지하철을 환승하여 이동한다.
→ 시간: 버스이용시간 + 환승시간 + 지하철이용시간
    = (3분 × 4) + (2분) + (2분)
    = 16분 소요
  비용: 버스요금 + 지하철요금 + 환승 시 번거로움 비용
    + 대기비용(단, 버스 – 지하철은 무료환승)
    = (1,000원) + (900원) + (4분 × 200원/분)
    = 2,700(원)

42 / ❺

정답해설 A: 인원이 5명이므로 지원받지 못한다.
B: 1,500,000원 + (100,000원 × 6)
  = 2,100,000(원)
C: {1,500,000원 + (120,000원 × 8)} × 1.3
  = 2,460,000원 × 1.3 = 3,198,000(원)
D: 2,000,000원 + (100,000원 × 7)
  = 2,700,000(원)
E: 1,500,000원 + (70,000원 × 9)
  = 2,130,000(원)
세 번째로 많은 지원금을 받는 모임은 E모임이다.

43 / ❶

정답해설 ① 통밀빵 100g, 돼지불고기
→ 비용: 850원 + (800원 + 500원) = 2,150(원)
  열량: 100kcal + (223kcal + 20kcal + 80kcal
    + 7.5kcal + 40kcal) = 470.5(kcal)

오답연구 ② 돼지불고기, 상추 150g
→ 탄수화물 미포함으로 불가능
③ 현미밥 300g, 두부구이
→ 비용: 1,800원 + 1,600원 = 3,400(원)
→ 비용 초과로 불가능
④ 현미밥 200g, 닭불고기
→ 비용: 1,200원 + (1,500원 + 500원) = 3,200(원)
→ 비용 초과로 불가능
⑤ 고구마 2개, 우유 200㎖, 토마토 2개
→ 비용: 1,000원 + 900원 + 1,400원 = 3,300(원)
→ 비용 초과로 불가능

44 / ❹

정답해설 A는 중위소득 33%에 해당하므로 90%의 보수비용을 지원받을 수 있다. 지붕의 수선이 필요하므로 950만 원이 지원한도액이고, 이 금액의 90%는 855만 원이다. 따라서 A가 X공사에서 지원받을 수 있는 주택보수비용의 최대 액수는 855만 원이다.

45 / ❸

정답해설 1명이 5분에 1개를 작성하므로, 1시간 동안 12개를 작성할 수 있다. 이러한 상황에 따라 계산을 하면 다음과 같이 정리할 수 있다.

시간	3~4시	4~5시	5~6시
작업 인원	10명	10명	8명
작업 가능 개수	120개	120개	96개
10분 제외된 시간 고려 시 개수	-20개 (쉬는 시간)	-20개 (쉬는 시간)	-16개 (우체국 이동시간)
실제 작업 개수	100개	100개	80개

따라서 총 280개의 우편물을 만들 수 있고, 20개는 다음 날 퀵서비스로 발송해야 한다.

46 / ❹

정답해설 가를 3개의 부서 중 어느 하나에 배치해야 한다면, 그 사람의 강점과 약점을 파악해야 한다. 가는 리더십이 가장 뛰어나고, 책임감은 가장 낮은 평가를 받았다. 이에 맞는 부서를 찾아보면 기획부의 경우가 가장 적절하다.
같은 방식으로 라의 평가를 보면 리더십과 근속연수에서 높은 평가를 받고 있고, 이는 홍보부의 역량에 가장 적합하다고 볼 수 있다.

47 / ❹

정답해설 ④ 주어진 지침상의 내용만으로는 추론할 수 없는 내용이다.

오답연구 ① 두 번째 지침에 부합하는 내용이다.
② 네 번째 지침에 부합하는 내용이다.
③ 세 번째 지침에 부합하는 내용이다.
⑤ 첫 번째 지침에 부합하는 내용이다.

48 / ❷

정답해설 B과장의 근속연수는 9년이고, 이것은 지침에 따라 5년 이상이므로 연중 휴가일수는 총 16일에 해당된다. 이월된 연차휴가는 3월까지만 유효한데, 2월에 이틀밖에 사용을 못하였고, 현재 시점은 이미 4월이므로, 남은 1일치 휴가는 무효가 된다. 따라서 B과장의 남은 휴가 가능일수는 16일임을 알 수 있다.

49 / ❷

정답해설 단순한 도표 해석에 관련된 문제이며, 방향성만 정확히 파악하면 간단히 해결할 수 있다. 표를 보면 '마'로부터 '나'가 11의 도움을 얻을 수 있다. 따라서 답은 '나'이다.

50 / ❹

정답해설 '바' 기관이 가장 큰 도움을 주는 기관을 고르면 된다. 표를 보면 '라'에게 11의 도움을 주고 있으므로 '라' 기관이 가장 큰 영향을 받을 것으로 볼 수 있다.

PART 05 실전모의고사 3회

본문 212~261쪽

01	⑤	02	③	03	①	04	④	05	④	06	④	07	③	08	④	09	③	10	⑤
11	②	12	④	13	②	14	⑤	15	③	16	②	17	④	18	⑤	19	③	20	⑤
21	③	22	①	23	⑤	24	④	25	③	26	⑤	27	②	28	②	29	④	30	⑤
31	③	32	①	33	⑤	34	⑤	35	②	36	③	37	④	38	②	39	②	40	①
41	③	42	⑤	43	③	44	⑤	45	③	46	④	47	③	48	①	49	⑤	50	③

01 / ❺

정답해설 ㉠ A지역 출발시간
= 2017. 07. 10. 14:00 + 18시간(체류시간)
= 2017. 07. 11. 08:00
B지역 도착시간
= 2017. 07. 11. 08:00 + 4시간(비행시간) + 2시간(시차)
= 2017. 07. 11. 14:00
B지역 출발시간
= 2017. 07. 11. 14:00 + 18시간(체류시간)
= 2017. 07. 12. 08:00
㉡ C지역 도착시간
= 2017. 07. 12. 08:00 + 12시간(비행시간)
+ 1시간 30분(경유시간) − 9시간(시차)
= 2017. 07. 12. 12:30

02 / ❸

정답해설 3년 이상 근무 시, 3년차에 1일 추가, 다음 매 2년마다 1일의 연차휴가가 추가되므로 K씨는 16일의 연차가 발생한다. 2일 사용하였으므로 14일의 연차에 대한 수당을 받을 수 있다. K씨의 연차 수당을 차례로 계산하면 다음과 같다.
월 근로시간 = 209시간
월 통상임금 총액 = 300만 원 + 50만 원

통상시급 = $\frac{350만 원}{209시간}$ ≒16,746(원)

1일 통상임금 = 16,746원 × 8시간 = 133,968(원)
연차 수당 = 133,968원 × 14일 = 1,875,552(원)

03 / ❶

정답해설 기존 결제한 금액
= 60,000원(A석) × 15장 × 0.8(조기 예매할인)
= 720,000(원)

변경사항 적용된 총 금액
= 80,000원(S석) × (15장 + 12장) × 0.7(단체할인)
= 1,512,000(원)
추가 지불해야 할 비용
= 1,512,000원 − 720,000원 = 792,000(원)

04 / ❹

정답해설 예매 취소로 인해 돌려받는 금액, 예매 변경으로 인해 돌려받을 수 없는 차액을 각각 구한 뒤 둘의 합을 구한다. 기획부의 예매 금액은 80,000원(S석) × 12장 × 0.7(단체할인) = 672,000(원)이다. 예매 취소를 공연을 보기 전날 진행하므로 취소규정에 따라 할인 적용 전 금액의 50%를 수수료로 지불하여야 한다. 기획부에서 예매했던 12장의 수수료는 80,000원(S석) × 12장 × 0.5(취소규정) = 480,000(원)이 된다. 따라서 예매 취소로 인해 돌려받는 금액은 672,000원 − 480,000원 = 192,000(원)이 된다.
L씨의 부서 인원대로 문화가 있는 날로 좌석을 예매하게 되면, 동일 좌석으로만 변경 가능하므로 80,000원(S석) × 15장 × 0.6(문화가 있는 날 할인) = 720,000(원)이 들게 된다. 하지만 예매 변경 시 할인 등의 차이로 인한 차액은 받을 수 없다는 규정이 존재한다. 따라서 기존에 지불한 금액인 80,000원(S석) × 15장 × 0.7(단체할인) = 840,000(원)이 변경한 좌석보다 티켓값이 더 나가더라도 그 차액은 돌려받을 수 없다. 따라서 예매 변경으로 인해 돌려받을 수 없는 차액은 840,000원 − 720,000원 = 120,000(원)이 된다.
예매 취소로 인해 돌려받는 금액 + 예매 변경으로 인해 돌려받을 수 없는 차액은 192,000원 + 120,000원 = 312,000(원)이 된다.

05 / ❹

정답해설 각 부서별 가중치를 적용하여 최고점자가 1명이 나오면 합격자로, 최고점자가 2명 이상인 경우 가중치 순서대로 원점수를 비교한다.

ⅰ) 기획부 가중치 적용 시

	김고양	나호랑	박나비	이기린	황낙타
경험면접	4	3	3	5	5
상황면접	5+1	5+1	4+1	2	5+1
발표면접	4+3	4+3	4+3	5+3	3
토론면접	4	3	5	5	4
총점	21(합격)	19	20	20	18

ⅱ) 영업부 가중치 적용 시

	김고양	나호랑	박나비	이기린	황낙타
경험면접	4+3	3	3	5+3	5+3
상황면접	5	5	4	2	5
발표면접	4+1	4+1	4+1	5+1	3
토론면접	4	3	5	5	4
총점	21	16	17	21(합격)	20

김고양과 이기린이 동점이므로 가중치1 항목인 경험면접
점수가 높은 이기린이 합격한다.

ⅲ) 인사부 가중치 적용 시

	김고양	나호랑	박나비	이기린	황낙타
경험면접	4+1	3	3	5+1	5+1
상황면접	5+3	5+3	4+3	2	5+3
발표면접	4	4	4	5	3
토론면접	4	3	5	5	4
총점	21	18	19	18	21(합격)

김고양과 황낙타가 동점이므로 가중치1 항목인 상황면접
의 원점수가 높은 황낙타가 합격한다.

06 / ❹

정답해설 C과장은 수, 목, 금에 참여가 불가하고, D과장은 월
요일이 불가능하므로, 가능한 회식날은 화요일뿐이다.
그날은 B사원이 병원을 다녀와야 하는데, 병원 운영시간이
6시까지이므로, 아무리 늦어도 6시에는 진료가 끝날 것으로
예상할 수 있다. 병원에서 식당에 오는 데 15분이 걸리고, 초
행길이므로 15분이 더 걸려 총 30분이 걸릴 것이다. E차장
은 5시 30분에 세미나가 종료되어 택시를 타고 이동하면 30
분이 걸리므로 6시에 도착할 것으로 예상 가능한데, 퇴근시
간대이므로 20분이 더 소요되어 6시 20분에 도착 가능하다.
따라서, 모든 상황을 고려했을 때 화요일 6시 30분에 식당
을 예약하는 것이 바람직하다.

07 / ❸

정답해설 각 입지 지점에서의 총 운송비는 다음과 같다.
A : (3×4×2) + (2×8×5) + 0 = 24 + 80 = 104(천 원)
B : 0 + (2×8×5) + (1×4×2) = 80 + 8 = 88(천 원)
C : (3×8×2) + 0 + (1×8×2) = 48 + 16 = 64(천 원)
D : (3×4×2) + (2×4×5) + (1×6×2) = 24 + 40 + 12
　　= 76(천 원)

E : (3×3×2) + (2×6×5) + (1×3×2) = 18 + 60 + 6
　　= 84(천 원)
총 운송비가 가장 낮은 지점은 C이다.

08 / ❹

정답해설 ④ A가 받는 세액공제액은 66만 원이고 B가 받는
세액공제액은 52만 8천 원이므로 A가 받게 되는 금액이 13
만 2천 원 더 많다.
오답연구 ① A는 근로소득이 5,500만 원 이하이므로 납입액
의 16.5%인 66만 원을 돌려받게 된다.
② 직원 중에서 가장 많은 금액을 돌려받는 직원은 A이다.
③ C가 200만 원을 추가로 납입하더라도 52만 8천 원을 세
액공제 받게 되어 A보다 적은 금액을 돌려받는다.
⑤ C의 세액공제액은 26만 4천 원이므로 A가 더 많다.

09 / ❸

정답해설 문제에서 제조사는 S로 고정이고, 생산연도는 언급
하지 않았으므로 나머지 조건을 만족하는 코드를 찾으면 된다.
키보드는 제조사와 생산연도 뒤에 01(플라스틱), 13(기계식),
WH(흰색)가 순서대로 와야 한다.
마우스는 제조사 뒤에 NW(무선), 16(1,600DPI), B(검정색)이
순서대로 오고, 맨 뒤에 생산연도가 와야 한다.
이를 모두 만족시키는 것은 ③이다.

10 / ❺

정답해설 키보드는 기계식이므로 27,000원의 추가비용이 발
생해 1개당 가격은 51,000원이다.
35개를 구매하므로 51,000원×35개 = 1,785,000(원)이다.
마우스는 무선(1,000원), 1,600DPI(1,500원)의 추가비용이
발생해 1개당 가격은 17,500원이다.
20개를 구매하므로 17,500원×20개 = 350,000(원)이다.
따라서 총비용은 1,785,000원 + 350,000원 = 2,135,000(원)
이다.

11 / ❷

정답해설 먼저 키보드와 마우스에서 각각 10% 이상 불량품
이 나왔으므로 총 구매금액 2,135,000원의 2%인 42,700원을
환급받는다.
그리고 키보드 7개, 마우스 6개를 추가로 주문하면
462,000원이 추가로 드는데 50만 원을 넘지 않으므로 추가
구매 시 할인은 받지 못한다.
따라서 청구금액은 462,000원 − 42,700원 = 419,300(원)
이다.

12 / ④

정답해설 ④ 영어 회화 강좌를 5~6월 듣고(6주 과정) 7월에는 휴가가 있으므로 신청할 수 없다. 일본어 회화 강좌를 9월부터 듣는다.

오답연구 ① 중국어 회화(1202)가 5주 과정인데, 5월 1일이 월요일이므로 6월 2일까지 진행된다. 따라서 6월 1일에 다른 강좌를 신청할 수 없다.

② TOEIC 강좌를 6월에 신청하면 야근을 하는 기간 동안 결석해야 하므로 신청할 수 없다.

③ 스페인어 기초의 코드는 14010이다.

⑤ HSK의 과목코드가 틀렸고, 10월에 자격증 학원을 다니므로 외국어 강좌를 신청할 수 없다.

13 / ②

정답해설 ② 기초반을 수강한 사람만 회화반을 수강할 수 있다면, 5월에 회화반이 개설될 수 없다(기초반을 수강한 사람이 없음). 따라서 그 다음 홀수 달인 7월부터 시작해 9월, 11월, 1월, 3월까지 5번 개설된다.

오답연구 ① TOEIC 강좌는 교육기간도 가장 길고 정원도 가장 많다.

③ 5명 중 3명이 신청하고 있어 가장 많다.

④ 각 언어별로 회화반 정원은 기초반 정원보다 적거나 같다.

⑤ 스페인어 기초반이 5주 과정이므로 6월 1일에 DELE 강좌를 개설할 수 없다. 따라서 DELE 강좌는 8월부터 시작해 10월, 12월, 2월, 4월 총 5번 개설된다.

14 / ⑤

정답해설 무게는 B, 총비용은 A, 내구성은 B, 설치 편의는 A, 공간 활용성은 B가 좋으므로 B가 먼저 3가지 항목을 만족한다.

⑤ 두께를 비교하지 않아도 B를 선택할 수 있다.

오답연구 ①, ④ B를 선택한다.

② 5가지 항목을 비교해야 제품을 선택할 수 있다.

③ 두께도 B가 얇으므로 선택하는 제품은 바뀌지 않는다.

15 / ③

정답해설 우선, 4월 11일의 경우를 살펴보자.

아침에 자가용으로 출근하면 회사와 동대구역은 24시 이후에는 주차를 하면 안 되는데 이날 출장을 가기 때문에 주차를 할 수밖에 없게 된다. 따라서 자가용으로 출근하면 안 되고 자가용을 제외한 교통수단 중 가장 저렴한 버스를 이용해 출근한다.

13일은 목요일이어서 승용차 요일제 참여로 인해 자가용을 사용할 수 없다. 자가용을 이용할 수 없으므로 시간 내에 도착할 수 있는 가장 저렴한 교통수단을 이용해야 하는데, 버스는 저렴하지만 시간 내에 도착할 수 없다. 따라서 지하철을 이용한다. 10분 + 25분 + 15분 = 50분이 걸리므로 첫차를 타면 6시 30분까지 회사에 도착할 수 있다.

16 / ②

정답해설 ② 부서별로 필요량이 다른데 같은 양을 분배하는 것은 바람직한 해결 방안이 아니다.

오답연구 ① 윤호의 의견에 대한 해결 방안으로 적절하다.

③ 현수의 의견에 대한 해결 방안으로 적절하다.

④ 상호의 의견에 대한 해결 방안으로 적절하다.

⑤ 기현의 의견에 대한 해결 방안으로 적절하다.

17 / ④

정답해설 고정업무가 계획표에 표시되어 있지 않음에 주의해야 한다.

④ 17시 이후에 외부에서 업무가 끝나는 날은 화, 수, 목 3일이다. 따라서 월요일과 금요일은 회사에서 퇴근한다.

오답연구 ① 오전 회의가 11시 30분에 끝나므로 다른 시간대에 해야 하는데 월요일 오후 거래처 방문 후에 작성이 가능하므로 옳지 않다.

② 거래처에 다녀오는 데 총 1시간 40분이 필요한데, 목요일 오전 회의가 10시 30분에 끝나면 점심시간이 시작되는 12시까지 회사에 돌아올 수 없다. 금요일에 다녀오는 것이 적절하다.

③ 1/4분기 결산자료 작성은 쉬는 시간 없이 연속해서 해야 하는데 월요일 오전에는 부서회의와 5월 부서업무계획 작성 일정이 있고 오후에는 거래처를 방문해야 한다. 거래처 방문 후 16:00부터 바로 결산자료 초안을 작성한다고 해도 정규 업무시간을 초과하므로 월요일에 작성할 수 없다.

⑤ 금요일에 서울지사로 출장을 가게 되면 금요일에 있는 부서 주간 업무회의에 참석할 수 없다. 따라서 K대리의 일정이 하나 줄어들게 된다.

18 / ⑤

정답해설 각 문제점별로 개선방안을 바르게 연결하면 (가)-C, (나)-D, (다)-A, (라)-E, (마)-B이다.

19 / ③

정답해설 ③ 모집정원의 최대 5배수까지 선발하는 것이 문제라고 보고 추천규모를 축소하는 것이 개선방안이므로 2명의 5배수인 10명을 추천받을 수 없다.

오답연구 ① 문제점 (다)와 관련된 내용이다.

② 문제점 (라)와 관련된 내용이다.

④ 문제점 (나)와 관련된 내용이다.

⑤ 문제점 (마)와 관련된 내용이다.

20 / ❺

정답해설 3시간 안에 도착해야 하는데 고속버스는 4시간이 넘게 걸리므로 이용할 수 없고, 왕복교통비가 12만 원이 넘는 비행기도 이용할 수 없다.

따라서 KTX와 SRT를 이용하는 경우로 나눠서 살펴보자.

ⅰ) KTX를 이용할 경우

기차를 타는 시간을 뺀 나머지 시간이 45분인데, 서울역에서 서울도시공사까지의 거리가 멀기 때문에 부산－지하철(12분)/서울－택시(30분) 또는 부산과 서울 모두 택시를 이용(9분 + 30분)해야 시간 내에 도착할 수 있다. 그런데 서울에서만 택시를 이용하더라도 3,000원 ＋ 9,000원(18km에 대한 추가요금) ＝ 12,000(원)이어서 기차요금을 포함한 총 편도요금이 왕복요금 12만 원의 절반인 6만 원을 초과하게 된다. 따라서 KTX를 이용할 수 없다.

ⅱ) SRT를 이용할 경우

기차를 탄 시간을 뺀 나머지 시간이 48분이다. 부산과 서울에서 모두 가장 느린 일반버스로 이동해도 시내구간에서 22.5분이 소요되므로 어떤 교통수단을 이용하더라도 제시간에 도착할 수 있다. 부산과 서울에서 모두 택시를 이용하더라도 택시요금이 부산 5,000원, 서울 3,500원이므로 총 편도요금이 6만 원을 넘지 않는다. 다만, 시간 내에 도착할 수 있다면 가장 저렴한 교통수단을 이용해야 하므로 부산과 서울 모두 일반버스를 이용한다.

따라서 SRT를 이용하고, 부산과 서울 시내에서는 일반버스를 이용하는 방법을 선택한다.

21 / ❸

정답해설 숫자의 관계를 파악하면 계산이 비교적 간단하다. 두 번째 표의 일조시간이 7의 배수로 되어 있고, 종합효율계수는 0.7이다.

일조기준시간이 4.2시간 이상이 되려면 (계절별 일조시간 ÷ 90일) × 0.7 ≥ 4.2시간이어야 하므로 (계절별 일조시간 ÷ 90일) ≥ 4.2 ÷ 0.7 ＝ 6시간이 되어야 한다. 따라서 계절별 일조시간이 540시간 이상이면 계절별 일조시간 4.2시간을 만족하는 것이다.

마찬가지로 일조시간이 '좋음'이려면 (계절별 일조시간 ÷ 90일)이 6시간 미만, 5시간(3.5 ÷ 0.7) 이상이어야 한다. 따라서 겨울의 일조시간이 540시간 미만, 450시간 이상인 지역을 찾는다.

이에 해당하는 지역은 총 11곳이다.

Tip

복잡해 보이는 숫자가 많이 나오는 문제는 계산을 편하게 해주는 숫자들이 짝을 이뤄 출제되는 경우가 있다.

이 문제의 겨우 첫 번째 표의 숫자는 복잡하고, 종합효율계수도 0.7로 곱하기가 쉽지 않은 숫자이다. 그런데 일조시간에 따른 등급 구분 표를 보면 일조시간 기준 숫자가 모두 7의 배수임을 알 수 있다. 따라서 식을 적절히 변형해 이 숫자들을 활용하면 보다 쉽게 문제를 풀 수 있다.

22 / ❶

정답해설 이전 문제를 통해 각 등급 간 계절별 일조시간의 차이는 90시간이라는 것을 알 수 있다. 따라서 계절별 일조시간이 100시간 감소할 경우 기존의 '좋음', '보통' 등급은 무조건 등급이 바뀌게 된다. '미흡' 등급은 등급이 바뀌지 않으며, '아주 좋음' 등급은 계절별 일조시간이 640시간 이상일 경우 바뀌지 않고 640시간 미만인 경우에만 '좋음' 또는 '보통' 등급으로 바뀌게 된다.

'미흡' 등급에 해당하는 지역은 없으므로 봄의 계절별 일조시간이 640시간 이상인 지역을 찾으면 된다. 인천, 서산, 청주, 대구가 이에 해당한다.

23 / ❺

정답해설 총 경비를 한화로 계산하면 다음과 같다.

식비	4,000엔 × 4인 × 5식 × 10.1원	808,000원
숙박비	15,000엔 × 2박 × 2개 × 10.1원	606,000원
항공운임	540,000원 × 4명	2,160,000원
기타경비	20,000엔 × 3일 × 10.1원	606,000원
합계		4,180,000원

총 경비가 418만 원이므로 직원 4명이 1인당 1,045,000원을 쓴 것이다.

구분	A기관	B기관	C기관
지출금액	808,000원	1,212,000원	2,160,000원
원래 지출할 비용	1,045,000원	2,090,000원	1,045,000원
차액	+237,000원	+878,000원	−1,115,000원

따라서 A기관과 B기관은 +인 금액만큼을 C기관에게 지불해야 한다.

24 / ❺

정답해설 12월은 동절기이므로 입장료는 면제된다.

사원 A의 어머니는 장애인이고, 비수기이므로 야영시설인 캐빈 이용요금의 50%를 할인받는다. 6박 7일간 머물렀으므로 숙박 일수는 6일이다.

30,000 × 0.5 × 6 ＝ 90,000(원)

25 / ❸

정답해설 사원 B 일행은 다자녀 가정에 해당하고 숙박시설을 이용하므로 휴양림 입장료가 면제된다. 또한 성수기에 5인용 숙박시설 1개를 숙박 일수 기준 3간 이용하였으므로 총 요금은 다음과 같다.

80,000 × 3 ＝ 240,000(원)

사원 C 일행은 어른 4명이므로 휴양림 입장료는

1,000 × 4 × 10 ＝ 40,000(원)이고

황토데크 1개를 숙박 일수 기준 9일간 이용하였으므로 총 요금은 다음과 같다.

$40,000 + 10,000 \times 9 = 130,000$(원)

요금 차이는 110,000원이다.

26 / ❺

정답해설 전산장비 A의 가격 대비 연간유지비 비율 = 8%

$$\frac{8}{100} = \frac{322만\ 원}{전산장비\ 가격}$$

∴ 전산장비 가격 = 4,025만 원

27 / ❷

정답해설 각 전산장비의 가격은 다음과 같다.

B : $450 \times 100 \div 7.5 = 6,000$(만 원)

C : $281 \times 100 \div 7 = 4,014$(만 원)

D : $255 \times 100 \div 5 = 5,100$(만 원)

E : $208 \times 100 \div 4 = 5,200$(만 원)

F : $100 \times 100 \div 3 = 3,333$(만 원)

∴ B > E > D > C > F

28 / ❷

정답해설 ⅰ) 1단계

구분		A	B	C	D	E	F
실시간 문자 투표 (표)	득표수	2,000	1,000	3,500	500	1,500	1,500
	득표율	20	10	35	5	15	15
실시간 방청객 투표 (표)	득표수	50	150	100	500	150	50
	득표율	5	15	10	50	15	5
현장심사 (점)	총점	90+80 +80 =250	50+50 +60 =160	80+70 +80 =230	80+80 +80 =240	70+60 +60 =190	50+60 +80 =190
	산술 평균	83.3	53.3	76.7	80	63.3	63.3

총점반영비율을 고려하여 계산하면 다음 표와 같다.

심사수단	1단계	A	B	C	D	E	F
실시간 문자 투표	30%	6	3	10.5	1.5	4.5	4.5
실시간 방청객 투표	40%	2	6	4	20	6	2
현장 심사	30%	24.99	15.99	23.01	24	18.99	18.99
합계	100%	32.99	24.99	37.51	45.5	29.49	25.49

→ 1단계 탈락자는 B와 F이다.

ⅱ) 2단계

구분		A	C	D	E
사전 온라인 투표 (표)	득표수	20,000	40,000	80,000	60,000
	득표율	10	20	40	30
실시간 문자 투표 (표)	득표수	30,000	7,500	2,500	10,000
	득표율	60	15	5	20
실시간 방청객 투표 (표)	득표수	500	400	300	800
	득표율	25	20	15	40
현장심사 (점)	총점	50+60+50 =160	50+60+60 =170	80+80+70 =230	80+60+50 =190
	산술 평균	53.3	56.7	76.7	63.3

총점반영비율을 고려하여 계산하면 다음 표와 같다.

심사수단	2단계	A	C	D	E
사전 온라인 투표	10%	1	2	4	3
실시간 문자 투표	30%	18	4.5	1.5	6
실시간 방청객 투표	30%	7.5	6	4.5	12
현장 심사	30%	15.99	17.01	23.01	18.99
합계	100%	42.49	29.51	33.01	39.99

→ 2단계 탈락자는 C와 D이므로 3단계 진출자는 A와 E이다.

29 / ❹

정답해설

구분 ＼ 공장	A	B	C	D
실제 가동시간	300	150	250	300
가능 가동시간	400	200	300	500
실가동률	75%	75%	83%	60%

네 번째 정보로부터 D는 인천 공장임을 알 수 있다.

세 번째 정보로부터 A와 B가 서울 또는 부산 공장임을 알 수 있다. 따라서 C는 자동으로 광주 공장이 된다.

두 번째 조건에서 부산 공장과 C공장의 실제 가동시간 합은 서울 공장과 D 공장의 실제 가동시간 합보다 작다는 것을 알 수 있다.

만약 A가 부산 공장이라면, 부산 공장과 C공장의 실제 가동시간의 합은 550시간, 서울 공장과 D공장의 실제 가동시간의 합은 450시간이므로 두 번째 정보에 부합하지 않는다.

따라서 A공장은 서울, B공장은 부산, C공장은 광주, D공장은 인천에 위치해 있다.

30 / ❺

정답해설

연도	세수 총액	기준연도 기준 감소분	누적액
2016년	42조 5,000억 원	기준연도	-
2017년	41조 8,000억 원	7,000억 원	7,000억 원
2018년	41조 4,000억 원	1조 1,000억 원	1조 8,000억 원

31 / ❸

정답해설

연도	세수 총액	전년대비 감소분	누적액
2016년	42조 5,000억 원	-	-
2017년	41조 8,000억 원	7,000억 원	7,000억 원
2018년	41조 4,000억 원	4,000억 원	1조 1,000억 원
2019년	41조 3,000억 원	1,000억 원	1조 2,000억 원

32 / ❶

정답해설 2016년 총 가족상담 건수는 180건이다.
2016년 가족상담의 30%인 54건은 상반기에, 70%인 126건은 하반기에 실시되었음을 알 수 있다.
2016년 일반상담가에 의한 가족상담은 상반기에 120×0.4 = 48건 실시되었고, 하반기에 72건 실시되었음을 알 수 있다.
2016년 상반기 전문상담가에 의한 가족상담건수는 다음과 같이 구할 수 있다.
(2016년 상반기 총 가족상담건수)
- (2016년 상반기 일반상담가에 의한 가족상담건수)
= 54건 - 48건 = 6(건)

33 / ❺

정답해설 기준 소득월액 : $\frac{3,285}{365} \times 30 = 2,700,000$(원)이다.
건강보험료 : 270만×0.0534×0.5 = 72,000(원)
고용보험료 : 270만×0.007 = 18,000(원)
국민연금보험료 : 270만×0.07×0.5 = 94,000(원)
장기요양보험 : 144,000×0.05×0.5 = 3,600(원)
산재보험 : 회사에서 전액 부담

34 / ❺

정답해설 계단으로 올라와 바로 앞에 있는 A가 제품개발부서이고, 오른쪽 복도 끝에 있는 D와 E 중, 바로 옆에 화장실이 아닌 C(영업부서)가 있는 E가 홍보부서이다.

35 / ❷

정답해설 야간 근무 수당 : 18(시간)×10,000(원)×1.2
= 216,000(원)
휴일 근무 수당 : 18(시간)×10,000(원)×1.4
= 252,000(원)
교통비 : 2×12,000(원) = 24,000(원)
따라서 492,000원을 추가 수당으로 지급받는다.

36 / ❸

정답해설 ① 50,000×1 + 70,000×1 + 80,000×2 + 60,000×2 = 400,000(원) (예산 초과)
② 40,000×1 + 50,000×2 + 80,000×1 + 60,000×2 = 340,000(원)
③ 40,000×2 + 70,000×1 + 80,000×1 + 60,000×2 = 350,000(원)
④ 40,000×1 + 50,000×3 + 70,000×1 + 60,000×1 = 320,000(원) (부서별로 함께 이동한다는 조건 어긋남)
⑤ 40,000×2 + 50,000×2 + 80,000×1 + 60,000×1 = 320,000(원)
따라서 예산을 모두 사용하는 ③이 적절하다.

Tip
예산을 최대한 남김 없이 사용한다는 조건이 있으므로, 비용이 가장 많이 드는 경우부터 순차적으로 계산하여 조건에 맞는 선택지를 선택하면 시간을 절약할 수 있다.

37 / ❹

정답해설 날짜 및 시간대별로 참가 신청 인원이 각각 28명, 42명, 25명, 54명이므로 예약해야 할 장소는 소강당, 대강당, 소강당, 미디어홀이다. 따라서 지불해야 하는 시설 이용료는 30,000×2 + 40,000×3 + 30,000×2 + 60,000×3 = 420,000(원)이다.

38 / ❷

정답해설 첫째 주 : 금요일은 출장을 갈 수 없으므로 출장 일정을 잡을 수 없다.
둘째 주 : B와 C가 현장 근무 일정이 있으며, E가 휴가를 냈으므로 출장 근무자로 가능한 사람은 A와 D이다.
셋째 주 : D와 E가 현장 근무 일정이 있으며, A가 휴가를 냈으므로 출장 근무자로 가능한 사람은 B, C이다. 하지만 신입사원인 B와 C는 동시에 출장 근무자로 선택될 수 없다.
넷째 주 : 금요일에는 출장을 갈 수 없으므로 출장 일정을 잡을 수 없다.
다섯째 주 : 월말 평가 이전에 출장을 완료해야 하므로 출장 일정을 잡을 수 없다.
따라서 가능한 출장 일정은 9~10일이고, 출장 근무자로 가능한 사람은 A와 D이다.

Tip
주어진 선택지에서 불가능한 경우를 먼저 제외한다.

39 / ❷

[정답해설] 개발팀 미팅 2주 이내에 당일로 출장을 다녀와야 하고 38번 문제의 출장 일정과 겹치지 않아야 하므로 가능한 날짜는 15일, 16일이다.

셋째 주에 현장 근무 일정이 없는 사람은 A, B, C이지만 A는 1박 2일 출장을 가므로 제외된다. 따라서, 출장 근무자로 가능한 사람은 B, C이다.

40 / ❶

[정답해설] A에서 출발하여 C, D, F를 들러 다시 A로 돌아오는 최단경로는 A−D−A−C−A−F−A가 되고 길이는 5 + 5 + 7 + 7 + 8 + 8 = 40(km)이다.

따라서 이동하는 데 걸리는 시간은 $\dfrac{40km}{80km/h}$ = 0.5시간 = 30(분)이다.

41 / ❸

[정답해설] 네 곳을 거치는 경로 중 A−C−B−F−E로 이동하는 것이 가장 최단 거리이므로, 김 대리가 이동해야 하는 거리는 7 + 15 + 10 + 12 = 44(km)이다.

[Tip]
B~F 다섯 곳 중 네 곳을 거쳐야 하므로, 가장 먼 경로로 이동해야 하는 한 곳만을 제외하여 나머지 경로를 더한다.

42 / ❺

[정답해설] 지난 분기에 구매했던 간식류 재구매(과자는 제외) ⇒ 하루땅콩 구매

믹스커피 재구매(부장님 지시사항) ⇒ N브랜드 믹스커피 구매

운동회 비품 구입(지난 분기와 동일하게) ⇒ 등산용 방석, 햇빛 가리개

직원들이 원하는 비품 구비(다수결 투표로 최종 2위 물품까지 구입) ⇒ 옷걸이, 머그잔

다음 분기 물품은 꼭 필요한 것만 구입할 것 ⇒ 건강두유, 볼펜, 스탠드 제외

따라서 최 사원이 작성한 구매 물품 목록으로 가장 알맞은 것은 ⑤이다.

43 / ❸

[정답해설] 왼쪽에서 첫 번째 분단과 두 번째 분단은 어두운 부분의 좌석을 제외하고 착석상황이 같다.

이 점을 활용하면 보다 쉽게 착석인원을 구할 수 있다.

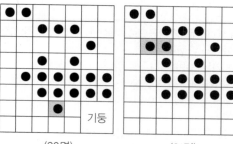

(20명)   (21명)

오른쪽 분단 착석상황은 다음과 같다.

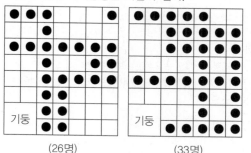

(26명)   (33명)

총 착석인원은 100명이다.

여기에 무대 뒤에서 장기자랑을 준비 중인 신입사원 7명과 화장실에 간 2명을 더하고, 인사팀 직원 10명을 빼면 교육에 참가한 신입사원은 총 99명이다.

44 / ❺

[정답해설] 교육 내용에 대해 적절한 질문을 하는 것은 효과적인 교육을 위해 바람직한 일이다.

45 / ❸

[정답해설] 기내식은 어린이식사, 특별식, 일반식 순으로 제공된다. 또한, 어린이식사는 동승한 승객의 식사와 함께 제공되며 어린이식사와 특별식 모두 미리 주문한 사람에 한하여 제공된다. 따라서 어린이와 동승했으며 어린이 식사를 미리 주문한 A가 가장 먼저 기내식을 제공받는다. 그리고 특별식인 저칼로리식을 미리 주문한 E가 두 번째로 기내식을 제공받는다.

둘을 제외한 나머지는 일반식을 제공받게 되는데 일반식은 기체의 가장 앞쪽과 가장 뒤쪽부터 중간쪽 방향으로 제공하며 같은 열에서는 창가에서 내측 방향으로 제공한다. B와 F는 앞뒤 기준으로 같은 열이지만 B보다 F가 더 창측이므로 F가 먼저 제공받게 된다. 따라서 F, B, D 순서로 기내식이 제공되며 같은 열인 C와 G도 마찬가지로 창측인 C에게 먼저 제공된다.

따라서 기내식 제공순서는 A−E−F−B−D−C−G이다.

46 / ❹

정답해설 우선 고척스카이돔으로 가려면 무조건 구일역을 거쳐야 한다.
구일역까지 가는 방법은 다음과 같다.
ⅰ) 회사－경복궁역－종로3가역－구일역－고척스카이돔
6분 ＋ 4분 ＋ 30분 ＋ 10분 = 50(분)
(교통수단 : 지하철)
ⅱ) 회사－광화문 버스정류장－시청역 버스정류장－시청역
－구일역－고척스카이돔
7분 ＋ 5분 ＋ 2분 ＋ 25분 ＋ 10분 = 49(분)
(교통수단 : 버스 + 지하철)
ⅲ) 회사－광화문 버스정류장－구일역 버스정류장－고척스
카이돔
7분 ＋ 57분 ＋ 10분 = 74(분)(교통수단 : 버스)
따라서 김야구 씨가 선택할 교통수단은 버스 ＋ 지하철이며,
총 49분이 소요된다.

47 / ❸

정답해설 2단계 큐시트 작업에 드는 시간은 40분이고, 시간이
30% 단축되면 40분 × 0.7 = 28(분)이다.
4단계 편집에 드는 시간은 1시간 30분이고, 시간이 30%
단축되면 90분 × 0.7 = 63(분)이다.
28분 ＋ 63분 = 91분 = 1시간 31분

48 / ❶

정답해설 김 대리가 가야할 곳은 별관 3층이므로 ⑤는 제외
된다.
별관 입구에서 왼쪽 세 번째 방은 ①이다.

49 / ❺

정답해설 총점을 계산하면 아래 표와 같다.

기준	도봉순 인턴	공비서 대리	오돌병 팀장	나경심 사원	황진이 상무
전달력	23	20	18	22	25
원고 내용	20	21	24	20	20
독창성	23	24	23	23	20
관객반응	25	20	17	20	23
총점	91	85	82	85	88

2등인 황진이 상무가 버금상을 수상한다.

50 / ❸

정답해설 추남호는 경력이 모자라며 이재준은 토플 점수가
미달된다. 서상태는 병역기준을 충족시키지 못한다. 따라서
모든 기준을 충족시키는 사람은 원기옥과 빙희진이다.

NCS

문제해결
자원관리능력 　정답 및 해설

초판인쇄　2021년 4월 5일
초판발행　2021년 4월 9일
편 저 자　PMG적성검사연구소 [박민제]
발 행 인　박 용
발 행 처　(주)박문각출판
등　　록　2015. 4. 29. 제2015-000104호
주　　소　06654 서울시 서초구 효령로 283 서경빌딩
교재주문　(02)6466-7202

ISBN 979-11-6704-001-5

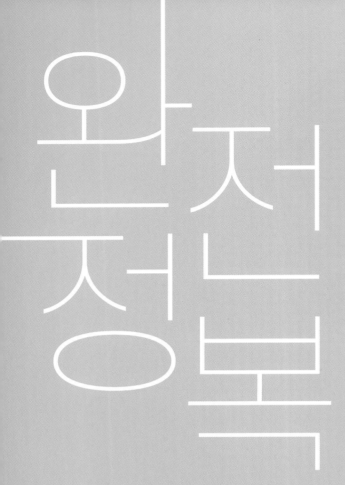

NCS
문제해결
자원관리능력

13320

9 791167 040015
ISBN 979-11-6704-001-5

NCS 시리즈

- 문제해결/자원관리능력
- 수리능력

NCS

국가직무능력표준의

해답은

박문각입니다